¡Una obra maestra! Este libro es una mina de oro de sabiduría sobre el amor de Dios por ti y por toda la humanidad. John Burke conecta al Dios de la Biblia con el Dios de ECM de forma brillante y cautivadora. *Imagina al Dios del cielo* provee evidencia poderosa que le permite a *cualquiera* tener mejor entendimiento racional de este Dios tan personal. ¡No querrás perderte de este libro vital! Es fácil de leer, y lo recomiendo con entusiasmo.

JEFFREY LONG, MD, autor de *Evidencias del más allá* y *God and the Afterlife* (Dios y el más allá), éxitos de mayor venta del *New York Times*

¿Te imaginas a Dios como una entidad fría, distante y desinteresada? Si es así, leer este libro destrozará esa imagen falsa y encantará tu imaginación con la asombrosa gloria de quién es Dios en realidad. Mi amigo John Burke habilidosamente entrelaza cautivantes historias sobre experiencias cercanas a la muerte con principios bíblicos para demostrar una verdad increíble: ¡Dios es mucho más maravilloso de lo que nos hemos imaginado!

LEE STROBEL, autor de *El Caso de Cristo,* éxito de mayor venta del *New York Times;* fundador del Lee Strobel Center for Evangelism & Applied Apologetics (Centro Lee Strobel para Evangelización y Apologética Aplicada), Universidad Cristiana de Colorado

Como cirujana espinal basada en la ciencia, no creí en las experiencias cercanas a la muerte hasta que mi propia ECM cambió mi vida para siempre. Al explorar las Escrituras a la par de casi setenta ECM como la mía, *Imagina al Dios del cielo* revela el amor que siempre has deseado y que el carácter de Dios —el cual yo experimenté— es uno de infinita compasión y bondad.

MARY C. NEAL, MD, autora de *Ida y vuelta al cielo* y *7 lecciones del cielo,* éxitos de mayor venta del *New York Times*

Nadie integra mejor que John Burke las experiencias cercanas a la muerte con las Escrituras y la fe cristiana. *Imagina al Dios del cielo* es lectura necesaria para los cristianos y una fantástica introducción a la fe cristiana para los escépticos. Tu mente será transportada en nuevas direcciones, y tu corazón se abrirá todavía más a la realidad de la bondad, la gracia y las promesas de Dios.

> **CAREY NIEUWHOF,** autor del éxito de mayor venta *At Your Best* (En tu mejor momento); fundador de The Art of Leadership Academy (La Academia del Arte del Liderazgo)

Como médico que ha estudiado ECM por más de treinta y cinco años, he escrito bastante sobre la evidencia convincente de que hay una continuidad de la consciencia después de la muerte de nuestro cuerpo. John Burke primero hace referencia a la investigación que se ha hecho sobre ECM en los últimos cuarenta años, y después explora preguntas importantes sobre lo que podemos saber acerca de la imagen de Dios según lo que han mencionado muchos que han tenido experiencias cercanas a la muerte. Aunque estas preguntas van más allá de la investigación científica, son las preguntas de la vida que importan en realidad. Muy altamente recomendado.

> **PIM VAN LOMMEL,** cardiólogo; investigador de ECM; autor de *Consciencia más allá de la vida*

En *Imagina al Dios del cielo*, John Burke comparte una explosión de revelaciones nuevas sobre el amor incondicional que Dios nos tiene y sobre las abundantes y asombrosas maneras en las que quiere enriquecer nuestra vida. Es un maravilloso «mapa» espiritual para enriquecer nuestra relación con Dios.

> **WALTER BRADLEY,** PhD en ciencia material; autor contribuidor de *The Mystery of Life's Origin* (El misterio del origen de la vida)

La mayoría de nosotros nos preguntamos qué nos espera al otro lado de la tumba, por lo que los reportes de aquellos que sobreviven experiencias cercanas a la muerte son una fascinación para muchos.

En sus conversaciones con varias personas que han vuelto de la muerte clínica, John Burke ha descubierto varias comunalidades que se alinean con las Escrituras. Su libro más reciente considera el hilo que une a todos estos relatos: el inimaginable, infalible y consumidor amor de Dios por sus hijos. La revelación de John nos provee tremendo ánimo durante nuestra espera del día en el cual por fin conoceremos a nuestro Salvador cara a cara.

JIM DALY, presidente de Enfoque a la Familia

Si disfrutaste de *Imagina el cielo*, éxito de venta del *New York Times* por John Burke, entonces prepárate para otra ronda de bendiciones con este nuevo volumen, *Imagina al Dios del cielo*. Escrito con el mismo estilo, su segundo libro sobre el tema emocionará de igual manera a tu alma con convicciones de paz, aseguranza y seguridad. No te esperes; ¡adquiere una copia ya!

GARY R. HABERMAS, PhD, distinguido profesor de investigación en apologética y filosofía, Universidad Liberty

Imagina al Dios del cielo contiene casi setenta reportes de ECM que provienen de todo el mundo y han sido evaluados con mucho cuidado. Tan solo eso le da al libro su valor. Pero la cualidad única y excepcional de *Imagina al Dios del cielo* es la imagen de Dios que presenta y la evidencia que usa Burke para respaldar esa imagen. Basándose en la historia y en investigación detallada de ECM de varios países, culturas y religiones, Burke demuestra de manera convincente que esta pluralidad de ECM tienen en común una presentación de qué y quién es Dios y de qué se trata su programa para la historia, lo cual concuerda con el Dios bíblico y no las supuestas deidades de otras religiones. En una época en la cual prevalece el pluralismo religioso, el libro de Burke debe ser leído y estudiado por seguidores de Jesús.

J. P. MORELAND, profesor distinguido de filosofía, Escuela de Teología Talbot, Universidad Biola; autor de *A Simple Guide to Experience Miracles* (Una guía sencilla para experimentar milagros)

IMAGINA AL DIOS DEL CIELO

JOHN BURKE

IMAGINA
AL
DIOS
DEL
CIELO

SU REVELACIÓN DIVINA
Y SU AMOR INIGUALABLE
EN EXPERIENCIAS
CERCANAS A LA MUERTE

Tyndale House Publishers
Carol Stream, Illinois, EE. UU.

Visite Tyndale en Internet: TyndaleEspañol.com y BibliaNTV.com.

Tyndale y el logotipo de la pluma son marcas registradas de Tyndale House Ministries.

Imagina al Dios del cielo: Su revelación divina y su amor inigualable en experiencias cercanas a la muerte
© 2024 por John Burke. Todos los derechos reservados.

Originalmente publicado en inglés en el 2023 como *Imagine de God of Heaven* por Tyndale House Publishers
con ISBN 978-1-4964-7990-7.

Fotografía del cristal con facetas en la portada © Adrienne Bresnahan/Getty Images. Todos los derechos
reservados.

Fotografías de las manos en el interior © Dominic Steinmann. Todos los derechos reservados y usadas
con permiso.

Diseño: Dean Renninger

Edición en inglés: Christine M. Anderson

Traducción al español: Marcelo Rubén Valdez para AdrianaPowellTraducciones

Edición en español: Ayelén Horwitz para AdrianaPowellTraducciones

Publicado en asociación con Don Gates de la agencia literaria The Gates Group; www.the-gates-group.com.

Para información acerca de descuentos especiales para compras al por mayor, por favor contacte a Tyndale
House Publishers a través de espanol@tyndale.com.

ISBN 978-1-4964-8044-6

Impreso en Estados Unidos de América
Printed in the United States of America

30	29	28	27	26	25	24
7	6	5	4	3	2	1

A quien fue un Padre para los huérfanos, Señor soberano,

Salvador lleno de gracia, y fiel Amigo.

Contenido

¿POR QUÉ IMAGINARSE A DIOS?

TODOS NOS IMAGINAMOS A DIOS. Algunos se imaginan a Dios como un mito o como un cuento de hadas. Otros se imaginan a Dios como un ser distante y temible, como un juez severo o como un padre exigente. Y otros se imaginan a Dios como el ser más hermoso, amoroso y bondadoso del universo. El modo como tú y yo nos imaginamos a Dios importa porque eso nos influencia, para bien o para mal, más que cualquier otra cosa en la pudiéramos pensar[1]. Esto moldea la forma en la cual nos percibimos a nosotros mismos, a los demás y al propósito para el cual existimos.

Mi viaje para aprender a imaginarme a Dios comenzó hace muchos años atrás cuando mi padre estaba muriendo de cáncer. Alguien le dio un libro que contenía la primera investigación sobre lo que ahora se conoce como Experiencias Cercanas a la Muerte (ECM). Leí aquel libro en una noche, y me impactó. Trataba de personas que habían muerto clínicamente, que no tenían latidos del corazón ni ondas cerebrales, a quienes la medicina (o un milagro) había resucitado. Cuando revivieron, afirmaron haberse sentido más vivas que nunca en un mundo estimulante que estaba más allá de las dimensiones terrenales del espacio y del tiempo. Muchas de estas personas también dijeron que se encontraron con Dios. En esa época, yo era agnóstico y recuerdo haber pensado: *¿Podría ser esto una evidencia real de la existencia de Dios?*

Siempre fui una persona muy analítica y escéptica. Estudié Ciencias e Ingeniería y trabajaba como ingeniero. Nunca me gustó la idea de la «fe ciega». Necesitaba tener razones para creer. Aunque los casos de ECM abrieron mi mente escéptica a la posibilidad de que Dios fuera real, todavía tenía mis dudas. ¿Cómo sé que estos casos de ECM no son solo ilusiones o un engaño que el cerebro le hace a la persona que se está aferrando a la vida? ¿Y si son solo alucinaciones o los efectos de la anestesia, las drogas u otros químicos que inundan el cerebro? Como podrás ver, luchaba con todas estas preguntas y explicaciones alternativas.

Durante las investigaciones que realicé en las últimas tres décadas, descubrí que millones de personas habían tenido ECM, y que miles de estos casos habían sido estudiados científicamente. Estudié aquello que tenían en común más de mil personas que habían muerto clínicamente, resucitado y que afirmaban haber experimentado vida después de la muerte. Muchos médicos escépticos fueron convencidos por la misma evidencia que yo encontré. Llegué a convencerme de que Dios es indudablemente real. Incluso más que eso, ¡Dios está cerca, y es bueno!

En el año 2015, escribí el libro *Imagina el cielo* para compartir acerca de la emocionante vida venidera, donde además muestro que los casos de ECM experimentaron el mismo cielo que se revela en las Escrituras. La respuesta fue apabullante. Desde que *Imagina el cielo* fue publicado[2], numerosas personas me contactaron de todas partes del mundo y me compartieron con valentía sus experiencias cercanas a la muerte. De todas las maravillas increíbles del cielo descriptas por estas personas, el comentario más congruente es que nada se compara con la presencia gloriosa de Dios. Entonces me di cuenta de que necesitaba escribir otro libro, esta vez, centrado en lo más importante que podemos pensar en relación con el cielo y la tierra: *Dios*.

En *Imagina al Dios del cielo*, mi meta es presentar una visión exhaustiva y apasionante de quién es Dios: desde las pruebas de su existencia en la historia de la humanidad y de sus atributos sublimes, hasta su historia intrigante y su amor incondicional por todas las personas en la actualidad. Espero que lo que voy a compartir contigo en este libro arroje luz sobre las preguntas más importantes de la vida: ¿Quién me creó? ¿Con qué propósito? ¿Qué es lo que importa en realidad? ¿Cómo es Dios? ¿Qué quiere Dios conmigo?

También compartiré los fascinantes descubrimientos a los que llegué no solo como resultado de haber investigado los casos de ECM, sino también de haber estudiado la historia y las religiones del mundo y buscado entender cómo se complementa todo esto. Espero mostrar cómo la revelación personal de Dios en la historia se alinea con lo que los casos de ECM experimentan hoy en día. Escogí usar las siglas a. e. c. y e. c. (en lugar de a. C. y d. C.) como referencias históricas porque mi meta como escritor es alcanzar una audiencia global que esté más familiarizada con estas designaciones.

A lo largo del libro, leerás sobre casi setenta personas de todos los continentes que murieron clínicamente y afirman haberse encontrado con Dios. Escogí entretejer las historias de algunas personas a través de varios capítulos para que puedas experimentar la progresión de sus viajes mientras descubres las cualidades maravillosas de Dios y su emocionante mundo venidero. Cabe aclarar que este no es un libro sobre los casos de ECM; es un libro sobre Dios. Las cosas que aprenderás sobre Dios no dependen de los testimonios de quienes tuvieron ECM; estos testimonios globales solo añaden color al carácter de Dios revelado en las Escrituras.

Dejé mi carrera de ingeniero para hacerme pastor, en gran parte porque quería ayudar a las personas a descubrir las cosas que estoy compartiendo en este libro. Creo que Dios está dando a nuestra aldea global evidencia no solo de su existencia, sino también del amor incondicional e incesante que tiene por cada una de las personas que habitan este planeta. Aunque escribo desde una perspectiva cristiana, como verás pronto, creo que Dios se preocupa por todas las personas, sin importar sus trasfondos religiosos. Todos fuimos creados para ser sus hijos. Por lo tanto, te animo a tener una mente abierta para ver qué descubres por ti mismo.

Tal vez seas cristiano y seas escéptico respecto a los casos de ECM y cuestiones si los casos de ECM tienen algo legítimo para añadir a nuestro entendimiento de Dios a partir de las Escrituras. Permíteme decirte algunas cosas importantes acerca de esto. Primero, no propongo que formes tu perspectiva de Dios (o la vida venidera) solo sobre la base de lo que dicen quienes tuvieron una ECM. Si lees muchos relatos de ECM, te darás cuenta de que cada persona *interpreta* su experiencia desde la perspectiva de su propia cultura. Aunque los casos de ECM interpretan su vivencia de diversas maneras, lo que la mayoría comúnmente *informa* (en contraste con *interpreta*) se alinea consistentemente con lo que Dios reveló a lo largo de la historia como demostraré. La razón para que haya diversas interpretaciones es simple, pero requiere una ilustración que nos ayude a entender[3].

Imagínate que vives tu vida en una pintura bidimensional en blanco y negro colgada de una pared. Ahora imagínate que «mueres» y tu forma plana, bidimensional, se desprende de la pintura, sale flotando y entra en una habitación tridimensional y con muchos colores. Este «mundo» que nunca pudiste ver, debido a que estabas limitado a dos dimensiones, estuvo siempre a tu alrededor. Ahora imagínate que te traen de regreso a la «vida» bidimensional y te ponen por la fuerza en la pintura plana de nuevo. ¿Cómo describirías tu vivencia tridimensional y los colores usando solo términos bidimensionales y lenguaje en blanco y negro? O en lugar de eso, ¿cómo *podrías* hacerlo?

Esa es la razón por la cual quienes tuvieron una ECM luchan con las palabras; están obligados a «darle sentido» y, de alguna manera, a interpretar esta experiencia sagrada, mística y extradimensional con palabras tridimensionales limitadas. Esto es exactamente lo que les sucedió a Ezequiel, Daniel, Juan y a otros en las Escrituras, quienes escribieron acerca de sus propias experiencias celestiales con descripciones que pueden sonar extrañas.

Quizás estás sopesando la posibilidad de que los relatos de ECM hayan sido falsificados. ¿Cómo sabemos que estas personas no están inventando sus historias de experiencias cercanas a la muerte, sea por dinero o por llamar la atención? Primero, muchas de las personas cuyas historias comparto son médicos, abogados, directores ejecutivos, ingenieros, profesores y otros profesionales consolidados que no necesitan inventar historias terribles por dinero. De hecho, aunque la mayoría de ellos arriesgan su reputación cuando escogen hablar en público acerca de su ECM, estas personas dicen que nada en la vida les es más real o más importante.

Segundo, estas personas son de distintas partes del mundo. En algunos casos, lo que informan no solo va en contra de su cultura religiosa, sino que en verdad pone sus vidas en peligro. Aunque algunos perdieron familias y amigos e incluso sobrevivieron ataques mortales, dicen que Dios los envió de regreso para que contaran su experiencia. ¿Qué motivaría semejante sacrificio si no creyeran que es verdad? Tercero, aun si alguna de las personas que tuvo una ECM falsificara su historia, hay miles que dicen cosas parecidas. El testimonio de esa persona podría ser reemplazado por muchos otros testimonios. Además, entrevisté personalmente a muchas de estas personas, quienes son estables, creíbles y respetables. Pero también, lo que los casos de ECM comúnmente informan acerca de su experiencia con Dios no es nada nuevo. Simplemente confirman de otras maneras quién es Dios y lo que Dios estuvo haciendo a través de la historia de la humanidad.

Habiendo dicho esto, no estoy de acuerdo con todas las *interpretaciones* o conclusiones de los casos de ECM, a pesar de que sí creo que tuvieron una experiencia real. En este libro cito algunos de los casos de ECM cuya interpretación o práctica después de lo que experimentaron no defendería ni respaldaría. Los cito para mostrar que, a pesar de todo, lo que cuentan se alinea de manera consistente con lo que Dios reveló sobre su amor y su carácter. Estoy tratando de mostrar el cuadro completo de Dios y cómo muchas de las historias de los casos de ECM confirman lo que Dios estuvo revelando a través de la historia y en las Escrituras.

Si tuvieras que analizar numerosas historias de ECM, probablemente encontrarías interpretaciones variadas que no se alinean con la imagen que estoy dando aquí. ¿Acaso eso significa que estoy siendo «selectivo según mi interpretación»? Considera toda la evidencia que presento y, luego, juzga por ti mismo. Sin embargo, ten en cuenta que no estoy tratando de responder todas las preguntas referidas a ECM ni de abordar todos los problemas.

El propósito de este libro es mostrar las maravillas de Dios: Su historia épica, su carácter cautivador y su amor que supera nuestros sueños más osados. Mi esperanza es que te des cuenta de que todo el amor que siempre quisiste, en definitiva, se encuentra en la relación con Dios.

Por lo tanto, únete a mí en este viaje, e imaginémonos juntos al Dios del cielo.

PARTE 1

EVIDENCIA GLOBAL DE DIOS

EL DIOS
DE TODAS LAS NACIONES

«¡CÓDIGO ROJO! ¡CÓDIGO ROJO!», gritó la enfermera a través del intercomunicador.

Durante una semana entera, Santosh Acharjee había estado luchando por su vida. Sabía que se estaba muriendo. Acababa de darles a su esposa, hijo y nuera sus bendiciones finales cuando tuvo un paro cardíaco. El equipo médico se apresuró a actuar para hacer que su corazón volviera a latir, pero sus esfuerzos no fueron suficientes. Santosh murió clínicamente*.

Siempre pensé que una vez que mueres, la vida termina,
que eso es todo. Pero cuando morí, descubrí que la vida
no termina, que hay otra vida después de esta. Pensé: *No*

---

* «Muerte clínica» es un término médico que, por lo general, se refiere al cese del flujo sanguíneo y de la respiración en un paciente, a menudo, causados por una falla cardíaca, lo cual resulta en falta de actividad en el cerebro. La muerte clínica se puede revertir haciendo que el corazón vuelva a latir. No obstante, sin resucitación, lo que sigue es la muerte biológica irreversible.

estoy muerto; puedo analizar, interpretar. Tenía curiosidad y estaba lleno de preguntas mientras veía la Luz brillante que se acercaba hacia mí. Veía mi cuerpo acostado en la cama del hospital. Esta Luz era tan brillante. Sabía que esta Luz tiene una autoridad superior, que tenía que obedecer a esa Luz; nadie tenía que decírmelo, simplemente lo sabía. Cuando la Luz estuvo cerca de mí, me envolvió en su resplandor, y todo lo que podía ver era la Luz Divina. De inmediato me enamoré de la Luz Divina. Sabía que el propósito de la Luz no era hacerme daño, sino protegerme. Me sentí a salvo[1].

Santosh creció en India en el seno de una familia hindú conservadora. Su padre era un venerado erudito de sánscrito y un respetado sacerdote hindú, lo cual significa que el hinduismo era todo lo que Santosh había conocido desde niño. Santosh se había convertido en un reconocido ingeniero de manufactura, quien viajaba por todo el mundo, había vivido en India, Canadá, Brasil y los Estados Unidos como resultado de su trabajo. Su vida era maravillosa, hasta que un día el ritmo de su corazón comenzó a ser errático y llegó a latir más de doscientas veces por minuto.

Al principio, los médicos en el hospital pensaron que Santosh estaba sufriendo un ataque cardíaco, pero resultó que eran cálculos biliares que habían reventado con tal violencia que le perforaron no solo la vesícula, sino también el páncreas. Los médicos le dieron a Santosh la mala noticia de que no podían operarlo mientras su corazón siguiera latiendo tan rápido; todo lo que podían hacer era aguardar con la esperanza de que los latidos descendieran.

Día tras día, las cosas empeoraron de manera progresiva hasta que el corazón de Santosh se detuvo por completo. Finalmente, los médicos pudieron estabilizar a Santosh lo suficiente como para ponerlo en coma farmacológico y lo mantuvieron conectado a máquinas por tres días y tres noches. Aunque Santosh murió clínicamente, se sentía más vivo que nunca. Estaba viajando con una luz brillante que sabía que era Dios.

Recuerdo haber pasado a través de algunos agujeros oscuros, como túneles grandes y redondos, a una gran velocidad.

Viajamos juntos por bastante tiempo. [...] Cuando la Luz se detuvo, [Él] todavía me estaba mirando, y yo también lo estaba mirando. Me preguntaba a mí mismo: *¿Por qué dejó de moverse la Luz? ¿Qué hago ahora?* [...] Vi que la Luz se detuvo dentro de un predio inmenso que estaba rodeado con muros muy altos de extraordinaria belleza[2].

La Luz brillaba sobre este predio inmenso, un predio hermoso. Veía todo mucho mejor de lo que veo normalmente en este mundo. Mi visión no tenía límites. Podía ver de un extremo al otro sin obstáculos y podía acercar las imágenes como una cámara poderosa. Mientras miraba este predio, vi allí muchas, muchas casas hermosas, mansiones, rodeadas por muros altos y gruesos. Cuando miré el interior vi que era cuadrado y que dentro del predio había personas caminando; algunas estaban flotando en el aire. Era como una ciudad llena de mansiones, una ciudad moderna como las que conocemos, pero no [hecha] con los materiales de este mundo, sino con cosas preciosas que ni siquiera conocemos aquí. Conté doce puertas alrededor de [esta cuidad], pero ninguna de las puertas estaba abierta para mí. Quise entrar, pero no pude. Estaba afuera de la puerta. Vi muchos ángeles allí. Supe que los ángeles estaban allí para proteger este predio hermoso, y pensé: [...] *Estoy viendo el reino del cielo*[3].

Nada en este mundo podría alguna vez siquiera parecerse a la belleza de ese lugar. [...] Toda el área dentro del predio se veía tan tranquila y apacible que al instante me enamoré de este lugar. Y seguía pensando: *¿Cómo puedo hacer para entrar a este lugar tan hermoso? Debe haber una Entrada en alguna parte. ¿Dónde está la Entrada?*[4]. [...]

Entonces el Señor me habló. Tiene una voz profunda de mando, pero es, a la vez, una voz amorosa me di cuenta. [...] Cuando el Señor habló, entendí lo que dijo en cualquiera de las lenguas que conozco (bengalí, inglés, hindi, alemán, portugués, etcétera). [...] Me dijo con una voz firme y afectuosa: «Te envío de regreso a la tierra. [...] Regresa y termina las tareas que te faltan. Cuando regreses, deseo que ames a tu familia y a tus hijos. Presta atención a tu hija. Ella necesita tu ayuda[5]. [...]

Hablamos mucho, no sé por cuanto tiempo. [...] No sabía quién era él, pero sí sabía que era Dios. No tenía que preguntar ni descubrirlo, sabía que era el Señor de todo, Señor de todas las cosas. Para mí, era muy amable, amoroso, y como un verdadero amigo que se preocupa de manera genuina por cada uno de nosotros. [...]

Cuando regresé, estaba consternado. Las muchas obligaciones de la vida volvieron [...] pero me inquietaban todas las cosas que había visto allí. Conocía la escritura hindú, por lo tanto, me preguntaba por qué no me encontré con ninguno de los dioses o diosas hindúes ni con todas estas cosas que conocemos. *¿Quién era este a quien vi? Él no es como ellos. ¿Quién era ese?*[6]

Es interesante notar que a pesar de que las doce puertas que Santosh vio en el predio celestial estaban cerradas, posteriormente descubrió una «puerta muy estrecha» que estaba abierta para él. A través de ella, vio una entrada al reino del cielo. A medida que la historia de Santosh se desarrolle en los próximos capítulos, estudiaremos más acerca de lo que experimentó con Dios y lo que descubrió sobre la puerta estrecha. Pero primero, ¿quién es este amoroso Dios de Luz con quien tanto Santosh como otras personas de todo el mundo se encontraron en sus experiencias cercanas a la muerte?

EVIDENCIA GLOBAL

Debido a la era de la resucitación médica moderna y al acceso a la comunicación digital, han salido a la superficie en todo el mundo más y más informes sobre personas que fueron resucitadas de la muerte clínica. Una encuesta Gallup descubrió que ocho millones de ciudadanos de los Estados Unidos han tenido ECM[7]. Un estudio presentado en el 2019 a la European Academy of Neurology (Academia Europea de Neurología) reveló que aproximadamente el 5,5% de las personas a lo largo de treinta y cinco países informaron haber tenido ECM, la cual involucró una situación de riesgo de muerte[8]. A menudo, las personas tienen un paro cardíaco, el corazón deja de latir, y no tienen ondas cerebrales y, sin embargo, la medicina moderna (o un milagro) las resucita después de minutos o, incluso, horas en las que no se registra ninguna actividad cerebral. Estas personas regresan para dar testimonio sobre una experiencia que, manifiestan, es más real que cualquier cosa que hayan vivido alguna vez en la tierra. Y el recuerdo de estas vivencias no se parece a otros recuerdos. Como dice René de Australia: «El recuerdo de la ECM es más real que el recuerdo de lo que hice ayer»[9].

Cada relato de ECM es único, pero todos comparten similitudes notables, cosas comunes que son esenciales, las cuales investigué y sobre las cuales escribí extensamente[10]. Pero sin lugar a dudas, el comentario más enfático y consistente en todos los casos de ECM que estudié es que no hay absolutamente nada en la tierra, ninguna experiencia que podamos imaginarnos, ¡que se compare con estar en la presencia de Dios!

Basado en lo que informan quienes tuvieron una ECM, las características de este Dios son las mismas, sin importar la nacionalidad, la religión ni la cultura de los individuos. Aunque estas personas *interpretan* la identidad de este Dios a partir de su propio trasfondo cultural y religioso, el ser divino que *describen* es congruente. Por ejemplo, a pesar del lugar de donde provengan, de manera constante hablan acerca de dos características clave de este Dios: Luz y amor.

Dios de luz

Muchas de las personas que mueren clínicamente narran haber experimentado a un ser de luz a quien intuitivamente reconocen como Dios. El uso de hipérboles y de muchos adjetivos parece ser la única forma en que estas personas pueden expresar, dentro de los límites del lenguaje humano, la luz vivificante de Dios.

En África, Mario contrajo *Plasmodium falciparum*, el tipo de parásito de malaria más peligroso y con el índice de mortalidad más alto. Su esposa lo encontró inconsciente. Cuando el médico llegó, descubrió que el corazón de Mario se había detenido.

Viví la experiencia de mi viaje en esta LUZ indescriptible
y maravillosa, donde estuve envuelto en tanto amor y paz,

y me encontré en un lugar donde se podía respirar mucho gozo, frente a flores inmensas y maravillosas con perfumes embriagadores. Allí, en ese lugar, me encontré con mis padres que habían fallecido algunos años atrás. Solo mi madre habló [...] y me dijo que todavía no era mi hora. [...] Esta experiencia maravillosa borró todo temor a la muerte [...] [y] me da la certeza de que Dios nos está esperando con gozo[11].

Después de intentar reanimarlo, el médico llevó a Mario al hospital. Cuando llegó, un neurólogo lo evaluó e inicialmente lo declaró asunto terminado, pero, de manera milagrosa, Mario resucitó de la muerte clínica.

Dios es la luz que trae vida. Sin embargo, vivimos en un mundo que, a menudo, reproduce oscuridad y muerte. Las personas hacen cosas malvadas, la injusticia acecha en todos los rincones, las personas nos hacen daño y nosotros dañamos a otros, incluso, cuando intentamos hacer lo mejor. Tenemos muchas preguntas sobre la vida que parecen dejarnos en la oscuridad: ¿Quién soy? ¿Por qué estoy aquí? ¿Estoy haciendo lo correcto? ¿Por qué me cuesta tanto? ¿Por qué Dios, si hubiera un Dios, parece no ayudar? Como veremos, conocer a Dios trae luz a nuestra oscuridad. Marsha experimentó esta verdad de una manera muy inesperada y real.

En los Estados Unidos, una mujer con ceguera legal, Marsha, tuvo una ECM. Nació con retinopatía del prematuro (ROP, por sus siglas en inglés). Aunque podía ver un poco de luz con el ojo izquierdo, Marsha necesitaba un perro guía para moverse. Cuando los ciegos tienen una ECM, pueden ver las mismas cosas que ven los que tienen vista. A la edad de treinta y dos años, mientras estaba en el hospital, Marsha se desmayó y estuvo sin pulso por treinta minutos. Se encontró a sí misma subiendo por un túnel oscuro, negro y escuchó música y campanas, pero dijo: «No como las campanas de aquí; eran diferentes». Una luz pequeña y blanca en la distancia comenzó a brillar más y más hasta que llenó todo el final del túnel donde ella se había detenido.

Primero, todo lo que veía era la luz y [luego] oí la voz. [Y me dice]: «Ven hacia la luz».

Sé que tengo que ir. Sabía que era como Dios o algo así. Era como ver la cara en la luz, pero no verla en realidad. [...] Y es una luz diferente. No es como la luz en la tierra ni como la luz del sol. Es como luz blanca, pero [más] como luz blanca dorada. Y se mueve y titila. No se parece a ninguna clase de luz de la tierra. Es cálida, como si estuvieras en la luz. No solo ves la luz, sino que te vuelves parte de la luz y la luz te rodea. Es como Dios en la luz. Nada en la tierra se parece a eso[12].

Marsha vio ángeles que tenían cuerpos, pero notó que «casi se podía ver a través de ellos», lo cual coincide con lo que también dijeron otras personas no ciegas que tuvieron ECM. Vio a su abuela y a su tía, quienes habían fallecido años antes. Y, para su sorpresa, vio a su amigo Hank, quien también había sido ciego y había fallecido en el año 1982. Marsha se dio cuenta de que, aunque en la tierra «[Hank] era ciego y le habían amputado los dedos y las piernas [...] allí, en el cielo, era como si su cuerpo estuviera bien [estaba completo]»[13].

Incluso quienes son ciegos en la tierra pueden ver con claridad en la luz de Dios. Esta luz trae esperanza a nuestra oscuridad. Como descubrió en la presencia de Dios un caso de ECM que provenía de Nueva Zelanda, «Él es luz. [...] [Su] amor estaba sanando mi corazón y comencé a entender que hay una esperanza increíble para la humanidad»[14]. Las personas de todo el mundo necesitan esperanza. He viajado a treinta países en los últimos treinta años y he hablado sobre las luchas del mundo real con los budistas en Mongolia, musulmanes en Kazajistán e hindúes en la India. Escuché a noruegos, australianos, africanos, coreanos, brasileños y a muchos otros hablar sobre sus luchas, fracasos, pecados y vergüenzas. ¡Todos luchamos, todos caemos y todos necesitamos esperanza, en todas partes!

Nan, una joven mujer proveniente del Medio Oriente, había perdido toda esperanza. Trató de quitarse la vida, murió, abandonó su cuerpo y se encontró viajando flanqueada por dos mujeres, a una de las cuales identificó como su ángel guardián. Vio un puntito de luz en la distancia y se dio cuenta de que estaban moviéndose muy rápido hacia esa luz. A medida que se acercaban a la luz, la luz crecía y su blanco resplandor se volvía más puro.

Vi miles de millares de seres vestidos con túnicas blancas que miraban hacia la Luz y [...] al servicio de la Luz y al parecer «cantaban» alabanzas a la Luz. La Luz estaba llena del más extraordinario, arrollador e indescriptible sentimiento de AMOR. [...] La Luz habló con voz de hombre, firme y directa, diciendo solo: «¡Regresa! Tienes mucho que aprender»[15].

Muchos de los casos de ECM regresan y buscan aprender más acerca del Dios de Luz, otros no. Dios nos da la posibilidad de escoger buscarlo o ignorarlo. También es importante tener en cuenta que solo porque alguien que tuvo una ECM vea a Dios, no significa que esa persona conozca a Dios ni que necesariamente esté en una relación correcta con él. Creo que estas experiencias simplemente ofrecen un vistazo personal a una realidad más grandiosa y que son regalos que nos permiten aprender más sobre la persona con quien estamos relacionados, es decir, Dios.

En todos los continentes, los casos de ECM dicen que la luz de Dios está viva y que no se parece a ninguna otra luz que conozcamos. Es una luz palpable y que se puede experimentar a través de múltiples sentidos. Es la luz que ofrece amor incondicional y vida que trae esperanza y gozo indescriptibles. Como podremos ver, este Dios de Luz es el amor que todos anhelamos. En la presencia de Dios, todos podemos ver con mayor claridad lo que somos para Dios, lo que Dios siente por cada uno de nosotros y que ese amor puede hacernos mejores personas.

Dios de amor

En Londres, Mary estaba embarazada, pero sangraba gravemente. Tan pronto como llegó a la sala de emergencias, el personal del hospital comenzó a correr hacia ella, estaba empapada en sangre desde el ombligo hacia abajo y en una condición extremadamente crítica. Mary recuerda haber oído un *pum* y, entonces, todo el dolor se detuvo de repente. Se encontró a sí misma arriba cerca del techo de la sala de emergencias, mirando hacia abajo. Se sintió en calma por primera vez desde que supo que estaba embarazada de un hombre que la había engañado. Este hombre le había dicho que la amaba y que quería casarse con ella, pero el embarazo sacó la verdad a la luz. Tenía una esposa y cinco hijos en otra ciudad y, tan pronto como pudo, abandonó a Mary. Ella meditaba sobre estas cosas mientras flotaba cerca del techo, observando a los médicos que la estaban operando.

Aunque oyó a una enfermera, la única que tenía puesta una bata azul, decirles a los médicos que había perdido el conocimiento, ella se sentía consciente por completo y al tanto de todos los detalles de lo que estaba sucediendo en la sala de operaciones.

«Floté hacia un túnel y atravesé un ventilador de techo y luego el techo sin problemas», relata Mary. El túnel se tornaba negro y agitado a medida que ella viajaba más y más rápido, dirigiéndose hacia una luz brillante. Sintió la presencia reconfortante de su abuelo, quien había fallecido, por lo tanto, no tenía temor. Cuando salió del túnel, recuerda:

> Estaba abrumada por una luz blanca radiante que parecía personificar todos los conceptos del amor. Un amor incondicional, como el amor de una madre por su hijo. Sin lugar a dudas, era una presencia cálida y alegre [...] esa luz irradiaba todas las emociones buenas y nobles conocidas por el ser humano. Aunque había abandonado las prácticas de la iglesia católica [...] sabía en mi corazón que era Dios. Las palabras no son suficientes para describir mi asombro ante esta presencia[16].

El tiempo se detuvo y Dios le mostró a Mary su vida. Mary dijo que él conocía todos sus pensamientos y sentimientos; quería permanecer ante esta presencia para siempre. Mientras le mostraba una reseña de su vida, ella no solo observaba cada momento, sino que experimentaba su vida de nuevo, incluyendo el impacto de cada acción buena o mala. Verdaderamente *sintió* cómo sus acciones hicieron sentir a los demás, como si estuviera compartiendo una perspectiva divina de todos los efectos y consecuencias de sus acciones.

Fue un tiempo difícil para mí, pero el amor incondicional [de Dios] me sostuvo y pude soportar las partes dolorosas. Me preguntó telepáticamente si quería quedarme o regresar. [...] Caí sobre mis rodillas para mostrarle mi deseo de quedarme con él[17].

Mary regresó a la tierra después de que Dios le mostrara que su bebé viviría, y que necesitaba estar presente para él. Se sintió perdonada, lavada por completo y amada de manera incondicional en la presencia de Dios. Y regresó con evidencias dramáticas de que lo que experimentó fue real. Mientras estaba flotando en el aire cerca del techo de la sala de emergencias, Mary dijo que vio una etiqueta roja en una de las aspas de un ventilador de techo, del lado que daba hacia arriba.

Después de que la resucitaron en la sala de reanimación, Mary le insistía al personal médico para que escuchara sobre la experiencia increíble que acababa de tener. Solo una de las enfermeras la escuchó y esto fue solo después de que Mary le diera detalles de lo que había observado durante la operación, incluyendo lo que la enfermera le había dicho al médico mientras ella estaba inconsciente. Finalmente, convencida, la enfermera y un camillero trajeron una escalera alta y buscaron la etiqueta roja que Mary describía con grandes detalles en la cara escondida del ventilador de techo. Mary expresó: «La enfermera y el camillero vieron la etiqueta y confirmaron todos los detalles que les había descrito»[18].

Cuando nos imaginamos el amor de Dios como es en realidad, ese amor puede cambiarnos, y de querer evitar a Dios pasamos a anhelar conocerlo mejor. Creo que el amor de Dios es el amor que todos anhelamos. Howard Storm, profesor universitario y un caso de ECM a quien entrevisté, describió el amor de Dios de esta forma: «Imagínate todo el amor que hayas experimentado de parte de tus padres, abuelos, amantes, esposas, hijos, junta todo el amor que recibiste durante toda tu vida en un solo momento, luego, multiplícalo por mil»[19]. ¡Ese es el amor de Dios por ti!

ESPERANZA PARA TODOS

Nunca en la historia, hasta ahora, habíamos podido oír sobre tantas personas de todo el mundo que fueron resucitadas de muerte clínica. Creo que los casos de ECM son un regalo de Dios para nuestro mundo globalmente conectado: Una evidencia generalizada de la realidad de la existencia de Dios y de su gran amor por las personas de todas las naciones. En este capítulo, ya leíste sobre encuentros con Dios descritos por hindúes, africanos, estadounidenses, mediorientales y europeos. Como seguirás descubriendo en las próximas páginas, personas con trasfondos religiosos y culturales variados se encontraron con el mismo Dios de Luz y Amor cuando tuvieron una ECM. ¿Cómo podemos explicar que tal variedad de seres humanos concuerde con la descripción básica del Dios con quien se encuentran cuando mueren clínicamente? ¿Podría ser que Dios esté tratando de comunicarse con la humanidad de una forma profunda, ofreciendo esperanza a las personas de todas las naciones?

No solo leerás historias acerca de personas de diversas culturas, sino también acerca de profesores, psicólogos, médicos, abogados, directores ejecutivos, personas que pierden su credibilidad profesional cuando hablan sobre sus locas historias de haber visto a Dios. Personas como el Dr. Bell Chung.

El Dr. Bell Chung nació en Hong Kong, era doctor en psicología cognitiva y le encantaban los viajes de aventura. A sus treinta años, ya había ido a bucear, esquiar y a hacer montañismo a treinta países. Pero la forma suprema de aventura y libertad para el Dr. Chung era el aladeltismo, volar libre como un pájaro.

Mientras estaba de vacaciones en Nueva Zelanda, un día fue a hacer aladeltismo en las montañas. Justo después de haber tomado vuelo, se dio cuenta de que el planeador estaba subiendo muy rápido y en un ángulo demasiado empinado. Así como el ascenso fue de intenso, así se detuvo y cayó en picada como una cometa rota; cayó más de cien metros. *¡Pum!*

Cuando el planeador tocó el suelo, se hizo pedazos. El Dr. Chung se encontró a sí mismo mirando hacia abajo, hacia el planeador destruido, vidrio y metal desparramados por el piso.

«Vi a un joven quebrado acostado allí, muriéndose —dijo el Dr. Chung—. ¡Horrorizado, me di cuenta de que ese hombre era muy parecido a mí! *¡Ese es mi cuerpo!*». Entonces el Dr. Chung sintió una luz cálida, dorada que le hablaba:

—La oscuridad terminó. Bienvenido a la luz —me dijo la luz dorada.

Me encontré bañado en un mar de luz dorada, tranquila y calma. Fui abrazado por completo por un amor reconfortante y gentil. También me di cuenta de que mi cuerpo resplandecía, reflejando los rayos de la luz dorada. Los sentidos de calidez y amor me inundaban. [...]

—¿Quisieras irte o quedarte? [...]

Alguien me hablaba desde la fuente de luz. Nuestra comunicación no era a través de la voz, sino de la mente, como telepatía. Intenté mirar a la fuente de luz, pero difícilmente podía ver algo o a alguna persona excepto por un halo de luz. No tenía idea de quién era el que me hablaba, pero sabía que era la fuente del amor más grande. [...] ¿Tal vez sea lo que llamamos Dios?

—¿Irme o quedarme? —murmuré—. ¿Eso significa que puedo escoger entre la vida y la muerte?

—Esta es la última pregunta de tu vida. —Parecía que él era capaz de comprender mis pensamientos. [...]

—Antes de tomar una decisión, quizás quieras ver una reseña de tu vida. [...]

Me encontré en un cine con miles de pantallas a mi alrededor. En cada una de las pantallas estaban pasando episodios de diferentes momentos de mis treinta años de vida, desde que era un niño pequeño hasta el presente. Algunos de los cuales recordaba, algunos de los cuales hacía mucho tiempo había olvidado. Estaba intrigado por esta película fascinante [...] panorámica de toda mi vida[20].

El Dr. Chung finalmente regresó. Un equipo de rescate tuvo que trabajar durante treinta minutos para cortar las partes necesarias y sacarlo de entre los restos del ala delta. Después de tres días en coma, comenzó el largo camino de la recuperación como un hombre diferente.

Personas de todas las nacionalidades, profesiones y trasfondos se encontraron con el mismo Dios de Luz y Amor cuando tuvieron una ECM. No experimentaron a Dios como una fuerza impersonal, sino como un Dios personal que conoce a todas las personas más íntimamente de lo que alguna vez se hubieran imaginado y le trae a la memoria cosas acerca de sus vidas que incluso se habían olvidado. Todas regresaron sabiendo que Dios es amor, y que el amor es lo que más le importa a Dios.

EL AMOR TIENE UNA HISTORIA

Como veremos, nuestra era moderna de ECM no es en la primera vez que este Dios de Luz y Amor se reveló a sí mismo. Cerca del comienzo de la historia escrita, aproximadamente hace cuatro mil años atrás y antes de que las religiones modernas del mundo fueran oficializadas en un texto sagrado[21], Dios afirma que se reveló con un plan de bendecir a todas las naciones. «El SEÑOR le había dicho a Abram: "[...] Haré de ti una gran nación; te bendeciré [...]. Todas las familias de la tierra serán bendecidas por medio de ti"» (Génesis 12:1-3). Analizaremos cómo las mismas cosas que los casos de ECM dicen hoy se alinean con el corazón de Dios revelado a través de la historia.

Estoy convencido de que Dios creó a todas las personas a su imagen, y que él es *para* todas las personas de todas las naciones. Los que tuvieron una ECM confirman que Dios les habló en su lengua nativa. Este Dios lo ve todo, los conoce todo; desea perdonar a todos y ama incondicionalmente a cada una de las personas de manera única. Si abres tu mente y me acompañas en este viaje de imaginarnos a Dios, tengo la esperanza de que verás que una relación de amor, no de religión, es lo que en realidad Dios quiere tener contigo y conmigo.

Mientras lees *Imagina al Dios del cielo*, espero que comiences a descubrir la verdad que yo descubrí. A pesar de que nunca tuve una experiencia espiritual mística tal como las que describen quienes tuvieron una ECM, vi claramente que este amor de Dios es real y está disponible también para todos los seres humanos que no tuvieron una ECM. Dios se preocupa de manera única por cada una de las personas que creó. Creo que desea que todos conozcamos y que incluso experimentemos su gran amor de una manera muy personal. ¿Necesitas más amor en tu vida? Sigue leyendo. Creo que este libro te ayudará a descubrir el amor que siempre quisiste.

2

CIENCIA, ESCÉPTICOS Y ECM

EL DR. RAJIV PARTI, jefe de anestesiología del hospital Bakersfield Heart, había decidido asistir a aquella cirugía personalmente debido a la naturaleza peligrosa del procedimiento. El baipás cardiopulmonar hipotérmico y paro circulatorio es un procedimiento que se usa solo en casos extremos, a menudo, para reparar aneurismas cerebrales profundos o una ruptura aórtica que si no se operan podrían causar la muerte del paciente.

En el procedimiento, la sangre del paciente es reemplazada por un líquido frío que hace que la temperatura del cuerpo descienda a 10 grados Celsius (50 grados Fahrenheit). No se usa respirador para que el paciente siga respirando, por lo tanto, los pulmones y el cerebro no reciben nada de oxígeno. El electrocardiograma, el cual se usa para monitorear los latidos del corazón, muestra una línea plana, lo cual indica que no hay flujo de sangre al cerebro. Todos los órganos dejan de funcionar y el cerebro del paciente no muestra ninguna onda en el electroencefalograma. En todo sentido, el paciente está clínicamente muerto. Es un procedimiento muy arriesgado que se aplica solo en casos donde no hay otras opciones. El paciente mismo no esperaba sobrevivir. Sin embargo, cuando sí sobrevivió, el Dr. Parti entró a la habitación del paciente para animarlo y felicitarlo. El hombre lo miró y le sonrió. El Dr. Parti comparte lo que el paciente reveló.

—Los estaba mirando en la sala de operaciones —dijo el paciente—. Estaba fuera de mi cuerpo, flotando por el techo.

Eso no puede ser cierto, pensó el Dr. Parti.

—Sí —dijo el hombre—. Vi que estaba parado en la cabecera de la mesa y vi al cirujano cosiendo el parche en mi arteria[1].

El paciente expresó al Dr. Parti cuantos cirujanos había visto. Describió a las enfermeras, lo que hacía el equipo médico durante la operación y otros detalles que solo podrían haber sido observados desde algún lugar por encima de todos ellos.

Con el paso de los años, el Dr. Parti había supervisado cientos de cirugías en las cuales el corazón del paciente se detiene o apenas late. Había oído a los pacientes con paros cardíacos insistir en que habían visto a amigos que estaban muertos, una luz al final de un túnel o a un ser de luz; pero los había descartado como delirio psicótico. Como había aprendido en la formación médica: si no podía verlo en un monitor, oírlo o sentirlo, debía enviarlo al pabellón psiquiátrico.

—Detuvimos su corazón —argumentó el Dr. Parti—. Su cerebro no tenía ninguna actividad. No puede haber visto nada. Su cabeza estaba puesta en hielo.

El paciente, a quien el Dr. Parti se refería como «el hombre de hielo», simplemente describió más detalles de su operación, incluyendo los instrumentos que los médicos habían utilizado y lo que habían dicho durante la cirugía. Finalmente, el Dr. Parti lo detuvo y le puso una inyección con drogas antipsicóticas[2].

Rajiv Parti creció en una familia hindú en la India. Le enseñaron a creer en el panteón de los dioses y las diosas hindúes, pero el estudiar en la escuela de medicina y el trasladarse de Nueva Delhi a Nueva York le quitaron toda creencia en dioses invisibles o en la vida después de la muerte. Según lo que él mismo admitió, rendía culto en el altar del materialismo.

Aun así, todo cambió aquel día después de Navidad, en el año 2010. El mundo del Dr. Parti se puso patas para arriba, lo cual cambió la mayoría de sus perspectivas acerca de Dios, la vida después de la muerte y esta vida. El encuentro inquietante que tuvo con el «hombre de hielo» vino rápidamente a la mente del Dr. Parti cuando, a la edad de cincuenta y tres años, se encontró a sí mismo acostado en la sala de reanimación del centro médico de Universidad de California, Los Ángeles (UCLA, por sus siglas en inglés) hablando con un anestesiólogo acerca de su propia experiencia cercana a la muerte. El anestesiólogo no le creyó al Dr. Parti o, simplemente, no le importó[3].

—Te vi durante mi cirugía —le dijo el Dr. Parti.

—¿En serio? —retrucó el anestesiólogo con escepticismo, con una sonrisa que se desvanecía.

—Sí. Abandoné mi cuerpo y te observé desde el techo.

—Interesante —dijo el médico mientras revolvía sus papeles, sin ningún interés en el caso.

—No, en serio —insistió el Dr. Parti, explicándole que había visto cómo el cirujano lo cortaba y que incluso había escuchado al anestesiólogo contar un chiste.

—Ah, ¿en serio? ¿Y cuál fue el chiste?[4]

El Dr. Parti le contó el chiste grosero sobre el olor que salía después de que sus intestinos habían sido abiertos. El anestesiólogo se ruborizó, murmurando que quizás no le había puesto suficiente anestesia. El Dr. Parti lo tranquilizó diciéndole que le había puesto bastante.

Cuando el Dr. Parti le contó que había visitado a su mamá y a su hermana en la India y que, luego, se había encontrado a sí mismo en el borde del infierno, el anestesiólogo se puso notablemente incómodo. Dijo que regresaría para oír más acerca de la historia del Dr. Parti, pero nunca lo hizo. El anestesiólogo no fue el único que descartó la experiencia del Dr. Parti ese día.

Cuando el cirujano vino a visitarlo, el Dr. Parti solo llegó a narrar lo que había observado cuando estaba fuera de su cuerpo, su viaje y que había llegado hasta la entrada del túnel antes de que el cirujano tomara su teléfono y se excusara. Cuando un médico residente entró, el Dr. Parti lo ametralló con preguntas sobre la sanidad del alma. Cuando el Dr. Parti le explicó que dos ángeles de la Biblia lo llevaron a un ser de luz, quien habló sobre la sanidad del alma, el residente rápidamente terminó la conversación. A pesar de que los otros médicos no le creían, la experiencia personal del Dr. Parti lo había transformado de un escéptico a un creyente tanto en los relatos de los casos de ECM como en Dios.

ESCÉPTICO SOBRE ECM

Me enteré por primera vez sobre ECM en el año 1978, tres años después de que el Dr. Raymond Moody publicara la primera investigación popular sobre personas que habían muerto clínicamente, fueron resucitadas y regresaron para contar acerca de una vida venidera. Mi papá estaba muriendo de cáncer, y un amigo le había dado el libro de Moody, *Vida después de la vida*. Al principio, fui escéptico, aunque al mismo tiempo, sentía curiosidad.

Era agnóstico respecto a Dios, Jesús y la vida después de la muerte cuando leí por primera vez sobre ECM. Aun así, deseaba entender cómo funcionaban las cosas y cómo se complementaba todo. Mi mente curiosa y analítica me había llevado a trabajar en el campo de la ingeniería en Santa Bárbara, California, en los años ochenta. Fue una década en la cual más y más relatos de ECM se estaban haciendo públicos, y Santa Bárbara resultó ser un epicentro de investigación.

A medida que seguía buscando y estudiando más casos de ECM, surgían muchas preguntas: ¿Qué son estos relatos? ¿Son evidencias científicas reales del alma y de la existencia de Dios? O ¿Los casos de ECM se pueden explicar por medio naturales como, por ejemplo, los efectos de un cerebro moribundo, anoxia o drogas?

En los últimos treinta y cinco años, entrevisté a incontables personas y estudié miles de informes sobre ECM tratando de responder estas preguntas. Esa misma evidencia también convenció a muchos médicos escépticos con el paso de los años. Entre los cuales hay cardiólogos, oncólogos y cirujanos, quienes al principio eran escépticos como el Dr. Parti, pero que posteriormente cambiaron de parecer debido a las evidencias abrumadoras, a pesar de las teorías alternativas.

EXPLICACIONES ALTERNATIVAS DE ECM

Con el paso de los años se propusieron más de treinta explicaciones alternativas para las ECM. ¿Por qué tantas? El oncólogo Jeffrey Long, quien pasó de ser un escéptico en lo que respecta a ECM a un investigador de más de cuatro mil casos de ECM, debatió con escépticos tales como Michael Shermer sobre explicaciones alternativas[5]. El Dr. Long aclara: «Los escépticos mismos, como grupo, no pueden lograr una explicación consensuada de la experiencia cercana a la muerte. Si los escépticos tuvieran una o incluso un par de explicaciones con sentido, no necesitarían más de treinta. [...] No tienen nada que explique la totalidad de lo que estamos observando en las experiencias cercanas a la muerte»[6].

Las explicaciones alternativas, por lo general, tratan de exponer uno o dos elementos de la ECM, pero nunca tienen en cuenta todos los elementos comunes que juntos presentan un caso científico sólido. El Dr. Long afirma: «Los casos de ECM proveen evidencia científica tan poderosa que es razonable aceptar la existencia de la vida después de la muerte». El Dr. Long señala un principio científico básico: Lo que es real se puede observar de manera constante[7]. Por esa razón, en lugar de tratar de explicar lo que falta en cada una de las treinta explicaciones alternativas diferentes, una estrategia mejor sería enfocarnos en la evidencia que los casos de ECM observan de manera constante. Un principio científico similar es la navaja de Ockham, el cual estipula: «En dos teorías que compiten, se debe escoger la explicación más sencilla de una entidad»[8]. Y la explicación más sencilla es la explicación casi universal que ofrecen los mismos casos de ECM, quienes por lo general dicen: «Hay un alma. Abandoné mi cuerpo, pero seguía siendo yo mismo, lleno de vida en un mundo más real que cualquier cosa que haya experimentado en la tierra».

DIEZ PUNTOS QUE EVIDENCIAN LA VIDA DESPUÉS DE LA MUERTE

Existe una leyenda urbana que dice que el gobierno entrena a sus agentes para identificar billetes falsos haciéndolos tocar los billetes auténticos. Una vez que conocen cómo es y cómo se siente el billete real, pueden identificar cualquier billete falso porque les faltan las marcas que tienen los billetes reales. Cuando se trata de ECM, adopto el mismo enfoque.

Deseo ayudarte a ver todas las marcas* de evidencia que cualquier teoría válida debe explicar. Para hacer eso y para entender mejor el caso científico a favor de la vida después de la muerte, analicemos diez puntos de evidencia.

1. Observaciones comprobables

Como el Dr. Parti, quien oyó el chiste grosero del anestesiólogo, miles de casos de ECM afirman que abandonaron sus cuerpos cuando estuvieron muertos clínicamente, pero que su persona o alma permaneció en la habitación observando cómo los resucitaban. El Dr. Long afirma: «Cerca del 45% de las experiencias cercanas a la muerte informan que tuvieron EEC (experiencias extracorpóreas) lo cual implica que vieron y, a menudo, oyeron eventos terrenales desde una perspectiva desde afuera y, por lo general, desde encima de sus cuerpos físicos»[9]. Como Mary, quien dijo que vio la etiqueta roja en la parte superior del ventilador de techo, muchas observaciones como estas fueron documentadas y estudiadas.

Las observaciones comprobables convencieron al Dr. Michael Sabom, cardiólogo cristiano, quien me dijo en una entrevista que al principio tenía la intención de desmentir las ECM. Nunca había oído a sus pacientes contar cuentos tan locos. Pero después de años de hacer preguntas y de escuchar abiertamente a personas que sobrevivieron a ataques cardíacos, publicó un estudio científico en el año 1980 sobre ECM en el *Journal of the American Medical Association*. Desde entonces, se publicaron más de novecientos artículos científicos sobre ECM en muchas revistas arbitradas reconocidas[10].

Sin embargo, escépticos como el Dr. Michael Shermer afirman que las personas que tienen ECM experimentan alucinaciones mientras el cerebro comienza a funcionar de nuevo[11]. Una de las cosas que convenció al Dr. Sabom de que no se trataba de alucinaciones, fue la forma en que sus pacientes «vieron detalles de su resucitación que de otra forma no podrían haber visto»[12]. Otros escépticos como el Dr. Gerald Woerlee afirman que los casos de ECM detectan pistas audibles que subconscientemente

---

* Muchas de estas marcas de evidencia fueron publicadas por primera vez por el Dr. Jeffrey Long. Ver Jeffrey Long, MD, «Near Death Experiences: Evidence for Their Reality» (Experiencias cercanas a la muerte: Evidencia de su realidad), *Missouri Medicine* 111, n.º 5 (Septiembre–Octubre 2014): 372–380, acceso vía NIH National Library of Medicine, https://www.ncbi.nlm.nih.gov/pmc/articles/PMC6172100.

forman la experiencia[13]. En respuesta a esto, Sabom habla sobre el caso de Pam Reynolds, el cual, según su criterio, rebate esa teoría. Tanto el Dr. Sabom como el Dr. Robert Spetzler, el neurocirujano que operó el aneurisma cerebral profundo de Pam, informaron sobre el caso. Pam era una cantautora muy conocida en la industria discográfica en los años ochenta y noventa. Su estudio grabó música tanto de Bruce Springsteen como de Pearl Jam y REM. Pam era cristiana cuando tuvo una ECM.

«Estaba en Virginia Beach [...] con mi esposo —recuerda Pam—. Estábamos promocionando un nuevo álbum. E inexplicablemente me olvidé cómo hablar. Hablo mucho. Nunca me olvido cómo hablar»[14]. Una IRM (imagen por resonancia magnética) mostró que tenía un aneurisma profundo, «una bomba de tiempo», en el tallo cerebral. Su única esperanza era una cirugía experimental radical.

Como el caso del «hombre de hielo» del Dr. Parti, el cuerpo de Pam fue enfriado a aproximadamente 10 grados Celsius (50 grados Fahrenheit) y le drenaron toda la sangre de la cabeza. Le taparon los ojos con vendas, estuvo bajo anestesia general y la actividad de su tallo cerebral fue monitoreada con «clics de 100 decibelios emitidos por pequeños parlantes moldeados insertados en sus oídos»[15]. Todo su cuerpo, a excepción de la pequeña área de la cabeza que estaban operando, estaba cubierto por completo. Por lo tanto, no había ninguna posibilidad de que oyera, viera o detectara ninguna pista de lo que estaba ocurriendo en la sala. El corazón de Pam no tenía latidos y sus ondas cerebrales no tenían ninguna actividad.

Pam no recuerda el principio de la cirugía. «Recuerdo un hormigueo en la parte superior de mi cabeza y luego como que "salí disparada" de mi cabeza. Y me encontré mirando a mi cuerpo allí abajo»[16]. Ya había pasado una hora de la cirugía, y Pam estaba mirando su cuerpo como si estuviera posada en el hombro del cirujano.

Recuerdo que el instrumento en su mano se veía como el mango de mi cepillo dental eléctrico. Había supuesto que me abrirían el cráneo con una sierra. [...] Pero lo que vi se parecía mucho más a un taladro. [...] Incluso tenía pequeñas brocas que estaban guardadas en un estuche que se parecía al estuche en el cual mi padre guardaba las llaves de tubo. [...] Recuerdo con claridad haber oído la voz de una mujer que decía: «Tenemos un problema, sus arterias son demasiado pequeñas»[17].

La voz de la mujer procedía del lado de sus pies, dice Pam, lo cual la confundió porque era una cirugía de cerebro. Sin embargo, resultó ser que tenían que acceder a las arterias femorales en las piernas. El Dr. Spetzler posteriormente confirmó que era una cirujana cardiovascular, la Dra. Milken, quien había tenido esa conversación exacta con él. Pam dijo que nunca antes la había conocido, ni que tampoco sabía que una cirujana estaría entre los médicos en la sala de operaciones ese día.

Spetzler deja bien en claro que hubiera sido imposible que un paciente viera o escuchara nada en esa etapa de la operación. Incluso si Pam hubiera estado consciente, los módulos que emitían sonidos en sus oídos hubieran evitado que escuchara cualquier clase de diálogos[18].

En un video del canal de televisión MSNBC, el Dr. Spetzler muestra la sierra Midas Rex que utilizó, la cual en realidad parece como un cepillo de dientes eléctrico con un cable largo. También muestra las hojas, guardadas en un estuche que estaba abierto durante la cirugía. «Es bastante parecido a lo que Pamela describió en forma de cepillo de dientes [...] y no es algo que está visible cuando entras a la sala de operaciones», reflexiona Spetzler, teniendo en cuenta que la sierra esterilizada no fue sacada hasta que Pam estuvo más de una hora en el estado anestésico más profundo posible[19].

Después de observar la operación, comenta Pam, sintió una presencia y, luego, notó un pequeño punto de luz, el cual comenzó a atraerla. Mientras se acercaba, reconoció a varias personas. «Claramente escuché que mi abuela me llamaba —expresó Pam—, y de inmediato me dirigí hacia ella»[20].

Detrás [de mi abuela] vi tíos, tías, primos, a un buen amigo mío a quien mataron cuando era joven, una prima distante que no sabía que había fallecido [pero sí había fallecido]. [...] Quería entrar en la luz [...] pero ellos me detuvieron. Me dijeron que, si continuaba yendo hacia la luz, cambiaría y que no podría volver a mi cuerpo. [...] Sé con certeza que Dios existe y que lo llena todo[21].

Finalmente, cuenta Pam, le dijeron que era tiempo de que regresara. Mientras volvía a la sala de operaciones, oyó que los cirujanos estaban escuchando «Hotel California» de los Eagles. Observó a los médicos utilizar el desfibrilador para reanimarla, no una vez, sino dos veces. Cuando Pam revivió, les contó a los médicos lo que había visto y oído, describiendo con detalles precisos los instrumentos especializados, las conversaciones, la canción y los dos intentos de reanimarle el corazón. Los doctores Sabom y Spetzler confirmaron la precisión de todos los detalles, pero Pam no tenía ondas cerebrales, le habían tapado los ojos con vendas y tenía sonidos de 100 decibelios en los oídos[22].

La historia de Pam es una de las muchas historias que demuestran la exactitud de lo que observan los casos de ECM. El Dr. Pim van Lommel, cardiólogo neerlandés, comenzó a estudiar las ECM en el año 1986 después de leer el relato del Dr. George Ritchie, en el cual cuenta que murió y se encontró con un Dios de Luz a quien identificó como Jesús. Después de estudiar miles de relatos de ECM, van Lommel declara: «En esta experiencia las personas tienen percepciones verdaderas desde una posición extracorpórea y desde arriba de sus cuerpos sin vida. Esta experiencia extracorpórea es científicamente importante porque tanto médicos como enfermeras y parientes pueden confirmar las percepciones reportadas»[23].

Varios estudios han cuantificado la exactitud de lo que observaron quienes tuvieron una ECM. Uno de esos fue un estudio prospectivo conducido por la Dra. Penny Sartori, quien siguió los casos de trescientos pacientes en cuidados intensivos en un hospital de Gales por un periodo de cinco años. La Dra. Sartori informa que las descripciones de los pacientes que tuvieron experiencias cercanas a la muerte eran notablemente exactas respecto a los detalles de su propia resucitación. El grupo de control que no tuvo ECM fue altamente impreciso y, a menudo, solo podía adivinar lo que había sucedido durante su resucitación[24].

La Dra. Janice Holden, profesora de psicología, estudió noventa y tres pacientes que tuvieron ECM, los cuales afirmaban que sus observaciones eran verdaderas. Luego de investigar estas afirmaciones en su estudio retrospectivo, esto es lo que descubrió: El 92% de estas percepciones extracorpóreas eran exactas, el 6% contenían algún error y menos del 2% fueron erróneas del todo[25]. Reflexionando sobre la precisión apabullante de lo que observaron los casos de ECM, el Dr. van Lommel señala: «Esto sugiere fuertemente que [las ECM] no pueden ser alucinaciones, es decir, experimentar una percepción que no tiene base en la "realidad", como en la psicosis, tampoco pueden ser delirios [...] ni espejismos». Añade: «Además, se necesita un cerebro funcionando para experimentar alucinaciones, delirios o espejismos»[26].

La precisión de estas observaciones comprobables y científicamente estudiadas provee una evidencia fuerte que posiciona a las ECM en la realidad. Las explicaciones alternativas no responden por la cantidad ni por la precisión de las observaciones del mundo real que las personas hacen durante las ECM.

2. Los elementos comunes

Cada caso de ECM es único, así como la experiencia de vida de cada persona es única. Aun así, a pesar de la singularidad y de los filtros culturales de cada caso, los relatos de las ECM en todo el mundo demuestran un orden constante de eventos comunes. Por ejemplo, estos incluyen: observar la resucitación, viajar a través de un túnel o camino y un repaso de vida en la presencia de un Dios de Luz y Amor. Las encuestas realizadas en treinta y cinco países indican que millones de personas tuvieron una ECM[27]. Combinando estos resultados de millones de casos con el predominio de los elementos constantes, tenemos evidencia sólida de una vida venidera real. Recuerda el principio científico: Lo que es real se observa de manera constante.

Para familiarizarte con la forma en la cual, por lo general, los casos de ECM describen lo que vivieron, armé una historia compuesta que representa los elementos que muchos casos de ECM positivos* tienen en común.

---

* No incluí experiencias infernales de ECM en este compuesto, a pesar de que diferentes estudios muestran que entre el 23% y el 50% de los casos de ECM tienen experiencias negativas o infernales. Puedes analizar las experiencias infernales de ECM más profundamente en mi libro *Imagina el cielo*, cap. 16.

Salí de mi cuerpo y me encontré a mí mismo flotando cerca del techo, mirando el caos de abajo. Sabía que estaba muerto y observaba mientras trataban de resucitarme. Todavía era yo mismo y estaba consciente. De hecho, me sentía aún más vivo, como si tuviera cincuenta sentidos. A pesar del caos, sentía una paz profunda. Era algo maravilloso.

Me di cuenta de que había un túnel o camino abriéndose sobre mí y me encontré a mí mismo viajando a gran velocidad. Salí a un mundo de belleza, no similar a la de la tierra, sino mucho más hermoso. La hierba era más verde, las flores más vibrantes, las montañas más majestuosas; y todas irradiaban colores nuevos y vibrantes que superaban el espectro de colores de la tierra. Y la luz no era como la luz de la tierra, sino que era palpable. La luz transmitía vida y amor y no resplandecía sobre las cosas como en la tierra, sino que su brillo salía de todas las cosas, de la hierba, las hojas, las aves e, incluso, de la gente.

Miré y se dirigía hacia mí un comité de bienvenida integrado por personas que conocía y amaba como, por ejemplo, mi abuela y abuelo, amigos y miembros de mi familia que habían fallecido antes que yo. Todos se veían en la flor de la vida, pero eran perfectamente reconocibles. Fue una reunión gloriosa mientras nos abrazábamos y besábamos. Nuestra comunicación era pura, como telepatía, pero mucho más que eso. Nos pasábamos los unos a los otros todo lo que pensábamos, sentíamos y sabíamos. No había apuro; no había concepto del tiempo o el tiempo funcionaba de una manera diferente.

Luego vi una luz, más brillante que el sol, pero a diferencia del sol era posible mirarla. Sabía que la luz era Dios. Él conocía todos mis pensamientos, todas mis obras buenas y malas y, sin embargo, sentía aceptación y un amor incondicional y arrollador en su presencia. En el otro lado, se entienden las cosas a la velocidad de la luz, y tan rápido como podía hacer una pregunta, mi mente tenía la respuesta. En la presencia de Dios, miré un resumen panorámico de mi vida en 3D. No sé cómo era posible, pero volví a vivir todas las escenas. No solo experimenté mis propios pensamientos y sentimientos, sino también la forma en que mis acciones afectaron a los demás. Dios me estaba mostrando lo que más importaba: como amé y traté a quienes me rodeaban. Había un borde o límite que supe que no podía cruzar y después de eso regresar a la tierra. Deseaba quedarme con desesperación, pero Dios me dijo que no era mi tiempo, que todavía tenía un propósito que cumplir en la tierra. Cuando regresé, mi vida cambió[28].

Basado tanto en el estudio estadístico del Dr. Jeffrey Long como en mi propia investigación, en la lista de abajo hice un resumen de los elementos constantes de las ECM y de su prevalencia.

Experiencia extracorpórea/cuerpo nuevo 75 %	Familiares, amigos fallecidos o ángeles 57 %
Observaciones basadas en evidencia 45 %	Comunicación telepática/ capacidad diferente de oír 45 %
Conciencia /sentidos intensificados 74 %	Dios de Luz y Amor W 48 %
Sentimientos positivos de paz 76 %	Conocimientos especiales 56 %
Un túnel 34 %	Repaso de vida 32 %
Reino celestial 52 %	Borde o límite 31 %
Percepción visual incrementada 66 %	Orden de regresar o elección a regresar 59 %
Luz que es amor 65 %	Cambio profundo de vida 73 %[29]

Las teorías alternativas necesitan explicar por qué millones de personas informan sobre tantos elementos similares. Si una ECM es simplemente la actividad de un cerebro que agoniza, ¿por qué no son todas exactamente iguales? ¿Por qué cada experiencia es única y, a la vez, todas son consistentes con los patrones de elementos comunes?

Ninguna teoría alternativa puede explicar el alto grado de afirmaciones comunes, tales como la comunicación telepática, la luz que es amor, la visión telescópica: todas cosas que no son habituales en nuestra vida terrenal. La combinación de la singularidad y las cosas en común en los relatos de ECM se asemeja a la mejor clase de testimonio en un juzgado. Si diez testigos oculares dicen exactamente la misma cosa, parecería ser una confabulación, es decir, que cuentan una historia sobre la cual se han puesto de acuerdo. Pero si diez testigos oculares proveen observaciones de un evento que son únicas, pero con puntos en común, ese es un testimonio increíblemente fuerte. Esto es lo que sucede con los casos de ECM.

3. Lucidez intensificada

En un estudio de 613 casos de ECM, aproximadamente el 74% indicó que tuvo una consciencia intensificada, más real y lúcida que lo normal[30]. Una mujer a quien una enfermedad grave causó que tuviera una ECM a la edad de cinco años, comentó:

EL HOMBRE [su nombre para Dios] y yo caminamos juntos mientras hablábamos. [...] Los colores eran muy vívidos, no como los colores que podemos ver en este mundo. [...] No sé, no puedo describirlos, pero eran muy vívidos, muy brillantes[31].

Años, e incluso décadas, más tarde los que tuvieron una ECM afirman de manera constante que su experiencia fue más vívida, más real que cualquier otra cosa que habían experimentado en la tierra. Por lo tanto, esto diferencia los casos de ECM de cualquier otra clase de experiencia modificada. El Dr. Jeffrey Long señala: «En cualquier tipo de evento de consciencia alterada (sueños, alucinaciones, eventos psicóticos), por lo general, presentas sensorio confuso. Es posible que las experiencias sean intermitentes en los sueños; en realidad, tienen hipo lucidez, o lucidez reducida, lo cual es completamente diferente a las experiencias cercanas a la muerte, las cuales tienen experiencias híper lúcidas o lucidez incrementada. Las experiencias cercanas a la muerte fluyen y tienden a ser bastante lógicas y ordenadas»[32].

Las teorías alternativas deben explicar cómo un cerebro moribundo, el cual no tiene actividad eléctrica, puede producir consciencia intensificada, visiones más vívidas y recuerdos más «reales» que los que los casos de ECM vivencian en la tierra. La explicación más sencilla es que el alma sigue viviendo en un mundo de experiencias dimensionales amplificadas.

4. Consistencia, con o sin anestesia

Muchas teorías alternativas sostienen que la anestesia u otras drogas podrían ser la causa de las ECM. El Dr. Pim van Lommel y otros dos psicólogos neerlandeses llevaron a cabo un estudio prospectivo de cinco años en diez hospitales de los Países Bajos. Siguieron los casos de 344 pacientes que tuvieron ataques cardíacos que dieron como resultado electrocardiogramas planos. Presentaron los informes sobre sus hallazgos en la revista médica más prestigiosa de Europa, el *Lancet*, y en el *Journal of Consciousness Studies*:

Entre el año 1988 y el año 1992, 344 pacientes consecutivos que habían experimentado un total de 509 resucitaciones exitosas fueron incluidos en el estudio. En otras palabras, todos los pacientes en nuestro estudio estuvieron clínicamente muertos. La muerte clínica se define como el periodo de inconsciencia causado por la falta total de oxígeno en el cerebro (anoxia) debido a un paro circulatorio. [...]
Nuestro estudio descubrió que [...] el 18% de los 344 pacientes reportaron una ECM[33]. [...] Todos los elementos comunes de ECM fueron informados en nuestro estudio, con excepción de los casos de ECM aterradores o negativos. [...]
No pudimos identificar ninguna diferencia entre los pacientes con paros cardíacos muy breves y los que tuvieron paros cardíacos muy largos. El grado o la gravedad de la falta de oxígeno en el cerebro (anoxia) parece ser irrelevante. Así mismo, quedó probado que la medicación no tuvo ninguna incidencia. [...]

Nos sorprendimos en gran manera por no encontrar ninguna explicación médica para los casos de ECM. [...] Si hubiera una explicación fisiológica, tal como falta de oxígeno en el cerebro (anoxia), para los acontecimientos de consciencia agudizada, se podría haber esperado que todos los pacientes de nuestro estudio hubieran reportado una ECM[34].

Por lo tanto, ni la medicación ni la falta de oxígeno en el cerebro (a la cual a veces se hace referencia como síndrome del piloto de combate) explican los casos de ECM. Drogas tales como DMT, LSD o ayahuasca, las cuales supuestamente reproducen unos pocos síntomas de ECM (visión estrecha, colores, conectividad, etcétera), de ninguna manera explican los cuatro puntos de evidencia que se presentaron hasta ahora, mucho menos el punto siguiente, el cual se refiere a los ciegos que pueden ver.

5. Los ciegos pueden ver

Kenneth Ring, un exprofesor de psicología de la universidad de Connecticut, condujo un estudio de ECM en personas ciegas. Catorce de las cuales eran ciegas congénitas, lo cual significa que eran ciegas de nacimiento y que no tenían ninguna visión ni percepción de la luz. Aun así, Ring descubrió no solo que los ciegos que tuvieron ECM podían ver, sino que además describieron todas las cosas comunes que describen los casos de ECM.

Ring describe una entrevista que tuvo con Debbie, una mujer de cuarenta y ocho años de edad que perdió la vista cuando nació. Estaba en su casa recuperándose de una quemadura grave cuando sintió que se estaba muriendo y cayó inconsciente sobre el piso del baño. Debbie recuerda: «Vi esta luz hermosa que tenía varios colores; era, caramba, ¿qué puedo decir? Colores que no puedo ni siquiera comenzar a describir. La luz era sensacional»[35].

Desde arriba, Debbie también vio su cuerpo tirado en el piso y a su madre inclinada sobre ella. Ring resume la descripción que hizo Debbie de lo que sucedió a continuación:

Se presenta un ser, la consuela y la ayuda a cruzar un puente. Ve a otras personas, incluyendo a su difunta abuela, quien se da a conocer y le muestra algunos de sus amigos y ancestros. Rápidamente se encuentra con otra presencia, quien según su entendimiento es Dios, y comienza a rogarle que la deje quedarse. [...] [Dios] le imparte una gran cantidad de información a Debbie referente a eventos futuros, los cuales incluyen la persona con quien se casará y que tendrá una hermosa bebé (ambas cosas sucedieron, dijo Debbie), y le cuenta que tendrá que enseñarles a las personas cuando regrese a la vida[36].

Los siguientes fragmentos de la entrevista a Debbie resaltan las observaciones visuales que tuvo mientras estaba encima de su cuerpo observando a su mamá que trataba de reanimarla y, simultáneamente, viendo a sus difuntos abuelos que habían venido a acompañarla. Recuerda, Debbie es ciega.

Entrevistador:
—¿Qué quieres decir cuando dices que veías en estéreo?
Debbie:
—Bueno, [veía] dos cosas diferentes a la misma vez. Me veía tirada en el piso y también veía a mis [difuntos] abuelos. [Luego] veía a mi mamá inclinada sobre mí y a mis abuelos a la misma vez.
Entrevistador:
—¿Fue esta la primera vez que viste a tu madre visualmente?
Debbie:
—Ah, sí.
Entrevistador:
—¿Podrías describir a tu madre?
Debbie:
—Ay, a ver, mi mamá tenía cabello canoso, era bajita [...] cerca de un metro y medio. [...] Y tenía puesta su bata de baño.

Y le dije que estaba en su bata de baño, y ella respondió: "Es verdad, la tenía puesta".

Entrevistador:

—¿Viste el color de su bata de baño también?

Debbie:

—Me pareció que era de un color oscuro. [...] Y creo que ella dijo: "Sí, era negra".

Entrevistador:

—¿Te viste a ti misma por primera vez también?

Debbie:

—Vi a una joven delgada, quizás con cabello un poco canoso, sabes, comenzando a ponerse [canoso] [...] y bastante joven. Y sin arrugas ni nada parecido. Y supe que era yo. [...] Y, nunca antes había visto a mi abuela tampoco, ni cuando era joven ni cuando era anciana. Pero ella tenía cabello castaño y mi mamá dijo: "Sí, ella tenía cabello castaño". Y era una mujer joven [en la ECM]. Y no tendría más de treinta años [...] nadie parecía viejo allí [risas].

Entrevistador:

—¿Reconociste a alguien más?

Debbie:

—Sí. Esta amiga que tenía, quien había fallecido de nefritis, Darlene. La reconocí de inmediato. [...] Ella dijo: "Hola, Debbie". Yo dije: "Ah, Darlene". Era su voz. [...] Era delgada. Y cuando estaba en la tierra, no era delgada. Tenía problemas de tiroides. Tenía nefritis, lo cual la hinchaba. Tenía muchos otros problemas y los otros niños se burlaban de ella cuando era pequeña; le decían «gorda» y cosas así[37].

El hecho de que varias personas ciegas que tuvieron ECM puedan ver e informar las mismas cosas, comunes a los que ven, no se puede explicar mediante los efectos de un cerebro moribundo, drogas, químicos ni cualquier otra explicación alternativa propuesta hasta ahora. La explicación más sencilla se impone: Hay vida después de esta vida.

6. Encontrase con personas fallecidas a quienes no conocieron anteriormente

Al recordar sus ECM, los niños a veces describen haberse encontrado con hermanos que han fallecido antes de que ellos nacieran. Los padres nos les habían contado sobre un aborto espontáneo o la muerte trágica de un hermano o hermana, pero corroboran lo que sus hijos informan sobre un hermano o hermana muertos con quienes se encontraron durante su ECM.

Los adultos también hablan sobre encuentros similares. El Dr. Pim van Lommel publicó la historia emocionante de una mujer que se encontró con un pariente a quien no había conocido antes:

> Durante mi ataque cardíaco tuve una experiencia extensa [...] y más tarde vi, aparte de mi difunta abuela, a un hombre que me miraba con cariño, pero a quien no conocía. Más de diez años después, en el lecho de muerte de mi madre, ella me confesó que yo había nacido de una relación extramarital [...] mi madre me mostró una foto de mi padre. El hombre desconocido que había visto hacía más de diez años atrás durante mi ECM resultó ser mi padre biológico[38].

Este es un ejemplo entre muchos de personas que durante las ECM se encuentran con alguien que antes no habían conocido o que ni siquiera sabían que existía. ¿Cómo se podría explicar mediante las teorías alternativas, basadas estrictamente en el cerebro, estos encuentros con hermanos o parientes fallecidos a quienes antes no habían conocido?

7. Conocimiento extracorpóreo

El Dr. Rajiv Parti afirma que mientras su cuerpo físico estaba en Los Ángeles, él viajó a Nueva Delhi, India, donde vio a su mamá y a su hermana: «Estaban sentadas en el salón antes del anochecer [...] mi mamá tenía puesto un sari verde y un suéter verde, y mi hermana tenía puesto vaqueros azules y un suéter rojo, lo cual, después de dos o tres días de haber mejorado, llamé para verificar»[39]. Muchos casos de ECM afirman haber viajado mientras estaban en su cuerpo espiritual y, cuando esas afirmaciones pueden ser corroboradas, proveen incluso más evidencias que prueban que el alma sigue viviendo después de la muerte.

Tricia Barker colisionó de frente con su vehículo cuando estaba viajando para participar en una carrera de diez kilómetros en Austin, Texas. Debido a que era una estudiante universitaria sin seguro, tomó diecisiete horas encontrar un cirujano que la operara. Dado el hecho de que había estado con un dolor horrendo, falleció tan pronto como el anestesiólogo le puso la máscara.

«En esa época, era agnóstica —dice Tricia—. Por eso me sorprendí tanto al darme cuenta de que el espíritu sigue viviendo. Quería volver a mi cuerpo, despertarme y contarle todo a mis amigos: "¡Eh, la vida sí continúa!"». Vio su propio cuerpo sobre la mesa de operaciones, con la espalda abierta y sangre por todos lados. Entonces, se dio cuenta de la línea recta en el monitor. Perturbada al ver su cuerpo destrozado, no quiso seguir mirando la escena. Con eso en mente, salió al pasillo del hospital. «Vi a mi padrastro, un fanático de la vida sana que nunca ni siquiera tocaba cosas dulces, comprar una barra de chocolate de una máquina expendedora que estaba en el pasillo del hospital y comérsela». Después de la resucitación, le contó a su padrastro lo que había presenciado. Él se sorprendió mucho, pero admitió haberse dado ese gusto dado que estaba nervioso por la cirugía de Tricia[40].

Otro caso de ECM describió como dejó su cuerpo, fue a la sala de espera del hospital y escuchó a su cuñado que decía: «Parece que June va a estirar la pata, así que, mejor me quedo para llevar el féretro»[41]. ¿Puedes imaginarte como se sintió cuando más tarde le contó que estuvo allí escuchando lo que decía? Estos casos crean otra fuente de evidencias contundentes que las explicaciones alternativas deben abordar.

8. Retención de la memoria

El Dr. van Lommel señala: «El paradigma [médico] que predomina sostiene que la memoria y la consciencia son producidas por grandes grupos de neuronas o redes neuronales»[42]. Señala que diez o veinte segundos después de un ataque cardíaco, cesan las ondas cerebrales, lo que resulta en un electroencefalograma plano, indicando que no hay actividad eléctrica. En su estudio, aunque ninguno de los 344 pacientes tenía actividad cerebral, el 18% presentó recuerdos de una ECM[43]. La pregunta, entonces, es la siguiente: si no hay un alma que albergue nuestra conciencia, ¿de qué manera son retenidos todos los recuerdos de la ECM en las redes neuronales? En otras palabras, cuando la «máquina» se detiene y no hay actividad cerebral eléctrica, ¿dónde quedan almacenados estos recuerdos? Ningunas de las explicaciones alternativas pudo responder esta pregunta.

El Dr. Sam Parnia y el Dr. Peter Fenwick condujeron un estudio prospectivo en Gran Bretaña que incluía sesenta y tres pacientes que sobrevivieron a ataques cardíacos. Señalan: «Las experiencias complejas como las que se registran en los casos de ECM no deberían ocurrir ni ser retenidas en la memoria. Lo esperable es que tales pacientes no tuvieran experiencias subjetivas»[44]. Sin embargo, las tienen, y los recuerdos son vívidos y congruentes.

9. Cambio de vida

Numerosos estudios siguieron las secuelas de las ECM. Si una ECM no es una experiencia real de una vida venidera, ¿por qué cambiaría la vida y las perspectivas de la gente de manera tan radical? En el estudio neerlandés de los 344 pacientes que tuvieron ataques cardíacos, las experiencias de un grupo de control que no reportó ECM fueron comparadas con las de aquellos que sí reportaron ECM. Los investigadores entrevistaron a los 344 pacientes dos años después de los ataques cardíacos y de nuevo ochos años más tarde. Esto es lo que descubrieron:

Nos [...] sorprendió descubrir que los procesos de transformación que habían comenzado en los casos de ECM luego de dos años se habían intensificado después de ocho años, sin lugar a dudas. [...] Las personas que tuvieron ECM durante un ataque cardíaco seguían siendo claramente diferentes. En particular, tenían menos miedo a la muerte y una fe más firme en la vida venidera. Vimos en ellas un interés mayor en la espiritualidad y en las preguntas sobre el propósito de la vida, también notamos una mayor aceptación de sí mismas y más amor por sí mismas y por lo demás. También demostraban valorar más las cosas comunes, mientras que su interés en las posesiones y el poder había decrecido. [...] Es notable ver cómo ataques cardíacos de apenas unos minutos dan como resultado un proceso de transformación para toda la vida[45].

Los pacientes que sufrieron ataques cardíacos, pero que no tuvieron ECM no experimentan de manera constante las mismas transformaciones de vida con efecto duradero que sí experimentan quienes tuvieron ECM. Las explicaciones alternativas necesitarían mostrar por qué las ECM causan de manera constante cambios de vida dramáticos que tienen que ver con la espiritualidad.

10. El mismo Dios en todas las culturas

Los casos de ECM provienen de un gran número de culturas, trasfondos religiosos y sistemas de creencias diferentes, pero se encuentran con el mismo Dios de Luz y Amor. Creo que esta es una evidencia profunda no solo de la vida venidera, sino también de la realidad y de la identidad de Dios. Ninguna teoría alternativa puede dar cuenta de esto ni explicar cómo personas que no creían que Dios existiera se encontraron con el mismo Dios de aquellas personas que sí creían.

Jang Jaswal no creía en Dios, dioses, ni en la vida después de la muerte. Como ateo enfocado en la ciencia e ingeniero, invertía mucho tiempo y esfuerzo tratando de convencer a su familia, amigos y colegas de que estaban locos por creer en Dios. Entonces sucedió que Jang murió clínicamente durante un trasplante de riñones y de corazón de doce horas. Se encontró a sí mismo en un valle frondoso y verde mirando hacia una luz extremadamente brillante que estaba al frente. Telepáticamente, una inteligencia superior se comunicó con él: «Crees que eres el centro del universo y que eres una persona muy importante y que controlas todo. Pero no eres el centro de todo. Déjame mostrarte al centro del universo»[46]. Jang se dio cuenta de que Dios se estaba refiriendo a lo arrogante que había sido al decirle de manera dogmática a la gente que Dios no existía.

Vi la tierra girar sobre su eje [...] y vi pasar galaxias completas. Entonces me di cuenta de lo insignificante que soy en la visión más amplia de las cosas. Después de eso, la luz comenzó a trasladarse hacia donde yo estaba. Y, en cuestión de segundos, la luz estaba resplandeciendo encima de mí, como rayos que caían sobre mí. Esta luz fue la mejor experiencia que tuve en mi vida. La luz era de un color blanco dorado. [...] Este mensaje vino a mí, diciéndome: «No es tu tiempo, ahora es tiempo de que regreses». [...] Fue una experiencia tan tranquila, tan llena de felicidad. Nunca antes había entendido el significado de la felicidad, hasta que experimenté esta luz[47].

Jang regresó buscando entendimiento espiritual y creyendo de manera muy diferente a lo que creía antes de la ECM. ¿De qué forma una teoría alternativa podría explicar las ECM de tantas personas de creencias religiosas y culturales radicalmente diferentes que describen al mismo Dios?

LA SIMPLE VERDAD

Siempre habrá personas que se resistan a creer que Dios o la vida después de la muerte existen, pero la evidencia está a la vista. Probablemente se seguirán proponiendo nuevas teorías alternativas. Sin embargo, para que una teoría alternativa se sostenga en el tiempo, debe explicar de manera coherente estos diez puntos de evidencia. La ciencia busca la explicación más sencilla de datos que se observan constantemente, y la explicación más sencilla es la siguiente: Todos los seres humanos tienen un alma que sigue viviendo después de la muerte, en un mundo supervisado por un Dios de Luz y Amor.

En la actualidad tenemos cuarenta años de sorprendente investigación científica que valida las ECM. Pero ¿qué significa esto para nosotros hoy en día? Si hay un Dios, ¿ese Dios ha dado evidencia de su existencia solo a través de los casos modernos de ECM? O ¿hay pistas en la historia que apuntan al mismo Dios? A pesar de lo convincente que puede ser la evidencia de las ECM, descubrí que la historia de Dios es incluso más convincente.

EL DIOS DE LUZ
EN LA HISTORIA

«**NO HAY DIOS. NO HAY CIELO.** No hay infierno. Cuando mueres, dejas de existir. Eres un accidente de la ciencia. Tu vida tiene menos importancia que la mota de polvo microscópica más pequeña en este universo infinito. Jesucristo fue el engaño más grande que se haya perpetrado en la historia de la humanidad».

«Estas son las palabras de mi padre —recuerda Heidi Barr—, dichas día tras día. Puedes imaginarte el impacto que tuvieron en las psiquis frágiles de unas niñas. No exagero cuando digo *día tras día*. Escuché este mantra desde que tengo memoria».

Heidi creció en un hogar judío en el pequeño pueblo de Council Bluffs, Iowa, Medio Oeste de los Estados Unidos. Su padre era un abogado famoso y respetado en el pueblo. Dado que él y su hermano habían crecido en un campo de concentración nazi durante la Segunda Guerra Mundial, el padre de Heidi estaba lleno de heridas, odio y temor a la muerte, lo cual lo transformó en ateo. A pesar de sus mejores esfuerzos por heredarles su ateísmo y temor a sus tres hijas, no tuvo éxito.

«Mi primer recuerdo es de Dios —recuerda Heidi—. Él estuvo presente en la cabecera de mi cama desde que tengo uso de razón». A pesar del sufrimiento que le causaba el maltrato permanente de su padre, el cual superaba en gran manera su mantra diario, Heidi oraba a Dios todas las noches.

Mi mamá no se sentía hermosa; no se sentía valorada, y eso contribuía [...] a mi creencia de que yo tampoco era amada, excepto a los ojos de Dios. Él me amaba. Sabía esto incluso cuando era niña. Mi *Padre real* [en el cielo] me amaba. Saber que tenía un Padre real salvó mi vida en muchas ocasiones. ¿Dios se sentaba al lado de mi cama, a la cabecera de mi cama? Sí, sí, lo hacía. ¿Cómo lo sé? Recuerdo con claridad *saber* que él estaba allí. Tenía una percepción muy fuerte de que se sentaba al lado mío, y me escuchaba hablar sobre mis esperanzas, temores y sueños de niña. Prestaba atención a mis pequeñas quejas cuando se había cometido alguna injusticia[1].

Y había injusticias, muchas maldades fueron perpetradas contra Heidi a medida que crecía, la peor de todas comenzó cuando tenía doce años de edad. La enviaron al rabino local para prepararse para su bat mitzvá, hacerse mujer a través de la instrucción en las Escrituras hebreas, pero era sometida a abuso sexual, lo cual intentó evitar durante un año. Trató de huir. Le rogó a su mamá que no la obligara a ir. «Traté de decirle que el rabino me tocaba, me besaba. [...] No sabía cómo describir todas las otras cosas que hacía. Todas las veces que intentaba contarle, ella decía: "¡Cómo te atreves! Es tu rabino. No hables de él de esa manera. Haz todo lo que te diga"».

Sabiendo que la hermana menor de Heidi también se había quejado de los avances inapropiados del rabino, su abuela confrontó a los padres de Heidi. Tristemente, su padre escogió proteger al rabino en lugar de a sus hijas. Usó su poder e influencia en la comunidad judía para hacer que transfirieran al rabino a otra ciudad, y a otras víctimas inocentes.

Cuando tenía dieciséis años, el único lugar donde Heidi se sentía en paz era montada sobre su yegua, Heather. Como no podía comprar una montura, Heidi montaba a Heather a pelo. Sus dos hermanas menores habían ido con ella aquel día para jugar en el establo mientras Heidi andaba a caballo. Heidi cabalgaba por un camino angosto en una ladera cerca del establo cuando escuchó el galope de un caballo árabe en fuga. Con anterioridad había notado que el caballo había salido del establo montado por un jinete inexperto. Cuando el caballo árabe avanzó por la curva montañosa hacia Heidi, su yegua no tenía hacia dónde ir. Entonces, se paró en dos patas y Heidi se agarró firmemente a su crin. Mientras el caballo árabe pasaba relinchando, Heather volvió a pararse en dos patas, solo que esta vez cayó hacia atrás. Los trescientos veinte kilos de carne de Heather aterrizaron sobre el pecho de Heidi, aplastándola.

Me encontré a mí misma en el aire, tal vez nueve o doce metros arriba de la escena. Miré hacia abajo donde estaba mi cuerpo y vi a Heather encima de mí. Mi cuerpo sin vida era zarandeado como una muñeca de trapo. Oré, en ese momento, que Heather estuviera ilesa. Ella se puso de pie y corrió hacia el establo. Me hizo sentir aliviada ver que Heather parecía estar bien. Vi y oí a mi hermana pequeña gritar y taparse los ojos con las manos. También vi a mi hermana del medio, quien había ido hacia el auto, presionando su rostro contra la ventana del auto.

Observé mientras el hombre que montaba el caballo árabe entraba corriendo al granero. Heather entró después. A continuación, se desencadenó un caos. Era interesante que yo pudiera ver todo lo que estaba sucediendo dentro del granero, como si el techo, de alguna manera, se hubiera esfumado en el aire. Mientras flotaba allí, simplemente observando. [...] Supe que estaba muerta, pero esa realidad no me afectaba. Lo único que me preocupaba eran mis dos hermanas. Pensé en voz alta: *Desearía que mis hermanas no tuvieran que verme morir.*

En el momento en que hablé, me di cuenta de que había una luz sobre mi hombro derecho. Esta luz era una luz dorada que bañaba todo lo que estaba frente a mí con un tinte dorado, iluminando toda la escena. Supe que no era el sol. El sol estaba escondido detrás de algunas nubes. Y, además, el sol no hubiera estado brillando desde mi hombro derecho. Me di vuelta para mirar y vi a un hombre flotando allí conmigo, en el aire. Miré fijamente su rostro. Sonrió. Sonreí. Se acercó hasta que estuvo flotando a mi lado.

Lo reconocí de inmediato. ¿Cómo podría no reconocerlo? Este era el hombre, Dios, quien había estado a la cabecera de mi cama todas las noches. Este era el hombre, Dios, a quién le contaba mis secretos antes de dormir. Este era el hombre, Dios, a quien había tratado de ignorar por cuatro largos años con todas mis fuerzas [desde que el rabino comenzó a abusar de mí]. Y aquí estaba él sonriendo de oreja a oreja.

No recuerdo que mi boca se haya movido, pero recuerdo haberle dicho: «¡Hola! ¡Te conozco!». No había ninguna duda en mi mente. Este hombre era, sin lugar a dudas, Jesús o Yeshua. Este es el nombre que nunca me permitían mencionar en mi casa, al menos no de una forma que lo reconociera como otra cosa que no fuera un fraude. Mi corazón rebosaba de felicidad cuando estábamos juntos. ¡Qué ocasión tan alegre! Él me sonreía, tan feliz como yo o aún más feliz porque él es puro gozo y pura felicidad.

Pasó tanto y tan de repente. Desearía tener las palabras correctas para explicar mi viaje con Jesús, mi experiencia con él. Pero no las tengo. No hay palabras suficientes para explicar a Jesús, a Dios ni al cielo. [...] Así como mi cuerpo muerto era irrelevante, las cosas que estaban sucediendo debajo de nosotros se volvieron irrelevantes en el mismo instante que vi su rostro.

¡Cómo nos reímos juntos! Estábamos muy contentos por reencontrarnos de nuevo. Volvía a ser la niña que había sido cuando él me envolvía con su luz, tan suave como una nube,

y me mecía para que me durmiera. Me sentía exactamente
como me había sentido entonces, a salvo y rodeada por su
presencia cariñosa. Jesús era todo a la vez, mi Padre, mi
hermano, mi mejor amigo. Lo había conocido toda mi vida.
Él era todo para mí.

En ese momento eterno, no pensaba en las cosas malas que
habían sucedido; nada importaba en su Presencia. Mi mente,
mi corazón y mi alma estaban enfocados en él y en lo mucho
que me amaba. Me amaba sin razón alguna. Ciertamente
no merecía su amor. No había orado a Jesús. Nunca. Y le
había dado la espalda a Dios en mi adolescencia, cuando
estaba herida y confundida. [...] Sin embargo, ¡él estaba aquí!
Solamente amándome.

Jesús me ofreció un repaso de mi vida. Tendió su mano
derecha y comenzó a pasar una película de mi vida en tres
dimensiones (por falta de una palabra mejor). Excepto que, en
lugar de la historia de mi vida progresando desde el principio
al final en orden cronológico, vi toda mi vida de una vez, desde
el momento de la concepción hasta el día actual. Siempre
había estaba a mi lado. [...] Lo vi allí [en el repaso de mi vida],
exactamente como lo había imaginado, sentado a la cabecera
de mi cama, al lado de mi almohada, su cabeza inclinada hacia
mí mientras me escuchaba. Y cuando él sentía que era tiempo
de que me durmiera, él mismo me rodeaba con su propia luz y
me acunaba.

Fue durante el repaso de mi vida que lo vi a mi lado, desde
el momento de mi concepción. Me formó en el vientre de
mi madre. Lo vi allí. «Tú creaste las delicadas partes internas
de mi cuerpo y me entretejiste en el vientre de mi madre»
(Salmo 139:13). No leí ese salmo hasta algunos años después
de mi muerte[2].

¿Puedes imaginarte a Dios, el Creador del universo, comprometido
de manera personal y tierna con los altibajos de la historia de tu vida
como lo estuvo con la de Heidi? Heidi de manera tangible sintió este

consuelo de parte de Jesús mismo durante su ECM, pero esta realidad también se aplica a nosotros quienes no tuvimos una ECM. Dios se preocupa por todas las personas que creó sin importar de dónde seamos ni lo que hayamos hecho. Él nos llama sus amados, y nada puede cambiar el hecho de que Dios nos aprecia, que somos valiosos para él, extremadamente importantes. E, incluso, si Dios todavía no es importante para nosotros o si no conocemos su identidad, amorosamente espera que busquemos su guía y su amor.

Heidi creció con la certeza de que Dios estaba con ella, a pesar de la cultura y la familia de la cual provenía. Es interesante notar que reconoció a Jesús como Dios en su ECM, aun cuando la habían criado como judía y escuchaba que el nombre de Jesús se usaba de una manera antagónica o negativa. Sin lugar a dudas, esta no era la forma en que una joven judía hubiera estado naturalmente inclinada a interpretar su ECM. Sin embargo, esto es lo que dice que experimentó.

En algunos casos, quienes tienen una ECM sí expresan su experiencia de Dios en términos que concuerdan con sus respectivas tradiciones religiosas. Si algunos casos de ECM dicen que vieron a Alá, a uno de los millones de dioses hindúes o, simplemente, a una fuente de luz y amor sin nombre, ¿eso significa que hay varios seres divinos que se revelan a sí mismos de maneras similares en las ECM? ¿Tenemos entre manos una diversidad de interpretaciones o en realidad el único Dios se reveló a sí mismo antes de la era de las ECM modernas? Descubrí que este mismo Dios de Luz y Amor *ha dado* evidencias comprobables de sí mismo en la historia. De hecho, así es como llegué a creer, no a partir de las ECM, sino de la historia de Dios. Sígueme mientras te muestro lo que descubrí. Es importante porque puede ayudarnos a conocer a Dios por quien es en realidad y a entender mejor el corazón y el carácter de este Dios con quien se encuentran los que tienen una ECM.

EL DIOS DE LUZ Y AMOR EN LA HISTORIA

Cerca del tiempo cuando la historia de la humanidad comenzó a ser ampliamente registrada, Dios afirmó que haría algo para bendecir a todos los pueblos. Aproximadamente en el 2000 a. e. c., Dios eligió a dos personas por medio de quienes crearía un «pueblo escogido». Sin embargo, a veces, se malinterpreta la palabra *escogido*. *Escogido* no significa «más amado» ni «mejor que», sino «separado para un propósito».

Abraham y Sara, cuyos nombres eran entonces Abram y Sarai, fueron escogidos por Dios con un propósito: «El Señor le había dicho a Abram: "Deja tu patria [...] y vete a la tierra que yo te mostraré. Haré de ti una gran nación; te bendeciré [...]. Todas las familias de la tierra serán bendecidas por medio de ti"» (Génesis 12:1-3). El Señor dio a luz a una nación, la nación judía, con el único propósito de bendecir a todas las familias de la tierra.

Dios llamó a Abraham y a Sara mucho antes de que fueran escritas las sagradas escrituras de las religiones actuales del mundo. Dios puso en marcha este plan cerca de 500 años antes de que la religión judía comenzara o las escrituras hindúes fueran codificadas; más de 1000 años antes de que el zoroastrismo o el jainismo tuvieran escrituras sagradas; 1500 años antes del budismo, confucianismo o taoísmo; 2000 años antes de Jesús; y 2600 antes del islam[3]. Esta es la razón por la cual pienso que es importante saber esto, porque muestra con claridad que Dios creó a las personas para *relacionarse* con ellas, no para la *religión*.

La religión es el medio que la humanidad utiliza para buscar a Dios y sostener leyes morales. Tiene un propósito, el cual es mantener el mal a raya mediante límites morales y éticos. Pero dentro de las paredes de la religión, las personas tienden a desarrollar una mentalidad de «nosotros contra ellos», la cual los designa a «ellos» como un «otro» despreciable o marginado. Esto es lo opuesto a una relación de amor y es opuesto al propósito para el cual Dios nos creó.

Yahveh (el SEÑOR en algunas traducciones en español) fue el nombre que Dios usó con Abraham. Dios posteriormente declara que Yahveh es su nombre eterno y equipara su nombre con el término que se traduce: «YO SOY EL QUE SOY» (Éxodo 3:14-15). Dios el Creador es *eterno*, existe eternamente en el pasado, presente y futuro. Pedro, uno de los discípulos de Jesús, escribe: «Para el Señor, un día es como mil años y mil años son como un día» (2 Pedro 3:8). No es de extrañar que esto sea exactamente lo que dicen de manera constante quienes viven una ECM, acerca del tiempo en el reino de Dios. Dios no está limitado por el tiempo. Dios es eterno.

Dios también es *infinito*. Creó el tiempo y el espacio, por lo tanto, existe fuera de los límites de nuestro espacio tridimensional. Esto significa que no podemos buscar físicamente a Dios y «encontrarlo». Para conocer a Dios, él debe cruzarse a nuestro tiempo y espacio. En la Biblia, Dios afirma que hizo esto para bendecir y amar a todas las personas, desde las generaciones que pasaron hasta la generación en la cual vivimos hoy.

Cuando Dios creó a la nación judía «escogida», lo hizo para bendecir a todas las naciones de dos maneras. Primero, reveló su corazón, su carácter y su voluntad a través de muchos profetas judíos para que podamos conocerlo y amarlo tanto como él nos ama a nosotros. Segundo, hizo la promesa profética increíble y radical de que enviaría al Mesías, el Salvador, para toda la humanidad, para bendecir a todas las naciones para siempre. Como verás en este libro, los casos de ECM en todo el mundo se encontraron con este mismo «Yo Soy» que Jesús afirmó revelar (Juan 8:58).

EL «YO SOY» EN TEHERÁN

Hacía poco había conocido a Saeed y me preguntaba por qué había invitado a su madre, Bibi Tahereh, a almorzar con nosotros, siendo que ella hablaba solo persa. Saeed creció en Irán y había sido miembro del Hezbolá, un partido político islámico, pero había llegado a la fe en Jesús a través de una visión y posteriormente llevó a su hermana a la fe en Jesús.

—Mi mamá es musulmana de musulmanas, pariente del profeta Mahoma —me dijo Saeed—. En Teherán, cuando ella caminaba por las calles con su burka negra, era tan apreciada que prácticamente la adoraban.

—¿Todavía es musulmana? —pregunté.

—Dejaré que ella te lo cuente —respondió él.

Saeed traducía lo que Bibi comenzó a contarme en su historia fascinante. Había ayudado a construir la mezquita en su barrio Teherán, una apreciada comunidad cerrada, donde vivía al lado de un prominente funcionario del gobierno. Cuando sus dos hijos adultos se hicieron seguidores de Jesús, Bibi estaba tan consternada por la culpa y la ansiedad que le oprimían el corazón que una noche literalmente murió por esa causa mientras dormía.

«Esa noche me sentía desesperada —describía Bibi—. Sentía que no era una buena sierva de Alá, que había fallado y que mis hijos se habían perdido. El dolor era tan grande que, en algún momento durante la noche, tuve un ataque cardíaco. Mi corazón se detuvo. Vi a mi espíritu dejar mi cuerpo y me encontré a mí misma en otro mundo».

Bibi sabía que estaba muerta y con espanto esperaba que el imán Alí viniera a juzgarla, según lo que los musulmanes chiitas creen que sucede después de la muerte. Tuvo una visión de su sepultura y de una gran piedra que le golpeaba la cabeza, lo cual en la tradición chiita significaba que sería condenada como una horrible pecadora. Esperó con temor, pero el imán Alí no vino.

En lugar de eso, Bibi vio que se acercaba a ella un hombre gigante con vestiduras blancas majestuosas. «Era tan alto y sus vestiduras tan largas —recuerda Bibi—. Yo estaba agitada y temblando. Su presencia emitía poder y fortaleza a su alrededor; miré su rostro, pero no pude reconocerle la cara en ese momento». El hombre habló con el pensamiento a Bibi y le dijo en persa: «SOY EL QUE SOY». «Cuando el hombre dijo: "SOY EL QUE SOY", mi alma cayó de nuevo en mi cuerpo y me desperté viva, pero con una paz que nunca antes había experimentado»[4].

Después de su ECM, Bibi dejó de preocuparse por la fe de sus hijos y dejó de preocuparse tanto por lo que la gente pensaba acerca de ella. En lugar de eso, sentía un gozo y una libertad nuevos. Pero por dentro, quería saber con desesperación quién era este Dios, aquel que le había dado tanta paz y se había llamado a sí mismo «Yo Soy». Bibi pasó el año siguiente orando, buscando y pidiéndole a Dios que se le revelara. En la víspera del año nuevo siguiente, mientras sus hijos adultos oraban por ella, Bibi tuvo una visión.

De nuevo pude ver al hombre con la túnica blanca. La primera vez [en la ECM], parecía inmenso, con una túnica blanca [y] sin un rostro que se pudiera distinguir. La segunda vez, tenía un tamaño normal y un rostro humano, como un rey glorioso con un cetro en sus manos. Me aferré a su túnica, y él estaba tan cerca que podía tocar su rostro. En el momento en que toqué su rostro supe que era Jesús. Jesús era el rostro del Dios desconocido. Dijo: «No es el tiempo. Todavía tienes una tarea para cumplir. Un día, volveré por ti, pero tengo una misión para ti»[5].

Muchos años después, Bibi y Saeed tuvieron que huir de Irán porque su vecino, el funcionario del gobierno, los quería muertos por hablar acerca de Jesús. Pero ¿por qué una mujer musulmana se encontraría con el «Yo Soy» en su ECM y, luego, lo identificaría con Jesús? Y ¿por qué Heidi, una joven judía, sabría con certeza que Jesús había estado presente en toda su vida? Como verás en las páginas que siguen, hay hindúes, musulmanes, budistas, judíos, cristianos e, incluso, ateos que, cuando tienen una ECM, de alguna manera saben que Jesús y el Dios de Luz y Amor están conectados. Te mostraré cómo la revelación de Dios en la historia hace la misma conexión.

EL DIOS DE LUZ EN UNA ZARZA

Es interesante que aproximadamente quinientos años después de Abraham, Moisés afirmara haber tenido una revelación directa del Dios de Luz cuando se le apareció en una zarza ardiente. Moisés vio una luz brillante en el monte Sinaí y se dijo a sí mismo: «¿Por qué esa zarza no se consume? Tengo que ir a verla de cerca» (Éxodo 3:3). Según las Escrituras hebreas, este Dios de Luz le dijo a Moisés que había oído las quejas del pueblo judío en la esclavitud, que le preocupaba la injusticia que estaban sufriendo y que lo enviaba a liberarlos.

Cuando Dios se le reveló a Moisés, las Escrituras hebreas indican que sucedió en un lugar real (el monte Sinaí) y en un tiempo específico de la historia (durante el reinado de Ramsés II en Egipto, cerca de 1446 a. e. c.)[6]. Esto es significativo porque una y otra vez, las Escrituras hebreas afirman que Dios intersectó la historia humana para relacionarse con nosotros. Cuando Moisés le preguntó a este Dios de Luz su nombre, Dios le respondió: «Yo Soy EL QUE Soy. Dile esto al pueblo de Israel: "Yo Soy me ha enviado a ustedes". [...] "Yahveh, el Dios de sus antepasados, el Dios de Abraham, el Dios de Isaac y el Dios de Jacob, me ha enviado a ustedes"» (Éxodo 3:14-15).

El Dios de Moisés reveló que él es aquel que existe por sí mismo, el

Creador no creado, el «Yo Soy», infinito y eterno. Dios se le apareció a Moisés y a los israelitas como una luz radiante o fuego eterno que los guiaba a través del desierto y les comunicaba su corazón y su voluntad. Dios hablaba cara a cara con Moisés: «Si hubiera profetas entre ustedes, yo, el Señor, me revelaría en visiones; les hablaría en sueños. Pero no con mi siervo Moisés. [...] Yo le hablo a él cara a cara, ¡con claridad y no en acertijos! Él ve al Señor como él es» (Números 12:6-8).

Cuando Moisés regresó de hablar con Dios y de recibir los diez mandamientos, «vieron el resplandor del rostro de Moisés, tuvieron miedo de acercarse a él» porque la luz de Dios irradiaba de su rostro (Éxodo 34:30). Y como veremos, este mismo Dios de Luz le dijo a Moisés que el *amor* fue lo que lo motivó a crear todo. Los primeros cuatro mandamientos nos dicen cómo podemos amar a Dios, y los seis siguientes explican con detalles que debemos amar al prójimo como a nosotros mismos. Esto, también, se relaciona con lo que los casos de ECM en todo el mundo dicen sobre haber tenido un repaso de su vida en la presencia de Dios, Dios es amor y lo que más le importa es que nos amemos los unos a los otros. Pero ¿cómo podemos estar seguros de que este en verdad es Dios?

CÓMO PODEMOS SABER

Antes de que las religiones del mundo fueran codificadas, el Dios de Luz reveló a Moisés cómo podemos saber si Dios en verdad se está comunicando con la humanidad a través de un profeta:

«Pero todo profeta que falsamente afirme hablar en mi nombre [...] tendrá que morir. Tal vez se pregunten: "¿Cómo sabremos si una profecía viene o no del Señor?" Si el profeta habla en el nombre del Señor, pero su profecía no se cumple ni ocurre lo que predice, ustedes sabrán que ese mensaje no proviene del Señor».

DEUTERONOMIO 18:20-22

Dios creó una prueba para los profetas judíos con el propósito de extirpar el engaño y los mensajes falsos sobre Dios. Los profetas verdaderos que hablaban de parte de Dios serían capaces de decir lo que deparaba el futuro, y esas palabras debían cumplirse el 100% de las veces para probar que el profeta hablaba de parte de Dios. Dios hizo esto porque los mensajes falsos y las direcciones falsas abundan. Dios quiere ser nuestro guía porque de verdad se preocupa por el bienestar de cada una de las personas. Por lo tanto, Dios repite a través del profeta Isaías lo que le había dicho a Moisés. Los guías falsos y los falsos dioses no pueden predecir el futuro de manera perfecta: «Expongan su caso —dice el Señor. [...] ¡Cuéntennos lo que está por venir! *Digan qué nos depara el futuro; así sabremos que ustedes son dioses*» (Isaías 41:21-23, NVI, énfasis añadido). Dios responde a su desafío sarcástico con certeza: Solo él conoce el futuro porque solo él es Dios.

> ¿Quién predijo esto hace tiempo, quién lo declaró desde tiempos antiguos? ¿Acaso no lo hice yo, el Señor? [Yahveh]. Fuera de mí no hay otro Dios; Dios justo y Salvador, no hay ningún otro fuera de mí. Vuelvan a mí y sean salvos.
>
> ISAÍAS 45:21-22, NVI

Dios se introdujo en la historia para revelarnos su corazón y su voluntad porque quería que la gente de todas las culturas supiera que son especiales para él; que se preocupa por cada una de las personas, y desea amar y guiar a quienes estén dispuestos. Pero debemos desear el amor y la guía de Dios, debemos buscar a Dios y desear conocerlo como él es en realidad.

¿QUÉ PASA CON LOS OTROS «DIOSES»?

Quizás algunos lectores están pensando: *Si estás afirmando que este Dios de Luz que ven quienes tienen una ECM es el Dios de la Biblia, ¿qué pasa con quienes tienen otras religiones y ven a su dios o diosa durante la ECM?* No niego que algunos casos de ECM afirman que ven a su dios o diosa, pero permíteme darte un ejemplo de lo que, a menudo, reportan comparado con sus *interpretaciones* de lo que dicen. Aquí debemos hacer una distinción crucial.

Arvind, un hindú de la India, tuvo un ataque cardíaco y lo llevaron al hospital. Escribe lo siguiente:

Me hicieron descargas eléctricas. Comencé a flotar hacia arriba. Desde una cierta altura, pude ver mi propio cuerpo y a muchos doctores y personal médico trabajando en mi cuerpo. [...] Luego vi una luz inmensa en el centro del pasillo y comencé a flotar hacia ella. Estaba entrando una gran luz que provenía de un agujero inmenso. [...] Creo con firmeza en nuestra diosa, Madre Kaalika. Pude sentir que ella estaba allí al otro lado de ese rayo de luz brillante. [...] Esa fue la última cosa que recuerdo de la experiencia del otro mundo[7].

Arvind habló de esta luz brillante que sabía que era divina, e interpretó que la luz era la diosa Kaalika. Pero tengamos en cuenta cómo se describe por lo general a la diosa Kaalika o Kali. «Kali con mayor frecuencia es caracterizada negra o azul, parcial o completamente desnuda, con una lengua larga que le cuelga [y] múltiples brazos»[8]. Aunque lo que Arvind *informa* que vio no se parece en nada a negro o azul ni a una mujer con cuatro brazos con la lengua colgando fuera de la boca, lo que *describe* sí es congruente con el Dios de Luz. Esto es lo que normalmente encuentro. Un caso de ECM puede *interpretar* que vio a una cierta diosa o dios, pero su *descripción* a menudo concuerda con el Dios de Luz y Amor que describen las Escrituras hebreas.

Neha, una adolescente de quince años, y su familia estaban visitando una reserva de vida salvaje en Sudáfrica. El guardia de la reserva destrabó la puerta del recinto de los leones para entrar y, además, convenció a Neha de que entrara con él. De esta manera Neha describe lo que sucedió a continuación:

Después de haber caminado cinco pasos en la jaula, una leona saltó y me atacó. Mientras me desmayaba, la leona me mordió tres veces la cabeza. [...] entonces, perdí el conocimiento por completo. Mientras estaba en este estado inconsciente, viví la experiencia más increíble, hermosa y feliz. [...] Fui a este lugar asombroso, hermoso al que algunos llaman cielo; otros lo llaman Dios. [...] El brillo se parecía al sol, al fuego, a la luz, a la mañana. Este brillo me guio a mi seguridad. [...] Dios definitivamente existe. [...] Vi a «dios» a través de un sexto sentido como un resplandor hermoso[9].

Neha más tarde interpreta a este Dios de «sol, fuego, luz» resplandeciente como la diosa Durga. «Sentí la presencia de Durga Maa —dice—. La diosa Durga es la madre del universo y se cree que es el poder detrás de la obra de la creación». Luego expresa: «Sentí la presencia lejana de Jesucristo. Regresé entendiendo el cristianismo, al cual antes no entendía»[10].

Aunque Neha interpreta su experiencia a través de los lentes de su religión, su descripción se alinea más con el Dios de Luz que con Durga. Durga es descrita como una mujer hermosa «montada en un león y con ocho o diez brazos, con cada uno sostiene el arma especial de uno de los dioses»[11]. Esa no es a quien Neha describe. También recibe un nuevo entendimiento sobre Jesús. ¿Por qué Jesús, si no tenía conocimiento previo de Jesús?

De nuevo, ¿por qué personas que tienen otras creencias, quienes no tienen ninguna expectativa acerca de Jesús, se encuentran con él en su ECM? Como analizaremos en más detalle, Jesús afirmó ser el Mesías que los profetas judíos predijeron. Jesús afirmó: «Yo soy la luz del mundo. El que me sigue no andará en oscuridad, sino que tendrá la luz de la vida» (Juan 8:12, NVI).

Este mismo Dios de Luz también dio una señal inequívoca a *nuestra generación*, sobre lo cual hablaremos a continuación. Para mí, esta señal muestra evidencia comprobable de que el Dios de Luz que los casos de ECM experimentan se interesa profundamente por toda la gente que creó y estuvo trabajando de manera incansable a lo largo de la historia de la humanidad para bendecir a las personas de todas las naciones.

LA HISTORIA PREDICHA

Es importante entender lo que Dios afirma en las Escrituras: Él creó al pueblo judío para proteger y preservar su revelación personal a través de los profetas hebreos. Dios estableció muchas de las leyes y ordenanzas culturales, sobre las cuales leemos en el Antiguo Testamento, como un escudo protector. Lo hizo para que el pueblo judío pudiera comunicarse con él fielmente y viviera conforme a sus palabras, tanto para su beneficio como para el nuestro.

A lo largo de las Escrituras hebreas, los profetas judíos a menudo usan la frase: «Dijo el Señor». De esta manera afirmaban que lo que profetizaban no eran sus propias palabras, sino palabras inspiradas por Dios mismo[12]. El Dr. Mortimer Adler, editor de la *Encyclopedia Britannica* (Enciclopedia Británica) y filósofo agnóstico en esa época, escribió un libro llamado *Truth in Religion* (Verdad en la religión). En su investigación, descubrió que ninguna otra escritura sagrada *afirma* que Dios mismo habló directamente a personas reales en la historia de la humanidad[13].

Más de quinientas veces en la Biblia, este Dios de Luz habla respecto a todas las naciones[14]. Este mismo Dios se reveló a más de cuarenta escritores bíblicos durante un periodo de 1500 años. La Biblia es una compilación de sesenta y seis libros que a lo largo de generaciones escribieron estos profetas hebreos y los seguidores de Jesús. Pero lo que es más significativo para nosotros es que contiene cerca de 2500 predicciones de Dios, muchas de las cuales se pueden comprobar hoy en día.

El astrofísico Hugh Ross fue convencido por la misma evidencia histórica que me convenció a mí. Esto es lo que dice de las dos mil predicciones que ya se cumplieron: «Las probabilidades de que todas estas profecías se cumplieran por azar sin error es de menos de uno en 102000 (es decir 1 con 2000 ceros)!»[15]. Vamos a examinar algunas de las profecías históricas que más evidencias proveen a medida que avancemos, pero una de las que tiene el alcance global más grandioso es la señal que Dios dio a nuestra generación. El cumplimiento de esta profecía confirma las palabras que Dios le dijo a Abraham sobre bendecir a todas las naciones a través de la nación judía.*

En el pasaje de abajo, el cual registra lo que Dios declaró a través del profeta Isaías alrededor del 700 a. e. c., Dios predice un tiempo en

---

* Es importante notar que esto no significa que todo lo que el pueblo judío o la nación de Israel hizo es la voluntad de Dios. Dios puede usar a las personas para bien incluso si hacen cosas malas (ver Ezequiel 36:22).

la historia después de la venida del Mesías. El pueblo judío sería esparcido a todas las naciones y, entonces, Dios traería al pueblo de regreso a
Jerusalén como una señal de que él es el verdadero Dios. Isaías se refiere
al Mesías como la «raíz de Isaí» porque otros profetas dijeron que el
Mesías vendría de la línea del rey David, cuyo padre era Isaí.

En aquel día se alzará la raíz de Isaí [el Mesías] como estandarte
[una señal] de los pueblos; hacia él correrán las naciones, y
glorioso será el lugar donde repose. En aquel día el Señor
volverá a extender su mano para recuperar al remanente de
su pueblo [Israel] [...]. Izará una bandera [una señal] para las
naciones, reunirá a los desterrados de Israel, y de los cuatro
puntos cardinales juntará al pueblo esparcido de Judá [el
pueblo judío].

ISAÍAS 11:10-12, NVI

UNA SEÑAL CLARA DE DIOS

Esta profecía de Isaías dice que Dios dará una señal para todas las naciones. En los días después de la venida del Mesías, cuando las naciones
corran hacia él, el pueblo judío será esparcido al norte, al sur, al este
y al oeste: «los cuatro puntos cardinales». El pueblo judío fue des-
terrado por primera vez en Babilonia y, luego, regresó del destierro en el
444 a. e. c. Aquí, Dios le dice a Isaías que serán esparcidos por *segunda
vez* a todas las naciones. Esto sucedió históricamente cuarenta años
después de que Jesús fuera crucificado[16]. Está registrado en la historia
que en el 70 e. c., el general romano Tito marchó a Jerusalén, destruyó
la cuidad y el templo y, tal como Isaías había predicho, el pueblo judío
fue esparcido por *segunda vez* a todas las naciones, ¡por 1900 años! Esta
es una historia real, comprobable.

Dios le dijo a Isaías alrededor del 700 a. e. c. que reuniría de
todas las naciones al pueblo judío que había sido esparcido, como una
señal para todos los pueblos. Los profetas Isaías, Jeremías, Ezequiel e,
incluso, Jesús[17] predijeron el evento milagroso que sucedió en el año
1948, la reunificación y el nacimiento de una nación en un día. Dios
le dijo a Isaías:

«¿Acaso alguien ha visto algo tan extraño como esto? ¿Quién ha oído hablar de algo así? ¿Acaso ha nacido una nación en un solo día? ¿Acaso ha surgido un país en un solo instante? Pero para cuando le comiencen los dolores de parto a Jerusalén, ya habrán nacido sus hijos. ¿Llevaría yo a esta nación al punto de nacer para después no dejar que naciera? —pregunta el SEÑOR—. [...] Por eso reuniré a todas las naciones y a todos los pueblos, y ellos verán mi gloria. Realizaré una señal entre ellos [...]. Ellos traerán de regreso al remanente de sus hermanos de entre las naciones y los llevarán a mi monte santo en Jerusalén».

ISAÍAS 66:8-9, 18-20

Los judíos no solo serían esparcidos por segunda vez, sino que también regresarían de todas las naciones para convertirse en una nueva nación «en un solo día». El 15 de mayo de 1948, el *New York Times* reportó: «El estado judío, el estado soberano más nuevo del mundo, el cual será conocido como el estado de Israel, nació en Palestina a la medianoche»[18].

Cuando buscamos a Dios, quizás, le decimos: «Dios, dame una señal si en realidad existes». ¿Estamos buscando las señales que con tanta claridad ya nos dio? Nunca en la historia del mundo una nación nació de la noche a la mañana. ¿Cómo es posible que la nación judía siga siendo «un pueblo» a pesar de que estuvo esparcida por todo el mundo, sin rey, sin gobierno, sin idioma común, sin tierra por casi 1900 años (desde el 70 e. c. hasta 1948)? Luego, de repente, judíos rusos, etíopes, europeos, australianos, estadounidenses y de todo el mundo, quienes hablaban idiomas diferentes, regresaron como un pueblo «escogido» para formar una nueva nación, ¡que nació en una noche! ¿De qué otra forma se puede explicar eso? Dios lo predijo como una señal histórica para todas las naciones, ¡Dios es real!

Dios se reveló en la historia y a través de las Escrituras porque desea que lo conozcamos, que lo amemos y que lo sigamos. Tal vez algunos digan: «Sígueme y tendrás una buena vida», pero solo Dios nos conoce de manera íntima y de verdad se interesa por lo que más nos conviene. Es muy importante tener una forma de comprobar la identidad de Dios porque el engaño está descontrolado en este mundo, y el engaño y el mal son también así de reales.

Como veremos Dios intervino en la historia, más de una vez, y nos dio evidencias comprobables de su identidad. Él es el Dios de Luz y Amor que invadió la historia humana con un plan para bendecir a las personas de todas las naciones. Es el Dios que tanto los que tuvieron ECM como las Escrituras dicen que nos ama más de lo que podemos imaginarnos; sin embargo, ¡*tratemos* de imaginarnos el amor verdaderamente incondicional!

PARTE 2

LA HISTORIA
DEL AMOR DE DIOS

4

EL AMOR
INCONDICIONAL DE DIOS

ERA UN DÍA DE OCTUBRE DEL AÑO 1984 y el Dr. Ron Smothermon acababa de terminar su última conferencia de la semana en Bristol, Inglaterra. Le resultaba muy satisfactorio utilizar su formación en psiquiatría y neurología para sanar familias. Después de haber escrito una trilogía de libros, sus seminarios de una semana de duración eran muy solicitados en todo el mundo. Ahora regresaba a San Francisco donde vivía y trabajaba en su consultorio privado. Ron creía en Jesús y les enseñaba a las familias en crisis cómo acceder al amor de Dios. Sin embargo, a veces, luchaba con el hecho de que él mismo no sentía ni experimentaba este amor glorioso. Esto cambiaría muy pronto.

Después de un vuelo agotador de once horas desde el aeropuerto Heathrow, Londres, a San Francisco, Pamela, su asistente, lo recogió del aeropuerto y lo llevó a su casa, la cual su amigo Amin* había estado

---

* «Amin» es un seudónimo.

cuidando durante la semana. Hacía poco, Amin había sido desalojado de su propia casa y hubiera sido un sin techo aquel mismo día si Ron, por compasión, no lo hubiera invitado a cuidar su casa mientras estaba en Inglaterra esa semana. Ron no tenía idea de que una bomba de tiempo psicótica estaba a punto de explotar.

—¿Cómo estás, Amin? —le preguntó Ron—. No te ves bien.

Amin estaba sentado en las escaleras de la entrada de la casa. Ron podía discernir por la mirada trastornada de sus ojos y por las gotas de sudor en su frente que algo estaba mal con este musculoso hombre de veintiocho años. Cuando Ron estiró la mano para comprobar si tenía fiebre, Amin soltó un grito espeluznante y golpeó a Ron en el costado de la cabeza con el borde de una raqueta metálica de tenis que tenía en la mano. El golpe derribó a Ron.

Ron se levantó, gritando:

—Amin, ¿qué estás haciendo?

Amin lo derribó de nuevo. Amin estaba sufriendo un ataque de psicosis. Ron no se dio cuenta de que Amin tenía un cuchillo de veinticinco centímetros en la otra mano, y que se lo clavaba cada vez que lo derribaba. Pamela corrió a buscar ayuda. Cuando Ron volvió a levantarse, vio sangre en las paredes y el cuchillo en la mano de Amin y, finalmente, se dio cuenta de que era su propia sangre. Amin gritaba:

—¡Te voy a matar!

Ron lo tenía agarrado de los hombros, mirando en sus ojos vacíos, llenos de maldad, y rogándole:

—Amin, por favor, no mates a un hombre.

Amin apuñaló a Ron trece veces en el pecho, el cuello y la espalda. Ron observaba mientras el brazo de Amin retrocedía, dirigiendo el catorceavo golpe al corazón con la finalidad de matarlo.

Y el tiempo se detuvo.

Vi por encima del hombro izquierdo [de Amin] que apareció un pasillo. Estaba hecho con algo que parecía ser una luz sólida. Extrañamente, estaba tranquilo y no aferrado al resultado de este evento demencial. *Eso se ve como el infinito,* pensé al acercarme a la muerte. La luz que explotó en

existencia, bloqueando mi visión de Amin y del pasillo, era
más brillante que el sol y, aun así, no me dañaba los ojos. No
era una luz ordinaria; era un ser vivo, un *quién*, no un *qué*.
Pensé: *Si esta persona de luz descendió por ese pasillo, debe haber
viajado a una velocidad increíble*. La luz misma era una persona,
con mi misma altura. Al instante, los atributos de esta persona
estaban escritos en mi consciencia, no en un estilo uno, dos,
tres, sino impresos en ese mismo momento en mi ser, corazón
y consciencia. [...] Fui sellado con el conocimiento de la
naturaleza de Dios. No tuve que preguntar sobre la identidad
de esta luz. No había lugar para las dudas. Este era Dios.

¿Cómo podría siquiera comenzar a describirte esto? En
realidad, nunca entendí el tema de la «gloria de Dios» hasta
que la vi. Dios es verdaderamente glorioso, magnífico, sublime,
sin igual. Su gloria es una luz hecha de amor infinito. La luz
de Dios aparece como una explosión de luz blanca como si
fuera una bomba atómica repentina, silenciosa, llena de su
poder. Imagínate estar a un metro y medio de una fuente de
explosión nuclear. Su luz es más que luz, es arrolladora, un
tsunami literal de amor infinito, incondicional. Todo lo que
toca se transforma en paz perfecta, y arrasa en la insignificancia
cualquier consideración por lo que está sucediendo,
reemplazándolo con éxtasis indescriptible, gozo irresistible,
amor que supera la comprensión; todo en un paquete único.
Una bomba nuclear arrasa con la vida. El amor de Dios arrasa
con la muerte[1].

«Mirando en retrospectiva, no creo que el tiempo se haya detenido
—me explicó Ron mientras describía este evento—. Creo que el tiempo
se aceleró hasta la velocidad de la luz con la presencia de Dios». Ron no
tenía ninguna preocupación respecto al ataque debido a que el amor de
Dios explotó en él.

Mientras Amin todavía se estaba preparado para darle la puñalada
número catorce, Ron tuvo un encuentro directo con la naturaleza de
Dios. «Todos sus atributos están contenidos en su amor *porque el amor*

es su naturaleza dominante», reflexionó Ron. Junto con la explosión de amor, Ron describió nueve atributos de Dios que fueron impresos en su alma de inmediato: Dios es amor infinito, conocimiento infinito, poder infinito, autoridad, humor, bondad, gozo, pureza y humildad infinitos. «Envuelve estos atributos con su luz, y tendrás la gloria de Dios. Dios es santo», señaló Ron.

Su amor no es una versión mejorada del amor humano. [...] Es amor que supera nuestra experiencia, simplemente abrumador. [...] Te llena con su esencia, y lo conoces de manera íntima. [...] Cuando llegue tu tiempo, y ciertamente llegará, es entre Dios y tú, nadie más, nadando en un océano de amor. Es difícil describir lo que sucede; te vuelves su amor, y están juntos en su luz. [...] Vivir el amor de Dios uno a uno inspira un deseo intenso de darlo a conocer a cada forma de vida en el universo[2].

Quizás esa sea la razón por la cual Ron respondió como lo hizo cuando Dios le preguntó:

—¿Vendrás ahora o después?

Ron estaba impactado por tener la opción de elegir. Incluso más impactante fue su primera preocupación si escogía quedarse con Dios:*¿Qué sucedería con el bienestar de Amin? ¿Qué efecto tendría en su vida y en la vida de quienes lo aman el hecho de que había asesinado a un hombre?* Ron se hacía estas preguntas en el mismo picosegundo: «*¿Por qué estoy preocupado por este hombre que está tratando de matarme?* Aun así, no podía apagar mis pensamientos. Pensé en mi hijo de tres años, quien me necesitaba [...] y en la forma en que mi asesinato lo afectaría y también a los demás». Ron dio su respuesta a Dios, mente a mente, con una sola palabra:

—*Después*.

Chac, chac. «Miro al piso y veo dos pedazos de lo que alguna vez fuera una sólida pieza de acero. La hoja del cuchillo había sido limpiamente cortada en dos pedazos. Más tarde me di cuenta de que lo que sea que haya partido el acero templado como si fuera manteca, debe haber producido el calor que obligó a Amin a soltar el mango del cuchillo». La policía llegó y redujo a Amin, y un equipo de emergencia llevó a Ron al hospital en una ambulancia.

Ron recuerda lo siguiente: «Los médicos no podían entender cómo el cuchillo había pasado por mi fosa supraclavicular izquierda, el plexo braquial de los nervios, mi garganta, al lado de mi vértebra cervical sin tocar los nervios, sin tocar la arteria carótida, la vena yugular, ni ningún nervio vital, y salido por la nuca». Esa era solo una de las trece heridas de cuchillo a las que Ron milagrosamente sobrevivió. Amin pasó trece años en la cárcel. Aunque una década después, un programa de noticias tomó la historia y la recreó, nada pudo recrear la explosión del amor infinito de Dios que Ron experimentó ese día[3].

DIOS ES AMOR

«Dios es amor», manifestó Juan, el discípulo más joven de Jesús (1 Juan 4:8). Jesús dijo que el amor de Dios es un amor que nos cambia: «Pero yo digo: ¡ama a tus enemigos! ¡Ora por los que te persiguen! De esa manera, estarás actuando como verdadero hijo de tu Padre que está en el cielo» (Mateo 5:44-45). Este es otra clase de amor, amor de otra categoría, un amor que se extiende a los enemigos (incluso a los asesinos), como Ron descubrió mientras se bañaba en el amor de Dios.

Para nosotros es difícil entender lo que en realidad significan las palabras *Dios es amor* y cómo esa verdad puede transformarnos. Creo que los casos de ECM son un regalo de Dios para llenar con colores las palabras en blanco y negro escritas en las Escrituras. Las Escrituras revelan el carácter de Dios y nos ayudan a entender el amor de Dios; los casos de ECM pueden ayudarnos a imaginar todo lo que eso significa en nuestro intento de relacionarnos con Dios hoy en día. Es posible que el apóstol Pablo, quien escribió muchos de los libros del Nuevo Testamento, haya tenido una ECM. Cuando Pablo fue a la colonia romana de Listra, la multitud se volvió contra él: «Apedrearon a Pablo y lo arrastraron fuera de la ciudad, pensando que estaba muerto; pero los creyentes lo rodearon, y él se levantó» (Hechos 14:19-20). Más tarde Pablo escribió:

Hace catorce años fui llevado hasta el tercer cielo. Si fue en mi cuerpo o fuera de mi cuerpo no lo sé; solo Dios lo sabe [...]

pero sí sé que fui llevado al paraíso y oí cosas tan increíbles
que no pueden expresarse con palabras, cosas que a ningún
humano se le permite contar.

2 CORINTIOS 12:2-4

Pablo dice lo mismo que aquellos que tuvieron ECM por lo general
declaran; que no se les permite ni retener ni volver a hablar de todo
el conocimiento que recibieron. Pablo también describe el gran amor
de Dios que es difícil de comprender por completo, el cual quiere que
todos experimenten:

Pido en oración que, de sus gloriosos e inagotables recursos,
los fortalezca con poder en el ser interior por medio de su
Espíritu. Entonces Cristo habitará en el corazón de ustedes a
medida que confíen en él. Echarán raíces profundas en el amor
de Dios, y ellas los mantendrán fuertes. Espero que puedan
comprender, como corresponde a todo el pueblo de Dios, cuán
ancho, cuán largo, cuán alto y cuán profundo es su amor. Es
mi deseo que experimenten el amor de Cristo, aun cuando es
demasiado grande para comprenderlo todo.

EFESIOS 3:16-19

Cuanto más profundo es nuestro entendimiento del amor insonda-
ble de Dios, mayor es nuestra confianza; cuanto mayor es nuestra
confianza, más experimentaremos la poderosa realidad de su amor que
transforma vidas hoy en día. Todo comienza con entender la historia de
amor más grandiosa que se haya contado alguna vez.

LA HISTORIA DE AMOR MÁS GRANDIOSA
QUE SE HAYA CONTADO

La Biblia es una historia de amor de principio a fin, aunque puede
ser fácil perderse en este macro relato teniendo en cuenta que los
relatos de la Biblia también incluyen crueldad, traiciones, guerras e
historias brutalmente honestas. Debemos recordar que la Biblia se
escribió en sesenta y seis libros y contiene miles de años de historia,

lo cual significa que cubre muchos altibajos en la relación de los seres humanos con Dios.

La historia comienza cuando Dios crea a las personas por amor. La motivación de Dios siempre fue relacionarse, pero mantener una relación de amor parece complicar la vida de Dios, así como complica la nuestra. Por lo tanto, en la historia de amor de Dios, inscrita en toda la historia bíblica, encontramos amor rechazado, promesas quebradas, traición y divorcio, así como amor sacrificial, lealtad, perdón y reconciliación. Como veremos, el clímax de toda la historia es una gran boda.

Es una historia de amor extraña, misteriosa, pero poderosamente maravillosa. La gran historia de Dios arroja luz sobre muchas preguntas que inevitablemente nos hacemos, las cuales nos dejan confundidos, como por ejemplo ¿por qué Dios a veces parece reacio a intervenir? Cuanto más entendamos el denominador común de la historia de amor de Dios, las motivaciones de Dios y el carácter amoroso de Dios, más confiaremos en él. Cuando tracemos la historia de amor de Dios en los capítulos que siguen, verás cómo los casos de ECM de hoy confirman la historia que Dios estuvo contando desde los albores de la creación.

La historia de amor de Dios comienza con Dios: la Persona. Dios es *personal*. Dios no es una fuerza, ni tampoco es «el universo». Como me dijo Ron, «el universo no es nada comparado con Dios»[4]. Los casos de ECM no describen un sentimiento impersonal, sino el amor de una Persona, incluso cuando su perspectiva personal, tradiciones, creencias o cultura los hayan llevado a esperar una fuerza impersonal o quizás nada en lo absoluto después de esta vida. Solo tenemos que preguntarle a Chen.

Chen se unió al partido comunista chino en la universidad, como era la costumbre de todos los buenos estudiantes chinos. Aunque ella no creía en Dios, confiesa: «[Tuve] una ECM y esa experiencia me cambió por completo». Cuando Chen murió clínicamente debido a una reacción alérgica a la penicilina, se encontró fuera de su cuerpo.

Caí en un túnel oscuro, moviéndome a una velocidad increíble. Estaba aterrorizada porque no sabía lo que me había sucedido. [...] No podía imaginarme por qué no había perdido la consciencia y por qué todavía existía. Sin embargo, mi temor desapareció de manera gradual. Sentí que flotaba en algún lugar y era algo agradable. Un «torrente de consciencia» indescriptible me acompañaba. Él respondió cada una de mis preguntas y apaciguó mi corazón temeroso. No sabía cómo describirlo. No tenía forma ni voz, era radiante y de mente abierta, cálido y amable. Podía responder todas las preguntas. Me rodeaba y me guiaba. Se comunicaba conmigo telepáticamente. [...] Ya no estaba en el túnel, sino que estaba en el mundo resplandeciente y cálido. Sentí que mis dolores y sufrimientos eran aliviados por completo. Percibí la existencia de la armonía y la felicidad eternas[5].

Chen experimentó a este Dios muy personal a quien no había esperado. Aunque se refiere a Dios como un «torrente de consciencia», también usa el pronombre personal *él* para describir su naturaleza personal. Dios de forma constante se reveló íntima y personalmente a lo largo de la historia.

Dios tiene características que asociamos con la personalidad, tales como el intelecto (Jeremías 29:11) y la voluntad (Mateo 6:10). Es descrito con sentidos de la vista (2 Crónicas 16:9) y del oído (Génesis 16:11). Experimenta emociones, incluyendo la tristeza (Isaías 63:10), el lamento (Génesis 6:6), el enojo (Deuteronomio 31:29), el celo (Éxodo 34:14) y la compasión (Joel 2:13). Es creador (Salmo 148:4-5), humilde (Mateo 11:29) y fiel (Isaías 44:21-22).

Los teólogos con frecuencia llaman a estas características *antropomórficas*, a la cual el diccionario de la Rae define como «atribución de cualidades o rasgos humanos a un animal o a una cosa»[6]. Sin embargo, decir esto puede prácticamente *despersonalizar* a Dios. Sí, Dios trasciende nuestras características humanas, pero somos creados por Dios y a la imagen de Dios, entonces, todas nuestras características humanas derivan de algo que es más grande que nosotros, no inferior a nosotros. Dios no es *menos* personal; en realidad es *más* personal que nosotros. Los casos de ECM que se encontraron con Dios confirman esto.

Dean Braxton, supervisor de libertad condicional de jóvenes, tuvo una sepsis durante un procedimiento de rutina para remover cálculos renales, lo cual causó que estuviera clínicamente muerto por una hora y cuarenta y cinco minutos. Se encontró a sí mismo en el borde de un bosque de un campo celestial cubierto con hierbas y flores hermosas. Luego de caminar por el bosque, lo cual describió más como estar «planeando», descubrió que el amor de Dios es íntimamente personal.

Mientras caminaba por el bosque, parecía como que todo en el bosque estuviera diciendo: «Va a ver al Rey». Cuando llegué al otro lado del bosque, en ese momento, vi a Jesucristo. Era realmente resplandeciente, más brillante que cualquier luz que hubiera visto alguna vez, incluso que el sol. Resplandecía. Era una luz blanca brillante. Estaba de pie en un campo, y delante de él [había muchos seres]. No sé si eran miles o millones. Algunos eran ángeles y, otros, personas que habían estado en el planeta tierra. Jesús estaba hablando con ellos, y había una gran multitud ante él. Me acerqué a su lado.

Le miré los pies, y cuando le miré los pies vi los agujeros, no en los pies, sino en los tobillos, en la articulación talocrural. En todo lo que podía pensar era: *Hiciste esto por mí.* Caí de rodillas diciendo: «Gracias, gracias, gracias». Recuerdo haber pensado: *Sus pies me aman.* Era como si literalmente estuviera recibiendo la plenitud del amor de Dios a través de los pies de Jesús.

Entonces, miré hacia arriba y cada porción de él estaba amándome. Todo su ser me amaba. Lo que más me conmovió fue que solo me amaba a mí. Sabía que amaba a otros, pero parecía como si solo me amara a mí. Cuando finalmente lo miré, nuestros ojos se encontraron. Recuerdo haber mirado sus ojos mientras pensaba: *Me ama tanto que, mientras estoy pensando que me ama, esa es noticia vieja porque incluso ¡me ama aún más!* Solía pensar que Jesús solo ama, y que eso era todo, pero es un amor que crece todo el tiempo, exclusivamente para uno[7].

Cuando la historia de amor de Dios comenzó, Dios nos creó diciendo: «Hagamos a los seres humanos a nuestra imagen, para que sean como *nosotros*» (Génesis 1:26, énfasis añadido). El uso de la palabra *nosotros* puede parecer una elección extraña porque Dios reveló que hay un solo Dios (Deuteronomio 6:4). Aun así, Dios desde el principio se refiere a sí mismo en plural por una razón, la cual analizaremos después. Dios también reveló que su imagen se refleja tanto en el hombre como en la mujer: «Así que Dios creó a los seres humanos a su propia imagen. A imagen de Dios los creó; hombre y mujer los creó. Luego Dios los bendijo con las siguientes palabras: "Sean fructíferos y multiplíquense. Llenen la tierra y gobiernen sobre ella"» (Génesis 1:27-28). Dios creó a la humanidad en plural, hombre y mujer, para una relación con él porque Dios es una relación de amor. Dios no es ni hombre ni mujer, sino que tanto el hombre como la mujer reflejan la imagen de Dios (Génesis 5:1-2), en especial, cuando son una sola carne (Génesis 2:24).

Tú y yo fuimos creados para una relación singular con Dios. Una relación de amor, unidad, y como creadores juntamente con Dios. A diferencia de cualquier otra especie, los seres humanos tenemos la capacidad de crear, preocuparnos y desarrollar la creación de Dios en una sociedad de amor con Dios. El único problema es que el amor de los seres humanos no es una garantía; es demasiado arriesgado.

UN ASUNTO ARRIESGADO

En su libro *Desilusión con Dios*, el autor Philip Yancey describe a Dios como un *creador* que tuvo que escoger; todos los artistas saben que cada decisión creativa que toman viene con límites que los artistas se imponen a sí mismos. Por ejemplo, si escoges dibujar con un lápiz de grafito, te limitas a un boceto en blanco y negro, sin colores. Miguel Ángel creó las imágenes del techo de la Capilla Sixtina usando pintura sobre yeso. Fue una elección que lo limitó, no pudo reproducir la realidad tridimensional que logró con sus esculturas de mármol o bronce. Cuando los artistas escogen una técnica, escogen limitarse, y ningún artista puede escaparse de esa realidad. Ni siquiera Dios.

Cuando Dios creó todo de la nada, todas las decisiones creativas que tomó también vinieron con límites que él se impuso a sí mismo. Dios creó a los seres humanos para que reflejaran su imagen, como en un espejo. Los seres humanos podían amar, usar la imaginación, ser creadores y estar unidos a Dios y los unos a los otros. Esta decisión requirió una autolimitación divina: darles a los seres humanos libre albedrío. Yancey escribe: «De todas las criaturas de Dios, [los seres humanos] tenían la capacidad moral para rebelarse contra su creador. Las esculturas podían escupir al escultor; los personajes de la obra podían escribir un nuevo libreto»[8]. Cuando Dios escogió la técnica del libre albedrío, también escogió las limitaciones que vendrían con eso. ¿Por qué? Por amor. El amor se debe escoger con libertad. Piénsalo.

Digamos que te enamoras de alguien y deseas profundamente que esa persona te ame. Si tuvieras mucho dinero, podrías colmarla de regalos y darle todo lo que desea. Pero es arriesgado porque podría amar tus regalos, pero no a ti. Podrías tratar de manipular a esa persona con promesas de un futuro maravilloso, y, posiblemente, a esa persona le encante la idea de un futuro dichoso y, aun así, siga sin amarte. Como último recurso, podrías incluso tratar de obligar a esa persona a que te ame mediante amenazas o exigiéndole que te ame, todos sabemos que eso no sería amor, incluso si fingiera amarte por temor. El amor no se puede comprar, manipular ni forzar; debe darse con libertad. Ese es el asunto arriesgado de Dios. Ninguna cantidad de regalos, promesas de un futuro brillante, ni incluso el poder infinito de Dios puede hacer que lo amemos.

Génesis nos dice que, aunque todo lo que Dios creó es bueno, en esa misma creación estaba la posibilidad de que los seres humanos escogieran el conocimiento tanto del bien como del mal. El mal es la ausencia de Dios y de su amor. Cuando escogemos «mi manera» en oposición a la manera de Dios, el mal entra al mundo. En su misericordia, Dios limitó el tiempo de vida de los seres humanos para que no viviéramos el mal para siempre.

Vivimos en el conocimiento del bien (todas las buenas dádivas de Dios, tales como gozo, paz, compasión, empatía, belleza y amor) entremezclado con el conocimiento del mal (la ausencia de la voluntad y de la forma de hacer las cosas de Dios como se puede ver en las enfermedades, el deterioro, las mentiras, el odio, el desinterés y los maltratos). Vivimos entre un sabor tenue del cielo y un sabor misericordioso del infierno, por un tiempo. En el planeta tierra, por la elección auto limitante de Dios, no está el reino ilimitado de la voluntad amorosa de Dios y de sus caminos. Por un tiempo, Dios se mantiene parcialmente escondido, permitiendo que los seres humanos hagamos cosas extremadamente malvadas y venciendo al mal a través de personas dispuestas que libremente escogen amarlo y obedecerle. Y, a pesar de toda nuestra maldad y abusos, el amor de Dios sanará y restaurará todo lo que se perdió.

UN AMOR QUE SANA NUESTRAS HERIDAS

Mientras la ambulancia trasladaba con urgencia a Sarah desde el lugar del accidente automovilístico hasta el hospital, toda su vida comenzó a pasar delante de ella en reversa. El tiempo parecía haberse detenido a medida que ella revivía sus cortos catorce años. Le preguntaba a Dios con dolor por qué estaba muriendo después de haber tenido una vida tan difícil. «Ni siquiera tengo un recuerdo feliz —recuerda Sarah—. Fui una hija no amada ni deseada y fui maltratada. Fue una niñez realmente horrible».

Una vez que estuvo en el hospital, debido a que seguía perdiendo mucha sangre, Sarah tuvo una ECM. Se encontró a sí misma en el techo; se sentía en paz y calmada. Vio una luz a la distancia, entonces, se dio cuenta de que la luz se acercaba rápidamente hacia ella. Debido a que era una niña maltratada, tuvo temor de que la luz la golpeara en la cara, entonces, se dio la vuelta y se cubrió. Cuando nada malo pasó, giró lentamente para ver lo que luego describió como una luz mágica, llena de colores, destellando como diamantes brillantes, resplandeciendo con tonos dorados y rosados además de otros colores hermosos. Fue cautivada por la luz porque estaba viva y la llamaba a entrar.

> Primero metí la mano y la sensación fue increíble. La mente no puede expresar con palabras los sentimientos de AMOR inmenso. [...] Me volví UNA con la luz. De inmediato sentí que me sostenían firmemente. Sentía como si alguien me estuviera abrazando. [...] Dejé caer mis murallas por primera vez. [...] Bailé y di vueltas en la luz. Estaba tan feliz por sentirme bien por primera vez en mi vida[9].

Luego Sarah se encontró transportada a un mundo hermoso de luz, donde todo estaba vivo, todo resplandecía con luz, incluso las plantas y las flores. Se sintió fascinada por la belleza inmaculada que la rodeaba. Caminó por un sendero, contemplando la belleza en todos lados, entonces, llegó a una encrucijada. Más adelante, vio a dos mujeres que se dirigían hacia ella. Temerosa de meterse en problemas por estar allí, se escondió detrás de un árbol. Para su sorpresa y placer, en realidad, ¡entró en el árbol! Después de haberse escondido por un rato, ¡se sorprendió al oír la voz alegre de un hombre que le preguntaba si estaba planeando esconderse en el árbol para siempre! Se rio con nerviosismo y respondió que pensaba que no le estaba permitido ir a ningún otro lado.

La voz la tranquilizó:

—Este es tu HOGAR y puedes ir a donde quieras.

—¿En serio? —preguntó ella.

—¡Sí! —le respondió la voz.

Sarah se sintió tan entusiasmada por todo esto que comenzó a hacer gimnasia por el camino. No era gimnasta, pero siempre le había gustado la gimnasia. Descubrió que, de alguna manera, en este nuevo mundo asombroso podía hacer acrobacias como si fuera una gimnasta olímpica.

Entonces, se detuvo y comenzó a pensar en todo lo que había soportado en su vida hasta ese momento. Recordó todas las preguntas que estaban constantemente sonando en su cabeza: *¿Por qué Dios no me protege contra el maltrato? ¿No lo amo lo suficiente como para que me ayude, así como ayudó a las personas de la Biblia?*[10] Comenzó a escuchar en su mente las respuestas a sus preguntas. La voz, tierna y reconfortante, le ofrecía respuestas que la sanaban. Con sus sentimientos apaciguados, Sarah hizo más preguntas.

—¿Por qué Dios no me protege?

—Lo hará —le respondió la voz.

—¿Por qué Dios no me defiende?

La voz le explicó, con un tono reconfortante, que todas esas cosas eran solo temporales. Con cada respuesta, esta adolescente maltratada sentía que su espíritu era liberado del peso paralizante y aplastante que había cargado. En esta presencia cariñosa, Sarah se dio cuenta de que se sentía a salvo por primera vez en su vida. Le abrió su corazón y le contó las cosas de las cuales la habían acusado y que ella no había hecho, y sobre el dolor que sintió cuando nadie le creía.

—Te creo —le dijo la voz.

Comenzó a traer a la memoria el resto de sus pensamientos en la libertad de su consuelo y seguridad.

—Desearía ser hermosa.

—Lo eres —dijo él reafirmándola.

Con cada respuesta, Sarah sentía que el gozo llenaba su espíritu hasta el punto que pensaba que explotaría.

—Desearía ser perfecta.

Como alguien que había sufrido maltrato por no dar la talla, Sarah siempre pensó que la perfección era la única forma de ser amada y aceptada. Temía que Dios también estuviera enojado con ella porque no era perfecta.

Escuchó que le decía:

—Lo eres. [...] No hay nada que pudieras hacer que cambie lo que Dios siente por ti. [...] Dios [te] ama.

—¿De verdad me ama? —preguntó ella con asombro.

—Sí, de verdad te ama —le dijo la voz amablemente.

—Desearía ser especial como las personas de la Biblia.

—Lo eres.

—¿De verdad? ¿Lo soy?

Sarah no podía imaginarse tener tanto valor para alguien, y cada respuesta reconfortante sanaba su alma herida.

—Sí, lo eres —le dijo él.

Sarah dijo que cada molécula de su cuerpo estaba «estallando de AMOR y FELICIDAD» por el gozo incontenible que sentía. Entonces de repente exclamó:

—¡Solo deseo estar con Dios! ¡Solo deseo estar contigo! Cuando se dio vuelta, lo que vio la dejó sin aliento:

¡Allí frente a mí estaba el hombre más HERMOSO que había visto en toda mi vida! [...] Sus ojos estaban bien abiertos por el entusiasmo y rebosando de AMOR y ALEGRÍA. [...] No hay ningún ser vivo que haya existido que pueda compararse con la BELLEZA de Jesucristo. Era perfecto en todo el sentido de la palabra. Corrió hacia mí, y yo hacia él. Me abrazó muy fuertemente[11].

La ECM de Sarah nos recuerda que el amor de Dios por nosotros es genuino, aun cuando no lo sintamos en nuestro mundo quebrado y dañino. A menudo suponemos que, si Dios en realidad nos amara, evitaría que las personas nos hicieran daño. Dios promete en las Escrituras que lo hará; todo esto es temporal. Detendrá el mal, aunque todavía no, debido a la ley del amor.

LA LEY DEL AMOR

La historia de Dios cuenta de manera constante sobre el amor más grande que pudiéramos imaginarnos. Sin embargo, también es una historia en la cual la gente ignora a Dios y sigue su propio camino. Dios nos busca con su amor, nosotros dejamos a Dios de lado, pensando: *Sé lo que me conviene mejor que él. Tengo razón. Que se haga mi voluntad.* Y con mucha facilidad creemos las mentiras acerca de Dios y de nosotros mismos porque estamos rodeados de maldad. El libro de Génesis se puede leer como la historia de un padre con hijos indisciplinados que crecen y se vuelven adolescentes rebeldes, peligrosamente descontrolados. Por causa de esto, Dios establece las reglas.

Cuando Dios les dio los diez mandamientos a Moisés y a los israelitas alrededor de 1500 a. e. c., se les apareció a los israelitas como un fuego consumidor que ardía. Moisés les recuerda: «En el monte, el Señor te habló cara a cara desde en medio del fuego. Yo serví de intermediario entre tú y el Señor, porque tenías miedo del fuego y no quisiste acercarte al monte» (Deuteronomio 5:4-5). A través de Moisés, Dios reitera que no quiere obligar a la gente a hacer su voluntad. Debemos escoger caminar con él en confianza y amor. Confianza y amor es lo que Dios más desea:

Escucha, Israel: El Señor nuestro Dios es el único Señor. Ama al Señor tu Dios con todo tu corazón y con toda tu alma y con todas tus fuerzas. Grábate en el corazón estas palabras que hoy te mando. Incúlcaselas continuamente a tus hijos. Háblales de ellas.

DEUTERONOMIO 6:4-7, NVI

Esto se convirtió en el *Shemá*, el credo del pueblo judío: Ama a Dios. Los primeros cuatro de los diez mandamientos tratan solo lo que significa amar a Dios y los seis que siguen, sobre amar a las personas. Esta es la ley del amor. Como veremos, estos mismos mandamientos básicos (o leyes morales) se encuentran en todas las religiones del mundo. Sin embargo, ten en cuenta lo siguiente: Antes de que cualquier religión del mundo fuera formalizada, Dios reveló su amor por la humanidad, así como su deseo de que lo amemos por decisión propia.

La historia del amor de Dios que encontramos en la Biblia también es la historia de la humanidad caída, razón por la cual parte de la historia puede ser confusa. La Biblia contiene un registro honesto de realidades despiadadas del comportamiento humano cuando nos apartamos de la voluntad misericordiosa de Dios y hacemos lo que nos place. Por eso, es bueno recordar que las *descripciones* de eventos en la Biblia no son necesariamente un reflejo de las *propuestas* de perfección que nos hace Dios.

Dios advirtió a la humanidad sobre las consecuencias de un mundo creado con la técnica del libre albedrío. Dios dice que nuestras elecciones importan: «Te he dado a elegir entre la vida y la muerte, entre la bendición y la maldición. Elige, pues, la vida, para que vivan tú y tus descendientes. Ama al SEÑOR tu Dios, obedécelo y aférrate a él, porque de él depende tu vida» (Deuteronomio 30:19-20, NVI). Este Dios de Luz y Amor es vida; desea darnos vida, amor y bendiciones si escuchamos su voz y seguimos sus caminos y voluntad. Pero debemos estar dispuestos. Nuestra disposición es una retribución al amor de Dios.

No hay nada que tengamos que ofrecerle a Dios excepto por lo que nos dio: El libre albedrío. Dios nos puede enseñar a amar a los demás con una clase de amor como el suyo, pero debemos estar dispuestos a hacerlo. Los casos de ECM que repasaron su vida en la presencia de Dios, de manera sistemática dicen: «A Dios les importan los pequeños actos de bondad y amor». Dios le dijo a Moisés: «No seas vengativo con tu prójimo ni le guardes rencor. Ama a tu prójimo como a ti mismo. Yo soy el Señor» (Levítico 19:18, nvi).

Jesús profundizó todavía más el tema, dijo que cuando estemos delante de Dios, él nos dirá: «Pues tuve hambre, y me alimentaron. Tuve sed, y me dieron de beber. Fui extranjero, y me invitaron a su hogar. Estuve desnudo, y me dieron ropa. Estuve enfermo, y me cuidaron. Estuve en prisión, y me visitaron» (Mateo 25:35-36).

Aun cuando quizás no pensemos que hicimos estas cosas para Dios, él dirá: «Les digo la verdad, cuando hicieron alguna de estas cosas al más insignificante de estos, mis hermanos, ¡me lo hicieron a mí!» (Mateo 25:40). Esta es la ley del amor. Amar al prójimo *es* amar a Dios, algo que quienes tuvieron una ECM llegaron a entender, en especial, cuando su experiencia incluye un repaso de vida.

Erica McKenzie creció sufriendo maltratos. El maltrato comenzó en el jardín de infantes cuando la maestra la atormentaba porque escribía con la mano izquierda. Desde el primer al tercer grado, sus compañeros se burlaban de ella porque asistía a clases de educación especial donde la ayudaban con su dislexia. Sin embargo, la razón principal del maltrato que sufría era su apariencia. Seguía a Jesús desde que era muy pequeña, pero cuando se hizo adolescente, comenzó a luchar con un desorden alimentario que posteriormente desembocó en una adicción a pastillas para adelgazar.

Después de años de luchar, un día que estaba sola en un hotel, el corazón le empezó a fallar. Como enfermera certificada, sabía que la muerte estaba cerca. Llorando para que Dios tuviera misericordia de ella y la perdonara, Erica corrió hacia la calle, obligando a un conductor a frenar de golpe para no atropellarla. De repente, Erica escuchó en su mente: «*¡Sube al auto, ahora!*». También escuchó el nombre «*Rodolfo*», seguido por un mensaje que se sintió forzada a transmitirle al chofer. Dios en su misericordia la estaba guiando.

A la vez que Erica pedía ayuda, decía: «Rodolfo [...] Dios sabe que eres cristiano; ve tu corazón y ha escuchado todas tus oraciones [...] por tus familiares en México, uno de los cuales está enfermo de cáncer». El conductor ciertamente se llamaba Rodolfo y, al escuchar a Erica, se le llenaron los ojos de lágrimas, estaba estupefacto por lo que ella le decía. ¿Cómo podía esta mujer saber su nombre o algo sobre su familia? Impactado, Rodolfo rápidamente llevó a Erica a su iglesia, donde el pastor llamó al 911 y oró por ella justo en el momento en que su corazón se detenía.

Ascendía y ascendía; supe que estaba yendo al cielo. Parecía como si subiera hacia el infinito pasando las estrellas y más arriba aun, dirigiéndome hacia la luz que lo llena todo, hasta que llegué al final del túnel. Una vez allí, me inundó el sentimiento más pleno de amor. Mis palabras humanas no pueden describir con precisión la magnitud del sentimiento que llenaba cada célula de mi cuerpo con más amor de lo imaginable. Este amor era tan palpable que lo podía tocar. Aunque no podía ver ninguna imagen física, identificaba esta Presencia radiante como la voz que había escuchado toda mi vida. Esta fue la voz que me dijo que corriera [a buscar ayuda esa noche], era la voz que conocía el nombre de Rodolfo. [...] Era Dios. Esta Presencia era muy poderosa y fuerte[12].

En la presencia de Dios, Erica vio un repaso de su vida en dos partes. Primero, vio los recuerdos de esas cosas que le dieron alegría y que las personas consideran importantes. Luego, Dios le permitió ver un segundo repaso de su vida mientras ella tenía puesto lo que llamó «los lentes de Dios» para ver qué es lo más importante desde su perspectiva.

Me vi a mí misma ayudando a un anciano con sus comestibles, consolando a una amiga en necesidad, diciendo algo amable cuando los demás eran malvados, defendiendo a los rechazados, abogando por quienes no tenían voz y escuchando pacientemente a quienes necesitaban ser oídos con desesperación. Vi acciones como darle dinero a los desamparados cuando no tenía dinero para dar y poner las necesidades de otros, a menudo personas que no conocía, por encima de mis propias necesidades porque mi corazón me dictaba que eso era lo que tenía que hacer. Me mostró que tenía un gran corazón por todos los animales, porque les daba amor, los rescataba y cuidaba en tiempos de necesidad. [...] Sentí el efecto inmediato que mis palabras, pensamientos y acciones tuvieron sobre los demás. No recordaba haber hecho muchas de estas cosas porque, en su mayoría, las había hecho cuando nadie me veía. Sin embargo, Dios estaba mirando. Entendí en ese momento que estas cosas fueron manifestaciones de amor, bondad y compasión. Esas eran las únicas acciones que importaban a los ojos de Dios. Todas implicaban amar. ¡El amor era la respuesta a todo![13]

Dios es amor y Dios nos ama a todos; ¡a cada uno de nosotros en particular! Mostrar amor a los demás incluso con pequeñas acciones, sin esperar nada a cambio, resulta ser una de las formas más grandiosa de amar a Dios. Además, para hacerlo necesitamos fe.

POR QUÉ LA FE ES IMPORTANTE

Así como a Dios le importa el amor, también le importa la fe. ¿Por qué? Porque la fe es la forma principal en que usamos nuestro libre albedrío para amar a Dios. Las Escrituras dicen: «De hecho, sin fe es imposible agradar a Dios. Todo el que desee acercarse a Dios debe creer que él existe y que él recompensa a los que lo buscan con sinceridad» (Hebreos 11:6). A través de la historia, Dios reitera que la fe es lo que él desea.

Las Escrituras dicen de Abraham, quien vivó aproximadamente en el año 2000 a. e. c., le «creyó al Señor, y el Señor lo consideró justo *debido a su fe*» (Génesis 15:6, énfasis añadido). El profeta Habacuc cerca del 600 a. e. c. declara: «¡Mira a los orgullosos! Confían en sí mismos [...]. Pero el justo vivirá por *su fidelidad a Dios*» (Habacuc 2:4, énfasis añadido). En el siglo primero e. c., el apóstol Pablo dice: «Así que somos hechos justos a los ojos de Dios *por medio de la fe* y no por obedecer la ley» (Romanos 3:28, énfasis añadido).

¿Por qué la fe? ¿Qué es la fe? La fe no es creer algo sin tener evidencias, como las personas piensan. La fe involucra confianza; lo que hace que las personas estén bien con Dios es que confían en él. La fe y la confianza son importantes para Dios porque son los fundamentos del amor. No se puede tener una relación sin confianza. Pensemos sobre lo que se requiere de un cónyuge. Es la fe lo que nos mantiene casados a mi esposa, Kathy, y a mí. Creemos, confiamos y tenemos fe el uno *en* el otro y somos fieles el uno *al* otro. Dios quiere que tengamos fe porque quiere relacionarse con nosotros. Amamos a Dios poniendo nuestra confianza en él. Amar a Dios es posible solo mediante la fe.

Cuanto más entendemos que Dios es la fuente del amor y que el amor que siempre deseamos en definitiva se encuentra en Dios, más anhelamos buscar a Dios y confiar en él mediante la fe. Nada le agrada a Dios más que eso. Ningún otro amor se compara con el amor que estamos destinados a experimentar cuando confiamos en Dios.

Ron Smothermon utiliza la analogía de un océano para describir la diferencia entre el amor humano y el amor de Dios.

Tal vez ames a alguien y alguien te ame a ti. Quizás sea el amor más magnífico que hayas experimentado alguna vez. [...] Estás inmerso en el océano hasta la cintura y las olas son suaves. Ese sería el amor humano. Ahora imagínate que aparece una muralla de agua de mar de la altura de un rascacielos. Ese es el amor de Dios. Este es el amor que nunca te atreviste ni a soñar, y es de dos vías: Lo amo con tanta intensidad porque él me ama más de lo que yo nunca podría amar[14].

¿Cómo te imaginas a Dios? Espero que entiendas que nunca hubo alguien que te haya amado más o que pudiera amarte más que lo que Dios te ama. A medida que vayas creciendo en una relación de confianza con Dios, él te puede ayudar a amar mejor a los demás. Puedes confiar en él porque, como veremos, nadie puede hacerte mejor persona aparte de él.

LA COMPASIÓN
APASIONADA DE DIOS

SANTOSH, A QUIEN CONOCIMOS EN EL CAPÍTULO 1, estaba parado sobre una plataforma muy alta contemplando la ciudad más hermosa que hubiera visto en su vida. Una ciudad con murallas enormes, como una de nuestras ciudades modernas, pero construida con materiales de otro mundo. Para su sorpresa con su nueva visión telescópica, podía ver kilómetros de un paisaje hermoso dentro de las murallas. Era un mundo atestado de vida, ángeles y personas ocupadas en sus propios asuntos. Se dio cuenta de lo feliz y serena que se veía toda la gente y sintió que pertenecía a ese lugar. Nunca se había imaginado que pudiera existir un lugar tan precioso.

Por supuesto, Santosh tampoco se había imaginado alguna vez que había vida después de la muerte, hasta que escuchó a la enfermera que gritaba: «¡Código rojo!» mientras su corazón daba el último latido. Estaba impactado porque se dio cuenta de que estaba completamente vivo, era el mismo ingeniero analítico que siempre había sido, nada más que ahora se encontraba mirando hacia su cuerpo sin vida que estaba abajo. Entonces llegó una luz brillante de amor divino. «Me enamoré de esta Luz Divina al instante», dice Santosh. La Luz lo llevó a un lugar increíble desde donde podía contemplar la cuidad.

Estaba siguiendo la Luz y cuando Él se detuvo, se detuvo como el sol sobre este predio hermoso. Estaba tratando de entender qué era ese lugar. Veía que todo el lugar era cuadrado, la misma medida en todos los lados, una mansión después de otra, simplemente hermoso. Una muralla muy alta y muy gruesa rodeaba la ciudad. Una muralla hermosa. Cuando vi este complejo, me enamoré de este lugar. Sabía que el propósito de mi vida era entrar allí. Por lo tanto, con desesperación trataba de ver si había una entrada. Podía enfocarme en cualquier cosa, aunque estuviera a gran distancia. Mientras miraba alrededor de la ciudad, vi doce puertas hermosas, tres en cada muro. En cada esquina, separadas por miles de kilómetros, había una puerta más grande, magnífica, con dos puertas adicionales separadas por la misma distancia a lo largo de cada muralla. Era como la entrada de las ciudades antiguas, incluso mucho más espectacular. Las puertas estaban cerca de mí, pero no estaban abiertas. Me puse triste porque sabía que la meta definitiva de la vida era entrar a ese predio. Entonces vi ángeles alrededor de las puertas; supe que las estaban protegiendo. Fue ahí que me di cuenta de que esto era el reino del cielo[1].

Nada en este mundo podía compararse con la belleza de este lugar. [...] Toda el área dentro del predio se veía tan tranquila y tan calmada que de inmediato me enamoré de este lugar. Seguía pensando:*¿Cómo puedo entrar a este hermoso lugar? Debe haber una Entrada en alguna parte. ¿Dónde está la Entrada?*[2]

Estaba parado sobre lo que parecía una plataforma enorme, miles de metros de largo, muy alta y con vista a ese hermoso lugar. Pensé: *¿Por qué estoy parado sobre esta plataforma que no tiene barandas?, y ¿si me caigo? ¿A dónde caería?* Entonces, miré hacia mi izquierda y, muy abajo, lo que vi fue una mazmorra profunda, [un] mundo oscuro en el cual caería; no había luz allí. El lugar a donde caería era un lago de fuego encendido.

Estaba muy triste porque quería entrar a este hermoso predio con todo mi ser; pero estaba cerrado para mí, mi única opción parecía ser la oscuridad de abajo. Era un abismo; me di cuenta de que no podría salir una vez que cayera en él. En ese momento, sinceramente anhelé que hubiera una alternativa.

Miré al centro de la plataforma y vi que allí había tres escalones, cada uno medía dos metros de alto, como un altar y, al final de los escalones, había un trono inmenso. Parecía que alguien estaba sentado en el trono.

Cuando miré, vi al Señor Todopoderoso. No sabía quién era excepto que era Dios. No tenía que preguntar ni descubrirlo; supe que era el Señor de todo, Señor de todas las cosas. Miré su rostro solo una vez, no pude mirar de nuevo porque la vergüenza y la culpa me vencieron. Había cometido tantos pecados y, al mirarlo, todos los pecados que había cometido me pasaron rápidamente delante de los ojos. No podía mirar su rostro, y repetía una y otra vez:

—Señor, por favor, perdóname. Señor, por favor, perdóname. Hice tantas cosas malas en mi vida; por favor, perdóname. —Le rogaba que tuviera misericordia, mirándole los pies y temblando. Sabía que este sería mi fin a menos que tuviera misericordia de mí, y sabía que sin su misericordia quedaba solo el abismo. [...]

Entonces el Señor me habló con una voz profunda y con autoridad, aun así, tenía tanto amor y compasión. [...] Dijo:

—Te enviaré de regreso a la tierra, cuando te envíe de regreso, quiero que ames a tu familia y a tus hijos.

Aunque estaba atemorizado, pensando lo peor, cuando habló, pude escuchar ternura, misericordia y compasión en su voz.

Cuando estaba mirando a sus pies, a su lado izquierdo [mi lado derecho] vi que había una puerta muy angosta, como un portón estrecho. Esa era la única puerta abierta para mí, la puerta estrecha. Todas las demás estaban cerradas, esta puerta estrecha estaba abierta, a través de ella pude mirar el reino del cielo. Cuando el Señor se apareció, era un gigante, tenía como veintiún metros de altura (tal vez diez o doce metros sentado), por lo tanto, no podía pasar por esa puerta a menos que me lo autorizara.

El Señor estaba por enviarme de regreso, entonces me armé de valor y le dije:

—Señor, cuando regrese, por favor dime, ¿a cuál templo, a cuál mezquita, a cuál iglesia o sinagoga debo ir? —Eso era todo lo que sabía: que debía escoger una religión—. ¿Dónde quieres que vaya? —El Señor no me respondió. Seguí rogándole—. Señor por favor dime a qué grupo debo unirme porque cuando regrese, volveré a hacer las mismas cosas una y otra vez. La próxima vez que me veas, deseo pasar por esta puerta estrecha que está aquí.

—Deseo tener una relación honesta —me respondió—. Deseo ver lo sincero, honesto y auténtico que eres conmigo, no solo una vez a la semana, sino todos los días, los 365 días del año. Cuán honesto eres; esa es la clase de relación que deseo.

Sinceramente no entendí, entonces expresé:

—Señor, soy un hombre sencillo, por favor, dime qué debo hacer para que la próxima vez que me veas, pueda pasar por esa puerta. Por favor, dame algunas instrucciones[3].

Dios le había permitido a Santosh que viera la puerta estrecha que estaba abierta para él y, también le dio una orden y cinco instrucciones:

[La] primera orden fue: «Ama a tu familia y ama a tus hijos». Eso era obligatorio. «Debes amar a tu familia y amar a tus hijos».

Luego, la primera instrucción fue: «Di siempre la verdad». Di siempre la verdad tiene dos significados para mí. Primero, no mientas. Segundo, di la verdad acerca de lo que estás viendo aquí, la realidad de Dios y de la puerta estrecha, y acerca de lo que estás viendo a tu izquierda, el abismo de oscuridad y el lago de fuego. Supe que quería que compartiera la verdad con todos acerca de lo que me estaba mostrando.

[La] segunda instrucción fue: «La paga del pecado es muerte; desde ahora en adelante, no peques más».

[En la] tercera instrucción, dijo: «Ríndete por completo; debería subrayar *por completo*, a diario».

[La] cuarta instrucción [fue]: «Camina conmigo». No entendí lo que me quiso decir con «Camina conmigo». Vengo de un trasfondo cultural diferente; no tenía sentido para mí. [...]

Y la quinta instrucción: «Sé siempre amable con los pobres; sé generoso con los pobres. Necesitan tu ayuda». [...] [Las personas] pueden ser pobres físicamente, espiritualmente, emocionalmente, así como financieramente pobres.

Hablamos por un largo tiempo; no sé por cuanto tiempo. [...] Me pidió que escribiera dos libros.*

—Señor, nunca en mi vida escribí un libro —le dije.

—No te preocupes, *escribirás* dos libros —me respondió[4].

Luego el Señor dijo:

—No temas. Estaré contigo, y te guiaré. —Para entonces, me di cuenta de que ya no tenía miedo de Dios. Para mí, era muy amable, misericordioso y como un verdadero amigo con interés genuino por cada uno de nosotros. Le hice más preguntas y me las respondió a todas[5].

Dios envió a Santosh de regreso. Todos los médicos estaban sorprendidos por la forma milagrosa en que Santosh se recuperó de múltiples complicaciones terminales. Sin embargo, la vida que Santosh conocía había sido cambiada drásticamente.

---

* Santosh realmente escribió dos libros: *Code Blue 99: A Miraculous True Story* (Código rojo 99: Una historia verdadera milagrosa) y *The Light, The Truth, and The Way!* (¡La luz, la verdad y el camino!). Luego escribió un tercer libro, el cual es una compilación y una reflexión sobre los dos primeros libros, titulado *My Encounter with Jesus at Heaven's Gates* (Mi encuentro con Jesús a las puertas del cielo).

Debo admitir que estaba bastante confundido después de regresar de mi encuentro con el Señor. Aun cuando escribí los dos libros de acuerdo a sus instrucciones, buscaba la Verdad de manera continua. ¿Cuál es el significado de todas las cosas que había visto? ¿Cómo puedo encontrar la respuesta verdadera? ¿Dónde puedo buscarla? Buscaba con desesperación su significado. [...] Seguí orando al Señor y meditando en él todos los días. A menudo también me preguntaba cuál era la razón de su gracia sobre mí. No hice nada especial para merecer su Misericordia. Aun así, todo el tiempo, sentí que me amaba. Me mostró su compasión. [...] Incansablemente, oraba por su guía y le pedía que me mostrara la Verdad y el Camino. ¡Lo hizo! Respondió todas mis oraciones. Por gracia, encontré la Luz que estaba buscando, y, de manera gradual, encontré el significado de todo lo que había visto y mucho más. A través de su gracia, encontré mi verdadera identidad en Él[6].

Santosh se encontró con un Dios que no esperaba; en la presencia de Dios, con todos sus pecados y fallas a la vista, encontró amor, cuidado, misericordia y compasión genuina. Descubrí que Dios a menudo no revela su identidad durante una ECM, sino que da indicios o pistas, lo cual se asemeja a la forma de enseñar de Jesús, quien enseñaba con parábolas. Dios quiere saber si seguiremos buscando conocerlo. La promesa de las Escrituras es: «Y si lo buscan [a Dios] con todo el corazón y con toda el alma, lo encontrarán. [...] Finalmente regresarán al Señor su Dios y escucharán lo que él les dice. Pues el Señor su Dios es Dios compasivo» (Deuteronomio 4:29-31). Santosh tuvo que buscar para descubrir el significado de todo lo que vio y escuchó, finalmente descubrió que este Dios de compasión también se reveló en la historia.

EL DIOS COMPASIVO

Personas de todo el mundo que tuvieron una ECM describen a este mismo Dios de luz como un Dios personal, relacional, misericordioso, amable y compasivo. Cuando el Dios de luz reveló su identidad a Moisés, declaró ser: «¡Yahveh! ¡El SEÑOR! ¡El Dios de compasión y misericordia! [...] lleno de amor inagotable y fidelidad» (Éxodo 34:6). La Dra. Mary Neal, cirujana ortopédica, tuvo una ECM cuando quedó atrapada en un Kayak debajo de una cascada por treinta minutos. Jesús la sostuvo. Cuando le pregunté qué aspecto tenía él, dijo: «Se veía como bondad y compasión sin límites». «¿Cómo puede alguien verse como compasión? —le pregunté—. Sé que no tiene sentido aquí en la tierra —me respondió—, pero así es como se veía para mí, como bondad y compasión sin límites»[7].

Fuiste creado para tener una relación de amor con un Dios que tiene bondad y compasión sin límites *por ti.* Sumergido en el amor de Dios, nuestro amor se intensifica, su amor se vuelve nuestro amor, y su compasión se vuelve nuestra compasión. De hecho, si nos detenemos a pensar sobre esto, los seres humanos tomamos prestado de Dios el amor y la compasión.

Cuando mis hijos eran pequeños, a menudo iba a sus habitaciones a orar por ellos durante las noches mientras ellos dormían. Mientras observaba sus dulces rostros pequeños y su respiración tranquila, daba gracias a Dios por ellos. Y mientras le agradecía a Dios, me sentía inundado de amor por ellos. Recuerdo que una noche, mientras sentía que mi corazón iba a explotar por el amor y la gratitud que tenía por mis hijos, sentí que Dios me susurraba: «¡Yo te amo más!». El pensamiento me tomó por sorpresa. Supe que no era algo que me estaba diciendo a mí mismo. Estoy convencido de que venía de Dios.

Como escribió el apóstol Juan: «Nos amamos unos a otros, porque él [Dios] nos amó primero» (1 Juan 4:19). Nuestro amor es amor prestado. Si alguna vez sentiste amor, puro, intenso, desinteresado por otra persona o de otra persona, ese amor vino de Dios primero. Lo mismo sucede con la compasión. El apóstol Pablo escribe: «Dios es nuestro Padre misericordioso y la fuente de todo consuelo. Él nos consuela en todas nuestras dificultades para que nosotros podamos consolar a otros. Cuando otros pasen por dificultades, podremos ofrecerles el mismo consuelo que Dios nos ha dado a nosotros» (2 Corintios 1:3-4).

Somos canales o conductos de la compasión de Dios; podemos escoger entre permitir que su amor y compasión fluyan a través de nosotros hacia los demás o bloquearlos. No somos la fuente de nuestro amor o compasión. De hecho, todo lo bueno de la vida, todo lo que amamos, deriva de nuestro Hacedor y fluye de él. Por lo tanto, todo el amor, toda la compasión, toda la bondad que sentimos en la tierra es una experiencia de Dios. Esto significa que, en definitiva, *Dios es lo que tú y yo más deseamos.* El rey David entendió esto: «¿A quién tengo en el cielo sino a ti? Te deseo más que cualquier cosa en la tierra» (Salmo 73:25). Nadie te ama más, te entiende mejor o cree en ti más que Dios. Por eso, la Biblia usa diferentes clases de metáforas relacionales para describir el amor, la compasión y la comprensión increíbles de Dios hacia ti. Tres de las metáforas más destacadas que la Biblia utiliza para referirse a Dios son: *padre, amigo* y *amante.* Imagínate cómo darte cuenta de la forma íntima en que Dios te entiende y de la compasión que siente por ti podría cambiar la forma en que te relacionas con él.

Un Padre compasivo

Por lo general, pensamos en Dios desde nuestra propia perspectiva. ¿Por qué Dios permite que esto me pase a *mí?* ¿Por qué Dios no responde *mis* oraciones? Sin embargo, a lo largo de las páginas de las Escrituras, Dios nos muestra lo que siente por nosotros. Nos revela su cuidado y compasión de Padre, así como su sufrimiento de Padre. Cuando Dios se refiere a Israel como su hijo, también hace referencia a cada persona que creó para que sea su hijo (Romanos 9:6-8). Dios le dice al profeta Oseas:

> Cuando Israel era niño, yo lo amé, y de Egipto llamé a mi hijo; pero cuanto más lo llamaba, más se alejaba de mí [...].
> Yo mismo le enseñé a Israel a caminar, llevándolo de la mano; pero no sabe ni le importa que fui yo quien lo cuidó. [...] Yo mismo me incliné para alimentarlo.
> OSEAS 11:1-4

Dios se compara a sí mismo con un padre amoroso. En vulnerabilidad, Dios mostró abiertamente su corazón cuando habló de sus deseos al profeta Jeremías:

Me dije a mí mismo: "¡Cómo quisiera tratarlos como a mis propios hijos!". Solo quería darles esta hermosa tierra, la posesión más maravillosa del mundo. Esperaba con anhelo que me llamaran "Padre", y quise que nunca se alejaran de mí.

JEREMÍAS 3:19

Dios tiene el corazón de un padre compasivo y cariñoso. Desea enseñarnos, ayudarnos a crecer, protegernos y derramar buenas dádivas sobre nosotros. La Biblia emplea la metáfora tanto de padre como de madre para transmitir el amor y la compasión parental de Dios por nosotros.

LA COMPASIÓN DE UN PADRE

Jesús dijo que «Dios es Espíritu» (Juan 4:24). Dios trasciende el género. Sin embargo, Jesús también llamó a Dios «Padre» y nos enseñó que es bueno; que es un *buen* padre. Si tu padre dejó de lado el modelo de paternidad de Dios, es posible que sea difícil para ti ver a Dios como «Padre». Sin embargo, la paternidad de Dios puede sanar esas heridas. Jesús enseñó: «O si [sus hijos] les piden un pescado, ¿les dan una serpiente? ¡Claro que no! Así que si ustedes, gente pecadora, saben dar buenos regalos a sus hijos, cuánto más su Padre celestial dará buenos regalos a quienes le pidan» (Mateo 7:10-11).

Kaline Fernandes, ingeniera civil brasileña*, experimentó el amor paternal de Dios cuando murió de apendicitis aguda. Sintió una paz perfecta en su ECM y no quería volver a su vida en la tierra. Cuenta que llegó a una habitación transparente y que escuchó la voz de un hombre que le hablaba telepáticamente. «Supe que era la voz de alguien superior a mí, como de un padre. La voz de una persona a quien tenía que respetar y obedecer. [...] [Él me dijo] que me dio vida, y que también la volvió a tomar, y que había decidido [...] que no era mi tiempo». Por instinto, Kaline supo que era Dios.

El lugar me dio mucha paz; estaba interesada en él, no en el lugar. Era lo que yo deseaba. [...] Quería quedarme, y quería

---

* Esta entrevista fue realizada en portugués, por lo tanto, es posible que se haya perdido algo del estilo en la traducción.

ver; quería saber quién era el que me hablaba [...] él entendió mi ansiedad por verlo. Entendió que en la tierra no tenía paz. Sufría mucho [y] tenía muchos problemas [...] pero [él] no me permitiría morir todavía. [...] Dijo:

—Ya no estás en tu cuerpo, pero debes volver. Sé que no quieres, ¿te diste cuenta de que eres tú quien está allí [en esa mesa de operaciones]?[8]

Kaline dijo: «Soy muy obstinada. —No quería irse—. La voz explicó de nuevo: "Se trata de tu madre y de tu hija; todavía te necesitan". Lo sentía como mi padre, a pesar de que no lo veía. Era como un padre amable y bueno, quien, después de razonar con su hija, al final ordena: "Está bien, si no vas por tu propia voluntad, irás obligada"»[9].

Kaline dijo: «Fue como [...] dos manos empujando [a mi espíritu] de nuevo hacia mi cuerpo que estaba en la mesa de operaciones».

Kaline regresó a su cuerpo físico, y escuchó al anestesiólogo decirle: «Kaline, despierta».

Kaline todavía se resistía:

—¿Por qué me hiciste regresar? No quería volver.

Dios le respondió:

—Mira, en el momento más crucial, estuve contigo; cuando no entendiste, te expliqué. Ahora estás donde debes estar [en tu cuerpo][10].

Kaline experimentó la clase de amor amable y firme de un Padre que prometió estar con ella.

EL CORAZÓN MATERNAL DE DIOS

La Biblia también revela que la naturaleza de Dios es como la de una madre que nunca, bajo ninguna circunstancia, abandonaría a su hijo. Cuando su pueblo dijo: «El SEÑOR me ha abandonado; el Señor me ha olvidado», Dios respondió por medio del profeta Isaías: «¡Jamás! ¿Puede una madre olvidar a su niño de pecho? ¿Puede no sentir amor por el niño al que dio a luz? Pero aun si eso fuera posible, yo no los olvidaría a ustedes. Mira, he escrito tu nombre en las palmas de mis manos» (Isaías 49:14-16). Todo tu ser es precioso para Dios; tu identidad está grabada de manera permanente en sus manos. Eres la criatura especial y amada de Dios.

Dios tiene el instinto protector y consolador de una madre. El profeta Isaías escribió: «Porque así dice el SEÑOR: "[...] Como madre que consuela a su hijo, así yo los consolaré a ustedes"» (Isaías 66:12-13, NVI). Jesús utilizó otra imagen maternal para describir su amor y compasión cuando habló de aquellos que lo habían rechazado: «Cuántas veces quise juntar a tus hijos como la gallina protege a sus pollitos debajo de sus alas, pero no me dejaste» (Lucas 13:34). Muchos casos de ECM experimentan esta misma clase de compasión maternal de parte de Dios.

Micki había sufrido muchas angustias en la vida y pensaba que su matrimonio estaba llegando a su fin. Estaba desesperada, pensaba que en realidad no le interesaba a nadie; hasta que tuvo una ECM. Mientras flotaba sobre su cama, mirando hacia su cuerpo sin vida, supo que estaba muerta. Se encontró a sí misma siendo llevada a través de un túnel hasta que estuvo parada frente a un hermoso portón de hierro forjado estilo victoriano, cubierto con flores de colores brillantes, seis veces más grandes que las flores que había visto alguna vez. En el momento en el que puso la mano sobre el portón para entrar, escuchó una voz que le hablaba a la mente y se dio vuelta para mirar hacia su izquierda:

Allí estaba Jesucristo de pie. Vi las marcas de los clavos en sus manos y en sus pies. [...] Corrí hacia él y me abracé fuertemente a sus pies, besándolos, diciéndole cuánto lo amaba. Sus brazos descendieron y sostuvo mi cabeza pegada a su cuerpo mientras yo lloraba violentamente[11].

Micki se conmovió hasta las lágrimas por amor y gozo en la presencia de Jesús. Después de estar inmersa en su abrazo físico, Micki vio una luz brillante que descendía resplandeciente desde un trono que estaba muy por encima de ella; supo que era Dios. Dios también respondió con amor tierno y maternal cuando le dijo que su tiempo todavía no había llegado y que debía regresar.

Entonces, Dios me habló mentalmente para decirme cuánto me amaba. [...] [Yo] me postré sobre mis rodillas, rogándole que no me enviara de regreso. [...] De repente, sentí que los brazos de Dios descendían [...] y me levantaban y me envolvían como una madre abraza a su bebé contra su pecho. Me acunó y me sostuvo en sus brazos[12].

El Señor puso suavemente a Micki de nuevo sobre sus pies y le dijo que tenía que regresar porque le nacerían hijos. Los médicos le habían dicho que nunca podría tener hijos. Cuando abrió los ojos, su esposo estaba de rodillas pidiéndole a Dios que se la devolviera. El matrimonio de Micki se sanó y, ciertamente, tuvo hijos tal como Dios le había prometido.

Si te cuesta creer que Dios podría cuidarte con la misma ternura que cuidó a Micki, pregúntate por qué. ¿Por qué te imaginas que la compasión de Dios podría ser menos tierna, consoladora o guardiana que la de una madre cariñosa? Dios es un padre compasivo y también nos dice que es un amigo compasivo.

Un amigo compasivo

Todos anhelamos tener un mejor amigo, alguien que sepa todo sobre nosotros, lo bueno y lo malo y, aun así, nos apoye por solidaridad y amor. Lo que es en verdad maravilloso es que Dios desea ser esa clase de mejor amigo leal para cada uno de nosotros, solo tenemos que permitirle que lo sea. Nadie nos conoce mejor y en nadie podemos confiar más. Podemos venir a él con todas nuestras cargas y preocupaciones, en cualquier momento del día o de la noche porque él dice: «Yo soy el que contesta tus oraciones y te cuida» (Oseas 14:8). Esa es la clase de relación honesta, íntima, de veinticuatro horas, los 365 días del año que Dios quiere con nosotros. El rey David expresó su asombro por este aspecto de Dios cuando escribió:

Oh SEÑOR, has examinado mi corazón y sabes todo acerca de mí. Sabes cuándo me siento y cuándo me levanto; conoces mis pensamientos, aun cuando me encuentro lejos. [...] Sabes todo lo que hago. Sabes lo que voy a decir incluso antes de que lo diga, SEÑOR. Vas delante y detrás de mí. Pones tu mano de bendición sobre mi cabeza. [...] Me viste antes de que naciera. Cada día de mi vida estaba registrado en tu libro. Cada momento fue diseñado antes de que un solo día pasara.

SALMO 139:1-5, 16

Dios reveló al profeta Jeremías esta misma clase de conocimiento íntimo: «Te conocía aun antes de haberte formado en el vientre de tu madre; antes de que nacieras, te aparté [...]. Pero yo, el SEÑOR, investigo todos los corazones y examino las intenciones secretas» (Jeremías 1:5; 17:10). Dios sabe todo, incluso nuestras intenciones, las cuales a veces ni siquiera nosotros entendemos.

Jesús afirmó que Dios nos conoce y se preocupa por nosotros: «Sin embargo, ni un solo gorrión puede caer a tierra sin que el Padre lo sepa. En cuanto a ustedes, cada cabello de su cabeza está contado. Así que no tengan miedo; para Dios ustedes son más valiosos que toda una bandada de gorriones» (Mateo 10:29-31). Dios te conoce mejor que lo que te conoces a ti mismo (a menos que sepas cuántos cabellos tienes; ¡o tuviste!) y te valora más de lo que puedes imaginarte.

Dios nos entiende por completo; es misericordioso y compasivo, incluso con quienes todavía no lo conocen. En su ECM, Deborah descubrió que tenía un mejor amigo que nunca había conocido.

Ahora, aprendí que [este ser de luz] me conocía. Conocía todo lo que era, toda mi vida, sabía quién era en verdad. No podía esconder nada de él. No deseaba esconder nada. No sentía ni temor ni vergüenza por el hecho de que «veía» todo lo que era. Entonces me di cuenta. Por primera vez tuve un indicio de lo que significaba la palabra *gracia*.

Ese ser sabía todo de todo lo que era y me amaba. No solo me amaba, sino que amaba todo lo que me definía. Para él soy única respecto a cualquier otra partícula de la creación. Era maravillosa [para este ser]. [...] No deseaba amarme como a una mascota o posesión; deseaba amarme a mí, como amigo. [...] Me quería como amiga personal, amorosa. Para amar así, en realidad tenía que conocer a este ser, a todo este ser. Eso es lo que me mostró. [...] Amaba a este ser, pero él me había amado primero[13].

Deborah fue enviada de regreso; pero ahora sabía el inmenso valor que tenía para este mejor amigo lleno de compasión. Cambió la perspectiva que tenía de sí misma. Años más tarde, su esposo la alentó a leer la Biblia; allí descubrió la identidad de su amigo. Escribió su historia diciendo: «Estoy haciendo esto por el hombre que me trajo de nuevo a Jesús»[14].

No podemos escondernos, no necesitamos escondernos, porque Dios es el mejor amigo que podríamos imaginarnos. Para experimentar el gozo de esa amistad, Dios nos invita a compartir con él libremente todo lo que somos, a escoger ser sus amigos y a conocerlo mejor.

Dios llamó a Abraham su amigo, pero no fue porque Abraham nunca pecara. Es más, tuvo dificultades y falló muchas veces. Aun así, Dios se refiere a él como «mi amigo Abraham» (Isaías 41:8). ¿Por qué Dios llamaría amigo a Abraham? Porque Abraham confiaba en Dios por fe.

El apóstol Santiago escribió: «"Abraham le creyó a Dios, y Dios lo consideró justo debido a su fe". Incluso lo llamaron "amigo de Dios"» (Santiago 2:23). Así es como nos volvemos amigos de Dios: Caminando con Dios todos los días, confiando en él por fe. Cuando fallamos, Dios usa nuestras fallas para ayudarnos a crecer hasta llegar a ser las personas que quiere que seamos.

Moisés es otra persona a quien la Biblia caracteriza como amigo de Dios: «El Señor hablaba con Moisés cara a cara, como cuando alguien habla con un amigo» (Éxodo 33:11). Jesús les dijo a sus discípulos: «Ustedes son mis amigos si hacen lo que yo les mando. Ya no los llamo siervos, porque el siervo no está al tanto de lo que hace su amo; los he llamado amigos, porque todo lo que a mi Padre le oí decir se lo he dado a conocer a ustedes» (Juan 15:14-15, NVI).

Crecemos hasta volvernos adultos espiritualmente maduros a través de la amistad con Dios y el caminar con él en fe. Nos convertimos en personas que hacen las cosas correctas no por obligación religiosa o para demostrar que somos buenos, sino por el deseo de amar y de agradar a Dios. Porque Dios nos ama más que el padre más cariñoso, más que nuestro mejor amigo e, incluso, más que una amante o cónyuge.

Un amante compasivo

Quizás la analogía más sorprendente de lo que Dios siente por nosotros es la de un amante con el ser amado. La unión que Dios desea tener contigo es más grande que cualquier unidad terrenal, sobrepasando la profundidad del éxtasis relacional más íntimo incluso del matrimonio. ¿Difícil de creer? ¿Te resulta extraño pensar en eso? Los casos de ECM lo confirman. Recuerda, ¡todo lo que experimentamos en la tierra es un reflejo de la realidad eterna de Dios; esta vida es solo una sombra temporal de la realidad más grandiosa que Dios quiere que disfrutemos con él y con los demás por toda la eternidad!

Dios llamó al profeta Oseas y le dijo que pusiera en escena un espectáculo digno de contar, dramático y profético acerca del amor extravagante de Dios por nosotros, incluso cuando le somos infieles. Ordenó a Oseas que tomara a Gomer como esposa; cuando ella le fue infiel en reiteradas ocasiones, Dios le dijo que la perdonara y la recibiera de nuevo. Entonces manifestó con claridad cuánto deseaba nuestra fidelidad: «Al llegar ese día —dice el SEÑOR—, me llamarás "esposo mío" en vez de "mi señor". [...] Te haré mi esposa para siempre, mostrándote rectitud y justicia, amor inagotable y compasión. Te seré fiel y te haré mía, y por fin me conocerás como el SEÑOR» (Oseas 2:16, 19-20).

Dios reiteró este mismo deseo años más tarde cuando le dijo a Isaías: «Como un joven que se casa con una joven, así el que te edifica se casará contigo; como un novio que se regocija por su novia, así tu Dios se regocijará por ti» (Isaías 62:5, NVI). Los casos de ECM nos dicen que esto es más que una metáfora.

Después de que Bibi Tahereh tuviera un ataque cardíaco en Teherán, anhelaba de manera constante al Dios de amor que había conocido. En su ECM, él le había dicho: «SOY EL QUE SOY». Cuando se encontró con el mismo Dios de nuevo en una visión, supo que era Jesús. Él la levantó y ella le tocó el rostro. «Comencé a besarle el rostro y me sentí completa. Me bajó al piso, pero yo le rogaba que no me bajara; él es todo lo que siempre anhelé»[15]. Le sonrió y la alentó. «Eres muy persistente». Se rio y la levantó en sus brazos de nuevo. De repente, salieron volando.

Salía tanta gloria de su rostro que era como un río. Sentí que era como un amante; solo quería estar con él para siempre. Mientras me sostenía en sus brazos, era como si estuviera dentro de él; fue una experiencia muy profunda. Era como si [estuviéramos] unidos, como si fuéramos uno, él en mí y yo en él. Esto era lo que había buscado toda mi vida. Pensaba que haciendo buenas obras religiosas, el islam me traería aquí; sin embargo, nunca sucedió. En él encontré todo lo que estaba buscando[16].

No les sucedió solo a mujeres, sino que hubo hombres que también experimentaron esta unidad extática con Dios, quien no es masculino ni femenino, sino más que ambos. Wayne Fowler, ingeniero aeroespacial y abogado australiano, tuvo un ataque cardíaco terriblemente doloroso. Cuando entrevisté a Wayne sobre su ECM, me describió su encuentro con Dios con gran emoción, recordando lo que experimentó cuando salió de un túnel.

En su presencia, más brillante que diez mil soles, ¡estoy embelesado!, es genialmente hermoso. Veo en la luz. En el centro está la forma de un hombre, los brazos extendidos hacia mí, como para darme la bienvenida y abrazarme. En ese momento, entré, me fusioné con la luz, y la luz se fusionó conmigo. Como cuando Jesús dijo, yo estoy en ti, y tú estás en mí (Juan 17:21). Era como un recipiente de vidrio siendo llenado, llenado hasta arriba, llenado con él. Estaba experimentando el amor más extático. Era felicidad por encima de la fe, arrebato por encima de la razón, éxtasis por encima de la explicación, amor multiplicado por mil millones. Sin embargo, nuestra palabra *amor* es completamente insuficiente. Imagínate todas las relaciones amorosas combinadas, luego hazlas estallar millones de veces, todo eso sería este amor.

Mis sentimientos se intensificaron cada vez más hasta que pensé *voy a explotar* y, cuando tuve ese pensamiento, comenzó a disminuir ligeramente. Me di cuenta de que él escuchaba mis pensamientos, entonces, le dije: «¡No! ¡No te detengas; dame todo lo que tienes!». Escuché que se reía por lo bajo. Pensó que era divertido y comenzó a incrementar el flujo de su amor. Sé quién es él, es Jesús, a quien le había entregado mi vida una semana antes de tener la ECM[17].

Dios nos ama con pasión; más de lo que se ama la pareja más apasionada. Si Dios nos ama con tanta pasión, como un padre, amigo o amante, ¿por qué tenemos que hacernos tantas preguntas?, ¿por qué a menudo parece esconderse? ¿Por qué nos pide que lo busquemos con diligencia y, luego, se presenta de maneras que parecen oscuras o misteriosas? Como todos luchamos con estas preguntas, llegué a la conclusión de que nuestra relación con Dios mientras estemos en la tierra es como la relación de una pareja comprometida que vive en ciudades separadas; anhelamos el día en que seremos uno, pero ese día todavía es futuro. Dios quiere saber: «¿Tu corazón se enfriará o se mantendrá fiel? ¿Leerás los mensajes que te envío o te ocuparás de muchas cosas y te olvidarás de mí?». También promete que, si lo buscas con todo tu corazón, lo encontrarás (Jeremías 29:13).

BÚSCALO Y LO ENCONTRARÁS

Santosh continuó orando y buscando a Dios con todo su corazón, intentando encontrar respuestas a sus preguntas: ¿Quién es este Dios de amor y compasión? ¿Qué significa el misterio de la puerta estrecha? ¿Por qué la puerta estrecha era la única puerta por la cual podía entrar al reino del cielo? Después de dos años de orar y buscar, al fin, encontró lo que estaba buscando.

Cuando invitaron a la hija de Santosh a cantar en un coro de Pascua en la iglesia de su amiga, Santosh y su esposa fueron al servicio. «De inmediato sentí su presencia, la presencia del mismísimo Gigante Poderoso de Luz Pura —recuerda Santosh—. Ese día, el pastor predicó el sermón como si estuviera hablando conmigo. El sermón era sobre la puerta angosta. El pastor estaba explicando las palabras de Jesús: "Pues todo el que pide, recibe; todo el que busca, encuentra; y a todo el que llama, se le abrirá la puerta". Jesús dijo: "Solo puedes entrar en el reino de Dios a través de la puerta angosta. La carretera al infierno es amplia y la puerta es ancha para los muchos que escogen ese camino"» (Mateo 7:8, 13). Santosh estaba paralizado mientras el pastor explicaba que Jesús es la puerta y nos llama sus ovejas:

> Les digo la verdad, yo soy la puerta de las ovejas. Todos los que vinieron antes que yo eran ladrones y bandidos, pero las verdaderas ovejas no los escucharon. Yo soy la puerta; los que entren a través de mí serán salvos. Entrarán y saldrán libremente y encontrarán buenos pastos. El propósito del ladrón es robar y matar y destruir; mi propósito es darles una vida plena y abundante. Yo soy el buen pastor. El buen pastor da su vida en sacrificio por las ovejas.
>
> JUAN 10:7-11

«Volví a casa y leí sobre esto en la Biblia —dice Santosh—. Asistí a la iglesia semana tras semana para aprender. Comencé a leer la Biblia. Me di cuenta de que a quien conocí en el Cielo, era nada menos que Jesucristo. Jesús es la forma humana de Dios con la cual podemos encontrarnos. Además, me di cuenta de que Dios *es* amor; eso es lo que experimenté y es lo que leí en la Biblia»[18].

Santosh entregó su vida a Jesús. También descubrió que Juan, uno de los discípulos de Jesús, quien fue tomado para que viera la misma ciudad de Dios, describió el reino celestial e incluso el lago de fuego que Santosh había visto durante su ECM. Juan fue llevado a «una montaña grande y alta» para que viera la cuidad (Apocalipsis 21:10), aun así, pudo leer los nombres en las puertas, al parecer con visión telescópica, como la clase de visión que tuvo Santosh. Juan describe la misma cuidad cuadrada con muros que Santosh identificaba como su hogar.

> La muralla de la ciudad era alta y ancha, y tenía doce puertas vigiladas por doce ángeles. Los nombres de las doce tribus de Israel estaban escritos en las puertas. Había tres puertas a cada lado: al oriente, al norte, al sur y al occidente. La muralla de la ciudad estaba fundada sobre doce piedras, las cuales llevaban

escritos los nombres de los doce apóstoles del Cordero. El ángel que hablaba conmigo tenía en la mano una vara de oro para medir la ciudad, sus puertas y su muralla. Cuando la midió se dio cuenta de que era cuadrada, que medía lo mismo de ancho que de largo. En realidad, medía 2220 kilómetros de largo, lo mismo de alto y lo mismo de ancho. Después midió el grosor de las murallas, que eran de sesenta y cinco metros (según la medida humana que el ángel usó)[19].

APOCALIPSIS 21:12-17

Juan también escribió: «Oí una fuerte voz que salía del trono y decía: "¡Miren, el hogar de Dios ahora está entre su pueblo! Él vivirá con ellos, y ellos serán su pueblo. Dios mismo estará con ellos [...]". Porque el tiempo ha llegado para la boda del Cordero, y su novia se ha preparado» (Apocalipsis 21:3, 19:7).

La Biblia es la historia suprema de amor; que abarca desde la creación de un nuevo amor en Génesis hasta la infidelidad y la traición de los seres humanos; desde Dios buscándonos y sacrificándose a sí mismo para recuperar a sus amados; hasta la boda eterna final cuando Dios se une para siempre con quienes lo aman. Mientras tanto, Dios tiene compasión de ti y de mí. Te entiende, te conoce, entiende lo difícil que puede ser esta vida y quiere ayudarte a superar los desafíos que aquí tenemos. ¿Te imaginas a Dios de esa manera? Desea llevarte a una vida plena de propósitos y de gozo. Sin embargo, para que eso siquiera sea posible, el amor apasionado de Dios y la justicia de Dios tuvieron que encontrarse. Ese fue un día anunciado hace mucho tiempo en la historia.

6

LA JUSTICIA
ESCONDIDA DE DIOS

A MELANIE, UNA NIÑA DE SIETE AÑOS DE EDAD, le encantaba estar en la casa de su niñera, la cual se encontraba en la misma calle de su casa en Calgary, Canadá. Cuando la familia de su niñera se mudó, Melanie se sintió terriblemente triste porque amaba a esta familia como si fuera suya. Al perder a su niñera, Melanie quedó solitaria y vulnerable. Luego de notar algunos movimientos en la casa que había sido de su niñera, la pequeña e inocente Melanie se dirigió de inmediato hasta allí y golpeó la puerta. Cuando un hombre llamado Rodger* abrió la puerta, ella dijo: «Hola, me llamo Melanie. ¿Cómo te llamas?». Rodger la invitó a entrar y le explicó que se acababa de mudar desde Nueva Zelanda.

Melanie recuerda: «Continué visitando a Rodger y a los hombres que vivían con él. Rodger me prestaba mucha atención. Era divertido, luchaba conmigo y me hacía cosquillas. Realmente lo apreciaba.

---

* «Rodger» es un seudónimo.

Confiaba en él». La inocente Melanie con solo siete años de edad, no podía ni siquiera imaginarse que este chofer de taxi de Nueva Zelanda era, en realidad, un pedófilo que la estaba acosando sexualmente.

Recuerdo que un día me hizo tostadas con mermelada, e hizo un gran alboroto sobre esto. Recuerdo que dijo que tenía que poner la mermelada hasta los bordes. La mermelada debe haber tenido droga, porque lo siguiente que recuerdo es que estaba arriba en su habitación con otro hombre. Tenía puesto un vestido muy bonito. Recuerdo haber dicho:

—Ah, este vestido es muy bonito. ¿Puedo llevarlo a casa para mostrárselo a mis padres?

—¡No! —gritaron los dos de una manera rotunda.

Era un negligé, por supuesto, no sabía eso. Ambos estaban de rodillas frente a mí[1].

El abuso que siguió fue un horror que llevó a Melanie al borde de la muerte. En su misericordia, Dios la sacó del cuerpo y la consoló. «Lo que recuerdo es que estaba arriba en la oscuridad —cuenta Melanie— mirando a los dos hombres que discutían sobre si me dejarían vivir o morir». Mientras el espíritu de Melanie flotaba arriba de la escena, de repente, se dio cuenta de que Jesús estaba parado a su lado.

En realidad, no sabía nada sobre Jesús excepto por lo que mi niñera solía contarme. Mis padres no me habían llevado nunca a la iglesia. Aun así, por intuición, supe quién era exactamente: Era Jesús y, en su presencia, me sentí segura y amada. Había estado atemorizada en la oscuridad, escuchando a los hombres hablar sobre si debía vivir o morir; ahora con Jesús me sentía a salvo. Jesús me dijo: «No te preocupes. Vas a estar bien». Sentí como si me hubiera llenado de la paz o de la protección de su amor, porque, al instante, volví a ser la niña feliz que era.

Tristemente, lo que sucedió es que fui brutalmente violada. Antes de irme, Rodger me dijo: «Si le dices algo a tu mami o a tu papi sobre lo que sucedió hoy, tu papito me va a matar,

entonces irá a la cárcel y nunca más volverás a ver a tu papi».
Nunca le conté nada a mi papá[2].

Varios días después de este evento horrendo, una amiga invitó a
Melanie a su iglesia. En la escuela dominical, explicaron que Jesús vino
y murió para perdonarnos a todos y guiarnos en la vida. «Si alguno
de ustedes quiere recibir a Jesús en su corazón, levante la mano», dijo
el maestro. Melanie saltó de la silla con la mano en el aire. Jesús era
maravilloso, ella lo conocía, era quien más la amaba; por supuesto que
lo quería en su vida.

Durante los próximos siete años, una amable pareja llevó a Melanie
a la iglesia con ellos. En ese tiempo, Melanie escuchó un versículo que
la conmovió en gran manera y como resultado lo memorizó: «Aunque
ande en valle de sombra de muerte, no temeré mal alguno, porque
tú estarás conmigo» (Salmo 23:4, RVR60). Cuando se hizo mayor,
trató de presentar cargos para proteger a otros niños, pero la ley internacional no se lo permitió. Dios había protegido su mente y su alma
cuando era niña, pero tendría que enfrentar el trauma a medida que
se hacía adulta.

Constantemente luchaba contra la compulsión sexual
mientras crecía, pero no sabía por qué. Todo comenzó el día
de la violación, junto con todos los pensamientos horribles
que invadían mi mente. Estuve haciendo terapia entre los
veinte y los treinta años y había estado orando para que Dios
me sanara, cuando una noche tuve un sueño vívido. Dios me
habló en el sueño. Jesús dijo: «Ven conmigo». Primero, me
trajo a la casa donde sucedió el abuso. Cuando entramos a
la sala, allí había un hombre en una silla, con parafernalia de
drogas en el sillón, completamente drogado. Más allá, a mi
izquierda estaba la entrada a una habitación, y una luz brillante
salía de ella. Jesús dijo: «¡Sí, fuiste dañada allí, pero nunca
recordarás! *Yo te cubrí*». Luego, en el sueño vívido, Dios me
mostró que, en el reino espiritual, los hombres que me habían
violado eran esclavos de un demonio poderoso y víctimas de

tanto mal como el que yo había sufrido, y él quería que todos fuéramos liberados[3].

Después de años de crecimiento espiritual, terapia profesional y sanidad, Melanie finalmente se sintió libre. Décadas después del incidente, se encontró con un correo electrónico de Rodger. Aunque contactarse con un abusador puede ser peligroso y no es aconsejable sin la asistencia de un profesional, Melanie quería justicia. Quería la justicia de Dios: Que Rodger fuera liberado del mal que le hizo tanto daño cuando era niña.

Le dije que Jesús había muerto para pagar por nuestros pecados; para perdonarnos a todos nuestros errores. Le dije a Rodger que Jesús lo ama, y que lo sanaría y lo haría libre, tal como lo había hecho conmigo. Algunos años más tarde, Rodger [me escribió y] me agradeció y me dijo que había aceptado a Jesús como su Salvador y que ahora seguía a Jesús. Me preguntó si lo perdonaba por haberme hecho daño. Le respondí: «Por supuesto»[4].

El perdón que Melanie le ofreció a su abusador solo se puede explicar como algo sobrenatural, no es lo que las personas hacen de forma natural ni lo que se esperaría que hicieran. Cuando Melanie me contó la historia por primera vez, sentí una emoción intensa, pensando en cómo me sentiría si lo que le sucedió a ella le hubiera sucedido a mi propia hija. Hubiera querido justicia a *mi manera*. Ella cree que Dios quería que perdonara, por su propio bien, y también para que la justicia de Dios fuera hecha. La justicia de Dios consistía en conquistar la maldad que había en la vida de Rodger. Aunque Rodger tendría que andar mucho para convertirse en el hombre que Dios quería que fuera, así es como funciona la justicia escondida de Dios, venciendo al mal desde adentro hacia afuera.

EL AMOR DE DIOS ES JUSTO

Trata de imaginarte solo por un momento que eres Dios y que el amor es la motivación para todo lo que haces. Amas con pasión a cada una de las personas, más que lo que un padre, amigo o amante jamás podrían. Estás dispuesto a hacer cualquier cosa para amar, reconfortar, guiar y proteger a cada persona. Tu meta es crear una familia amorosa para siempre. Sin embargo, eso no es todo. Como Dios, no solo eres amor, sino también *justicia y juicio*. Tus caminos son correctos, justos y buenos; son la verdad, y la forma como funciona la realidad. Lo que significa que no puedes hacer la vista gorda ante el pecado ni el mal. ¿Recuerdas cómo se autoproclama Dios antes Moisés?

¡Yahveh! ¡El SEÑOR! ¡El Dios de compasión y misericordia! [...] estoy lleno de amor inagotable y fidelidad. Yo derramo amor inagotable a mil generaciones, y perdono la iniquidad, la rebelión y el pecado. Pero no absuelvo al culpable.

ÉXODO 34:6-7

Debido a que es un Dios de justicia, Dios no puede excusar, ignorar, ni «guiñarle el ojo» al pecado ni al mal.

Generalmente, exigimos justicia cuando nos hacen algo malo o cuando escuchamos sobre abusos espantosos, tal como lo que le sucedió a Melanie. Nuestro deseo inherente de justicia deriva de Dios. ¿Puedes imaginarte la maldad que Dios ve todos los días en todo el mundo? El profeta Oseas tenía esto bien en claro cuando escribió: «Escuchen, israelitas, la palabra del SEÑOR [...]: "Ya no hay en esta tierra fidelidad ni amor ni conocimiento de Dios. Solo hay maldición, mentira y asesinato, robo y adulterio. Abundan la violencia y los homicidios se multiplican"» (Oseas 4:1-2, NVI). Dios fue y es testigo de todos los actos de maldad que se cometieron. Esto enfurece a Dios y su amor demanda justicia.

Cuando somos testigos del mal o nos hacen daño, con frecuencia acusamos a Dios por no hacer justicia lo suficientemente rápido. Sin embargo, también debemos considerar lo que la justicia instantánea de Dios podría significar para *nosotros*. ¿Qué pasaría si la justicia instantánea de Dios no solo cayera sobre quienes pensamos que la merece, sino también sobre cada raíz de mal, sin importar lo pequeña que sea, incluyendo la nuestra? ¿Quién puede sobrevivir a la justicia de Dios? El apóstol Santiago escribe: «Pues, donde hay envidias y ambiciones egoístas, también habrá desorden y toda clase de maldad» (Santiago 3:16). La ambición egoísta, la obstinación, hacer las cosas a «mi manera», es la raíz de todo mal y todos somos culpables de eso.

Si alguna vez te preguntaste cómo se siente Dios por el daño que los seres humanos se hacen entre sí, lee los profetas del Antiguo Testamento. Una y otra vez, Dios suplica y advierte: «Oh habitantes de Judá y de Jerusalén [...]. Cambien la actitud del corazón ante el Señor, o mi enojo arderá como fuego insaciable debido a todos sus pecados» (Jeremías 4:4). Dios no se guarda nada cuando se trata del mal. No obstante, es el amor de Dios lo que motiva su pasión por la justicia. El rey David declara: «Tu rectitud es como las poderosas montañas, tu justicia, como la profundidad de los océanos. Tú cuidas de la gente y de los animales por igual, oh Señor» (Salmo 36:6). Cuando las personas que Dios ama con pasión se hacen daño o abusan de sí mismas, de los demás y de su creación, Dios responde con su ira temporal.

Cuando el Dr. Ron Smothermon tuvo una descarga explosiva de los atributos de Dios durante su ECM, «supo que [Dios] era el juez justo, puro, correcto y humilde. [...] En el sentido que, si te acusaran de algo, querrías a este juez porque sería perfecto y correcto, y estarías feliz de que sea él quien te juzgue. En su presencia todo es claro; todo es tan claro»[5]. Muchos otros casos de ECM cuentan cosas semejantes, esencialmente dicen: «No hay forma de esconderse de la verdad; todo está expuesto abiertamente, no hay discusión al respecto».

DIOS ES BUENO

Vuelve a imaginarte que eres Dios por un momento. Como eres justo, todos los errores deben ser corregidos. No eres como los seres humanos que viven en la zona gris, entre el bien y el mal; tú eres completamente *bueno*. «Solo Dios es verdaderamente bueno», declaró Jesús (Marcos 10:18). Eres la fuente de todo lo bueno. Lo único que existe separado de ti es el *mal*. Y el infierno es el lugar del cual escoges mantenerte alejado. El infierno es donde les das a las criaturas que tienen libre albedrío lo que exigen cuando no quieren tu amor ni tu guía. ¿Puedes imaginarte cómo se siente Dios?

A Dios le rompe el corazón estar separado de quienes ama; el justo pago por rechazar a Dios es darles a las personas lo que desean: Estar separados de él. Y el estar separados de Dios es la muerte, no solo muerte física, sino también muerte espiritual, la «segunda muerte» descrita en Apocalipsis 21:8. El apóstol Pablo lo explica de una forma sencilla: «Porque la paga del pecado es muerte» (Romanos 6:23, NVI), lo cual significa estar separados del amor, la luz y la vida de Dios. Por eso, Dios advierte, suplica e, incluso, ruega que admitamos nuestra rebelión y regresemos a casa.

«Mi pueblo infiel, regresa otra vez a mí, porque yo soy misericordioso. No estaré enojado contigo para siempre.
Solo reconoce tu culpa; admite que te has rebelado contra el Señor tu Dios y que cometiste adulterio contra él [...].
Confiesa que rehusaste oír mi voz. ¡Yo, el Señor, he hablado!
Regresen a casa, ustedes, hijos descarriados —dice el Señor [...]. Sin embargo, me fuiste infiel, ¡pueblo de Israel! Has sido como una esposa infiel que deja a su marido». [...] Pues han escogido caminos torcidos y se han olvidado del Señor su Dios. «Vuelvan a mí, hijos descarriados —dice el Señor—, y les sanaré el corazón extraviado».

JEREMÍAS 3:12-14, 20-22

Cuando rechazamos su amor y su guía, Dios siente el sufrimiento intenso de un esposo traicionado o de un padre con hijos adolescentes que se hacen daño a sí mismos. Durante su ECM, Erica, la enfermera que presentamos en el capítulo 4, fue testigo de la tristeza profunda de Dios a causa de las personas que lo rechazan.

Hasta ahora, solo había sentido el amor más arrollador e incondicional en la presencia de Dios. Aun así, ahora estaba agobiada por algo diferente, una tristeza profunda, dolorosa. La única cosa en la tierra con la cual podría compararla era con la muerte de un hijo. [...] Estaba sintiendo la muerte de un hijo multiplicada por millones de veces. Fue entonces que me di cuenta de que venía de Dios. Tenía que saber por qué sentía una tristeza y un dolor tan profundos. Tan pronto como el pensamiento entró en mi mente, me preguntó quién de mis familiares creía en él. [...] Pensé en cada uno de los miembros de mi familia que creía en Dios y, extrañamente, sentí un gran alivio porque creían[6].

De repente, Erica se dio cuenta de que la gran tristeza de Dios era causada por la pérdida de sus hijos, aquellos que habían rechazado su amor en la tierra. Después de mostrarle una visión de la tierra consumida por las llamas y a millones de almas que salían disparadas como estrellas de la tierra al cielo, le permitió ver la fuente de su pena.

Vi millones de personas que fueron dejadas atrás. Agitada, acudí a Dios en busca de una respuesta.

—Es el libre albedrío, Erica.

—¿Libre albedrío? —le pregunté.

—Con el regalo de la vida, les doy libre albedrío.

—¿No puedes salvarlos? ¿No los amas a ellos también?

—Amo a todos mis hijos —respondió Dios—, pero no puedo hacer que me amen[7].

Después de observar desde lejos el reino del cielo en la presencia de Dios, Erica se encontró a sí misma en los límites del infierno. Según un estudio, el 23% de los casos de ECM informan sobre el infierno[8]. Un estudio más reciente realizado en treinta y cinco países descubrió que los informes sobre el infierno por los casos de ECM son incluso más predominantes[9]. No podemos abocarnos a los casos de ECM celestiales sin tener en cuenta a los relacionados con el infierno también.*

Es importante notar que, a veces, Dios parece permitirles a los casos de ECM que echen un vistazo a la realidad del infierno, sin que eso signifique que el infierno es su destino eterno. De la misma manera, Dios también permite que algunas personas que lo rechazaron lo vean y vean

---

* Para aprender más sobre las ECM relacionadas con el infierno, ver *Imagina el cielo*, cap. 16, «¿Qué hay del infierno?».

el cielo, posiblemente con la esperanza que escojan amarlo y seguirlo, aunque no todos lo hacen[10]. Según esta realidad, las ECM parecen tener el propósito de enseñarnos. Dios le dijo a Santosh que debía decir la verdad de *todo* lo que vio: El cielo y el infierno. También me di cuenta de que muchos casos de ECM que claman para que Dios los salve en el último segundo, primero, vislumbran el infierno antes de que Dios los rescate. Quizás esto sucede para que entiendan la gracia de Dios o, tal vez, para que puedan regresar a enseñarnos que la vida sin Dios es el *infierno*.

Aunque esto es raro, Erica también tuvo un vistazo del infierno después de su maravillosa experiencia con Dios.

En un momento estaba al lado de Dios y, al siguiente [...] la ausencia de su amor incondicional era evidente. Esto era el infierno. [...] Se estaban juzgando y criticando los unos a los otros. Había conversaciones airadas y llenas de celos, llenas de chismes y despecho. Estas conversaciones eran exactamente opuestas al amor y la aceptación incondicionales que emanaban de Dios. Con las conversaciones se manifestaban [...] las emociones más extremas de tristeza, ira, odio, soledad, celos, aborrecimiento personal, falta de autoestima y todo lo negativo que puedas imaginarte. [...] Ni siquiera puedo encontrar la palabra humana para explicar la intensidad del terror que sentí[11].

Como cristiana, Erica estaba aterrada, herida y confundida respecto a por qué Dios le permitiría ver este lugar infernal de oscuridad y maldad, lleno de personas que no tenían la luz, el amor y la vida de Dios, quienes eran víctimas o victimarias. Entonces, Dios le dio entendimiento. Quería que les advirtiera a las personas y que les hiciera saber lo que Jesús quiso decir cuando expresó: «No es la voluntad de mi Padre celestial que ni siquiera uno de estos pequeñitos perezca» (Mateo 18:14).

Dios deseaba que viera y entendiera la magnitud de lo que estaba tratando de explicar en el cielo. [...] Dios me hizo saber que él no había puesto a esas personas allí. Sino que ellas se pusieron allí solas al escoger estar separadas de Dios y de su amor. Con el regalo del libre albedrío, escogieron estar separadas de Dios. Después de haber sentido el amor incondicional de Dios, me pregunté, ¿por qué alguien querría estar separado de ese amor? [...] De nuevo, sentí la profunda tristeza de Dios porque tenía que permitir a esas almas que se desconectaran de él[12].

El libre albedrío es necesario para el amor; rechazar el amor y la guía de Dios tiene ramificaciones verdaderas porque se debe hacer justicia. Como escribió C. S. Lewis, profesor de Oxford: «Un hombre no puede ser *llevado* al infierno, ni *enviado* al infierno: solo puedes llegar allí por tus propios medios»[13]. El infierno es la justicia para la criatura con libre albedrío que exige que Dios «no se meta». Como Lewis también manifestó: «Las puertas del infierno están cerradas por *dentro*»[14]. Aun así, Dios es bueno y Dios es amor, por lo tanto, en Dios hay una tensión muy manifiesta. Aunque su justicia debe permitir las consecuencias horribles de rechazar a Dios[15], nos ama con tanta pasión que haría cualquier cosa para que estemos con él por toda la eternidad.

LA LEY MORAL

Podemos tener una imagen de la tensión que existe entre el amor de Dios y su justicia cuando le dice a Moisés: «Y ese día, sin duda alguna, yo ocultaré mi rostro, por haber cometido la maldad de irse tras otros dioses» (Deuteronomio 31:18, NVI). Esto no significa que Dios hace la vista gorda ante el mal, sino que se esconde en el sentido de que permite que se desarrollen las consecuencias de nuestras elecciones que van en contra de su voluntad. Permite que dichas consecuencias afecten todo lo relativo a la vida en la tierra con la esperanza de que nos demos cuenta de lo que falta: ¡Dios!

Cuando el capitán Dale Black, piloto de una aerolínea comercial, falleció en un accidente aéreo, vivió lo opuesto a lo que se siente «normal» para nuestro mundo. Señala cuánto el pecado afecta todo en la tierra, lo cual es completamente diferente en el cielo, donde la voluntad de Dios gobierna a la perfección.

No hay lucha, competencia, sarcasmo, traición, engaño, mentiras, asesinatos, infidelidad, deslealtad, nada contrario a la luz, la vida y el amor. [...] La ausencia de pecado era algo que se podía sentir. [...] No había necesidad de esconderse porque no había nada de qué esconderse. Todo estaba expuesto. [...] Había estado en el cielo por algún tiempo antes de reconocer la ausencia del pecado. Ahora consideraba aquello que *domina todo* en la tierra[16].

Aunque Dios se esconde en el sentido de que permite que las consecuencias del pecado afecten todo, también está presente y activo detrás del escenario, sosteniendo todas las cosas (Hebreos 1:3). Es la fuente de toda buena dádiva (Hechos 14:16-18). Dios también está presente en la tierra (pero no en el infierno), deteniendo con amor la expresión plena del mal a través de la ley moral que tiene el propósito de protegernos. A pesar de que la ley moral no puede cambiar el corazón de los seres humanos ni tampoco darnos el deseo de hacer el bien, puede protegernos a nosotros y a los demás del mal desenfrenado; esa es la manifestación de la misericordia de Dios.

Cuando la gente afirma: «Todas las religiones dicen básicamente lo mismo», por lo general, se refieren a los principios de la ley moral que todas las religiones tienen en común. El apóstol Pablo afirmó esto cuando escribió: «Aun los gentiles, quienes no cuentan con la ley escrita de Dios, muestran que conocen esa ley cuando, por instinto, la obedecen aunque nunca la hayan oído. Ellos demuestran que tienen la ley de Dios escrita en el corazón, porque su propia conciencia y sus propios pensamientos o los acusan o bien les indican que están haciendo lo correcto» (Romanos 2:14-15). Por lo tanto, no es extraño que esta ley moral de Dios sea común a todas las religiones y se encuentre en casi todos los escritos religiosos.

C. S. Lewis fue un erudito literario y citó numerosos recursos históricos que demuestran que la ley moral común se encuentra en casi todas las culturas de la antigüedad y religiones del mundo, lo cual se puede resumir de la siguiente manera:

No dañes a otro ser humano ni con lo que haces ni con lo que dices (la regla de oro).

Honra a tu padre y a tu madre.

Sé amable con tus hermanos y hermanas, tus hijos y con los ancianos.

No tengas relaciones sexuales con la esposa de otro.

Sé honesto en todo lo que hagas (no robes).

No mientas.

Cuida de los débiles y de los menos afortunados.

Morir al yo es el camino hacia la vida[17].

En casi todas las religiones y culturas, desde que se comenzó a registrar la historia, estos principios reflejaron una ley moral normalmente aceptada. Por lo tanto, es razonable suponer que los seres humanos siempre conocieron, o al menos tuvieron alguna noción, del bien y del mal. Sin embargo, ¿hemos cumplido bien la ley moral? ¿La historia de la humanidad es una historia pacífica y amorosa? ¡No! Mira las noticias.

La historia de la humanidad muestra que no siempre honramos a los padres, que no somos amables con nuestros hermanos ni con los ancianos, que somos sexualmente infieles, que somos deshonestos, mentirosos, ambiciosos y que solo unos pocos estamos involucrados con los menos afortunados porque estamos demasiado preocupados por nosotros mismos.

Entonces, ¿qué nos enseñan las religiones del mundo? Aunque todos sabemos qué es lo correcto, y siempre lo hemos sabido, la historia de la humanidad muestra que no hacemos lo que sabemos que está bien. El apóstol Pablo lo dijo de una forma sencilla: «Pues todos hemos pecado; nadie puede alcanzar la meta gloriosa establecida por Dios» (Romanos 3:23). No importa si somos cristianos, judíos, budistas, musulmanes, hindúes, sikhs, ateos o alguna otra cosa, todos tenemos un problema de pecado. Y todos necesitamos la ayuda de Dios con desesperación.

Después de descubrir la verdad acerca de la puerta estrecha, Santosh meditó sobre todo lo que había experimentado en su ECM y sobre la ley moral que aprendió habiendo crecido como hindú.

El legado hindú tiene una cultura y una tradición hermosas que se remontan a las raíces de la civilización del valle Indo cuyos orígenes fueron en el 4000 a. e. c. Habiendo crecido en esa cultura antigua pero rica, recuerdo haber aprendido muchos valores, no solo de parte de mis padres, sino también de los vecinos. [...] Valores tales como honra a tu padre y a tu madre; respeta a los ancianos; respeta a tus maestros; no robes; no digas mentiras contra otros; no mates; no cometas adulterio; no ambiciones lo que les pertenece a otras personas. En aquellos días no tenía ni la más mínima idea de que esos valores que había aprendido eran casi idénticos a las leyes de los diez mandamientos que Dios estableció a través de Moisés. [...]

Descubrí que mi trasfondo me estaba creando algunas confusiones y un dilema. [...] Como hindú, crecí con el concepto del cielo y del infierno. También tenía el concepto de los ángeles. Pero ¿quién era el gigante divino, Señor de luz pura con quién me encontré? No se parece a ninguno de los dioses ni diosas hindúes con los cuales estaba familiarizado. Su rostro era más brillante que el sol que conozco. Su cuerpo irradiaba luz pura. Sus ojos eran como fuego encendido. Miré su rostro solo una vez; después de eso no tuve valor para volver a mirarlo. Miraba continuamente a sus pies mientras rogaba su misericordia. Sus pies eran de metal resplandeciente o color bronce.* ¿Quién es este Señor? No lo conocía; sin embargo, él me conocía tan bien; sabía todo sobre mí. [...]

Los hindúes también creen que Dios es todopoderoso y omnipresente, pero está muy por encima de nosotros y no podemos conocerlo en persona. Está separado de su creación. Solo él existe para siempre. Todo lo demás es *Maya* o ilusión.

---

* Santosh describió con exactitud al mismo Dios que vieron Daniel, en Daniel 10:4-6, y Juan, en Apocalipsis 1:12-15.

[...] Solo a través de las reencarnaciones repetidas, es posible lograr la liberación definitiva del alma atrapada para que se una a la Gran Alma. [...] La fe hindú enseña que el Creador del universo o Brahma es impersonal. Nadie puede conocerlo de manera personal. Sin embargo, supe de forma instantánea que el gigante divino de luz pura, con quien me encontré, era el Señor Supremo, el Creador del universo. Él era muy personal para mí. Sabía todo sobre mí. Sabía todas las cosas que había hecho, tanto buenas como malas, aun cuando yo mismo me había olvidado de algunas de ellas, él no lo hizo. Otra cosa que me producía un dilema era que no me envió a otro ciclo de reencarnación. Cuando estaba parado delante de él, tenía solo dos opciones, hundirme en el mundo oscuro del calabozo profundo con fuego encendido que estaba a mi izquierda o cumplir con los requisitos para pasar por la puerta estrecha que vi, la cual estaba a su izquierda. No había otras opciones para mí. [...] Con frecuencia, me pregunto, ¿por qué tuvo tanta misericordia conmigo? ¿Por qué me dio una segunda oportunidad? No era una persona sin pecado, es más cometí muchos pecados en mi vida. Debido a que la paga del pecado es muerte, sin lugar a dudas, merecía morir[18].

Santosh se dio cuenta de que la ley moral que todos compartimos solo revela nuestras fallas. Sin embargo, se encontró con un Dios de misericordia que le ofreció gracia en lugar de condenación. ¿Por qué?

RESOLVIENDO LA TENSIÓN

Desde el principio, Dios nos dijo cómo resolvería la tensión entre su justicia y su amor. Aunque la justicia de Dios no puede tolerar el mal ni el pecado, su amor paternal haría cualquier cosa para salvar a los hijos que creó. Dios había dado la ley moral, pero la ley era limitada. Podía frenar el mal (con consecuencias dolorosas), pero no podía cambiar el corazón humano. El problema nuclear de la humanidad era que se había desconectado de Dios, la Fuente. Sin ser reconectados a la fuente de amor, luz y vida, no podíamos llegar a ser lo que Dios nos creó para que fuéramos: ¡nos creó para que nos relacionemos con él!

Entonces, Dios decidió hacer lo que la ley no podía hacer, Dios mismo entraría en la humanidad como nuestro Mesías, nuestro Salvador. Él pagaría el precio que exige su justicia para ofrecer de manera gratuita perdón y restauración a todos los que estén dispuestos a recibirlos. Dios predijo esto casi setecientos años antes de que Jesús apareciera, para que supiéramos que no es solo un mito ni un cuento de hadas. Dios se reveló a sí mismo en una forma con la cual podíamos sentirnos identificados: Dios se hizo uno de nosotros.

> En el futuro [Dios] honrará a Galilea [...]. El pueblo que
> andaba en la oscuridad ha visto una gran luz [...]. Porque nos
> ha nacido un niño, se nos ha concedido un hijo; la soberanía
> reposará sobre sus hombros y se le darán estos nombres:
> Consejero Admirable, Dios Fuerte, Padre Eterno, Príncipe
> de Paz. Se extenderán su soberanía y su paz y no tendrán fin.
> Gobernará sobre el trono de David y sobre su reino, para
> establecerlo y sostenerlo con justicia y rectitud desde ahora y
> para siempre. Esto lo llevará a cabo el celo del Señor de los
> Ejércitos.
>
> ISAÍAS 9:1-2, 6-7, NVI

De nuevo, Isaías originalmente escribió esto setecientos años antes de que Jesús viniera; Isaías dijo que el Dios todopoderoso nacería como un niño, un hijo del linaje del rey David. Viviría en Galilea y traería paz y justicia a la humanidad para siempre. En efecto, Jesús nació del linaje de David y enseñó, sanó y realizó la mayoría de sus milagros en Galilea. Muchos datos históricos sobre Jesús fueron verificados fuera de la Biblia.* Por supuesto, los escépticos pueden afirmar que estas profecías sobre Jesús, el Mesías, fueron añadidas después de que Jesús vino, pero tenemos pruebas de que no fue así.

---

* Ver Gary R. Habermas, *The Historical Jesus: Ancient Evidence for the Life of Christ* (Joplin, MO: College Press, 1996). Publicado en español como: *Evidencia a favor del Jesús histórico ¿es el Jesús de la historia el Cristo de la fe?*

LA PRUEBA DEL BEDUINO

En 1947, el año antes de que Israel se convirtiera en una nación de la noche a la mañana (profetizado por Isaías), tres niños pastores beduinos buscaban a una cabra perdida en las montañas de la zona del mar Muerto, veintiún kilómetros al este de Jerusalén. Uno de los niños trepó a una cueva que estaba muy alta en la montaña del desierto y lanzó una piedra adentro con la esperanza de asustar a la cabra y obligarla así a salir de su escondite. Oyó cómo la piedra se estrellaba contra algo y lo rompía. Con temor y curiosidad, pensando que tal vez había encontrado un tesoro escondido, el joven entró a presión a través de una abertura pequeña y descendió a la cueva oscura. Adentro, ¡encontró un tesoro *bíblico*!

La cueva del Qumrán estaba llena de vasijas de arcilla, y dentro de las vasijas selladas había rollos de pergamino de 2200 años de antigüedad en muy buenas condiciones. El niño agarró tres de los rollos, descendió de la montaña a los tropezones y llevó los tres rollos a Jerusalén para ver si podía venderlos a un comerciante de antigüedades. En los años que siguieron, los arqueólogos descubrieron un total de once cuevas que contenían cerca de novecientos textos. En lo que pasó a llamarse los Rollos del mar Muerto había copias preservadas de treinta y ocho de los treinta y nueve libros del Antiguo Testamento, la mayoría de las copias eran cientos de años anteriores a Jesús. Uno de los rollos que el niño beduino tomó resultó ser una copia completa del libro de Isaías. En línea se puede leer la traducción al inglés del texto hebreo[19]. Se lee casi exactamente como las traducciones contemporáneas de Isaías que se basan en otros textos, ¡a pesar de que tienen dos mil años de antigüedad!

Con radiocarbono, los científicos dataron el rollo de Isaías entre el 335 a. e. c. y el 107 a. e. c. Los paleógrafos dataron este rollo entre el 125 a. e. c. y el 100 a. e. c.[20]. El museo de Israel, donde se encuentra el gran rollo de Isaías, señala que el rollo se escribió cerca del 100 a. e. c., por lo menos 130 años antes de que Jesús fuera crucificado[21].

Antes de este descubrimiento significativo, los escépticos afirmaban que las profecías de Jesús no se escribieron antes, sino que fueron incorporadas en copias posteriores por quienes vivieron después de Jesús. Los Rollos del mar Muerto probaron que esa teoría es falsa. Consideremos la versión de la Biblia RVR95, la cual más se parece a Isaías versión Rollo del mar Muerto, el cual fue escrito a mano entre cien o trescientos años antes de que Jesús naciera, y lo que claramente predijo. Isaías dijo que, primero, el Mesías sufriría por todos nuestros pecados para traer justicia a la manera de Dios. La crucifixión de Jesús fue dada en detalle *antes* de que sucediera:

> He aquí que mi siervo será prosperado, será engrandecido y exaltado, será puesto muy en alto. Como se asombraron de ti muchos (pues de tal manera estaba desfigurada su apariencia, que su aspecto no parecía el de un ser humano), así asombrará él a muchas naciones. Los reyes cerrarán ante él la boca [...]. ¿Quién ha creído a nuestro anuncio y sobre quién se ha manifestado el brazo de Jehová? Subirá cual renuevo delante de él [...]. Despreciado y desechado entre los hombres, varón de dolores, experimentado en sufrimiento.
>
> ISAÍAS 52:13-15, 53:1-3, RVR95 (LOS ROLLOS DE ISAÍAS TODAVÍA NO SE HAN TRADUCIDO AL ESPAÑOL)[22]

Notemos varias cosas que dice Isaías: El Mesías vendría como siervo sufriente para todas las naciones. No revelaría toda la majestad de Dios, pero sería como el brazo de Dios que se extiende hacia la humanidad. Crecería entre nosotros sin llamar la atención como una planta pequeñita. Desde el principio el plan de Dios fue bendecir a todas las naciones, a todas las personas *dispuestas* de toda tribu, lengua y grupo étnico, a través de su Mesías. Por eso Dios pregunta: «¿Quién ha creído a nuestro anuncio y sobre quién se ha manifestado el brazo de Jehová?» (Isaías 53:1, RVR95). Isaías también dijo que su apariencia sería terriblemente desfigurada y arruinada. La película *La pasión de Cristo* de Mel Gibson tiene la clasificación «R» por secuencias de violencia gráfica. En verdad que es difícil mirar la tortura que Jesús soportó, pero concuerda con lo que dijo Isaías: «De tal manera *estaba desfigurada* su apariencia» (énfasis añadido). No fue solo predicho, sino que es preciso. Jesús sufrió y murió por todos nosotros.

EL IMÁN SE ENCUENTRA CON JESÚS

Swidiq Kanana[23] es hijo de un jeque musulmán en Ruanda. Su madre se consideraba una «bruja» que podía manipular el mundo sobrenatural mediante el poder de la diosa africana Biheko. Swidiq se convirtió en imán alrededor de sus veinte años, era líder de la mezquita y defensor inteligente del islam. Debatía abiertamente con los cristianos en un foro llamado *muhadhara* (o «al aire libre»). «[La] confianza en mí mismo y la habilidad para proyectar poder [...] también me servían para debatir con los cristianos en el *muhadhara* —recuerda Swidiq—. Me encantaba el sentimiento que me producía hacer que un cristiano se viera ridículo, confuso o atemorizado»[24].

Todo eso cambió cuando Swidiq tuvo una crisis emocional. Su mamá lo llevó a un médico brujo. No sirvió de nada. Su padre lo llevó a un hospital neuropsiquiátrico en la cuidad capital de Kigali. Le diagnosticaron crisis psicótica y lo internaron en un hospital mental donde lo mantuvieron sedado por meses. Los líderes musulmanes vinieron a hacerle un exorcismo. Nada podía sanar su mente. Casi un año después de que su mente colapsara, su madre, desesperada por ayudar a su hijo, pidió ayuda a los cristianos de la iglesia anglicana. El sacerdote y la iglesia ayunaron y oraron por Swidiq y, en el séptimo día, su mente se curó. «La conclusión era dolorosamente evidente y también muy confusa —reconoce Swidiq—. Si decía lo que sabía en verdad, que Jesús trae el poder de Dios, [...] corría el riesgo de ser silenciado; físicamente y para siempre»[25].

Después de siete meses de angustia por querer saber más sobre Jesús, y aunque tenía miedo de hacerlo, algo sucedió. «Sentí que algo se desgarraba dentro de mi abdomen. Parecía como si mis órganos estuvieran siendo despedazados»[26]. Llevaron a Swidiq al hospital en Gisenyi y, luego de estudios exhaustivos, el doctor le dio la noticia devastadora: Tenía un cáncer agresivo de la sangre; solo podían proveerle cuidados paliativos.

En la noche del 27 de febrero, cerca de las 8:00 p.m., me puse terriblemente alerta. Me sobrecogió una sensación horrible, una que no se parecía a nada conocido. [...] Y, entonces, me fui. Me fui de mi cuerpo. La muerte misma no era tan mala como el proceso que llevaba a ella. Era muy [...] fluida. De inmediato, me pareció que caía a una habitación cerrada. Era una habitación sin puertas, pero una de las paredes tenía grandes ventanas una al lado de la otra. Cuando miré, una de las ventanas se abrió sola. Desde afuera, desde lo que sea que haya sido afuera, cuatro siluetas espantosas subieron una a la vez al alféizar y saltaron a la habitación. Tenían forma de hombres, cada una vestía una túnica larga, negra[27].

Antes de su ECM donde experimentó el infierno, la madre de Swidiq había estado orando a Jesús. Jesús había ayudado a su hijo una vez; ¿podía ayudarlo incluso ante la muerte?

El demonio que llevaba el balde y el que tenía la guadaña dejaron sus herramientas y me atacaron, tirándome al piso [...] el espíritu con el hacha se paró sobre mí, con un pie en mi estómago [...] levantó el hacha por encima de su cabeza. Cuando hice un gesto de dolor, los espíritus malos de repente se detuvieron y miraron hacia las ventanas. Alguien más había entrado. Aunque no podía verlo venir en ese momento, sentí que había entrado, así como ellos. Cuando giré la cabeza, vi unos pies con sandalias y una túnica blanca. Ante la presencia de este hombre, me olvidé por completo de los otros, quienes emprendieron la retirada abatidos y luego parecieron evaporarse. Estaba cautivado por él, ignorando por completo todo lo que estaba a mi alrededor y con mi vista puesta en esta persona.

El que ahora estaba parado en la habitación, vestido con una larga túnica blanca, se parecía al Jesús de *La pasión de Cristo*, la película de Mel Gibson. Una vez compré tres películas americanas dobladas al Kinyarwanda y la primera de la lista era *La pasión*. Aunque era musulmán y no tenía ningún interés en ver la historia de Jesús, seguí adelante para que valiera la pena lo que pagué. Ahora, estaba parado aquí, mirándome. Me miraba con un rostro serio e intenso, la clase de expresión que tiene autoridad absoluta. Sin embargo, todos sus rasgos estaban marcados por una sonrisa de deleite. Estuvo parado por un momento simplemente mirándome. Si fue solo un instante o un tiempo largo, en realidad no lo sé. [...] En algún momento, levantó las manos ligeramente, con las palmas para arriba, revelando los agujeros en ambas manos. Luego levantó su mano derecha y me hizo un gesto. Con la mano levantada, al fin habló, claro y firme: «Yo morí por el ser humano. Y tú estás entre las personas por quienes morí. No lo niegues de nuevo. Debes contarles a los demás. Revela la verdad». Te estoy contando esto en inglés, pero Jesús hablaba en Kinyarwanda. Luego desapareció[28].

Swidiq regresó a su cuerpo. Se arrancó una sábana de la cara, se bajó de la mesa y, entonces, se dio cuenta de que estaba allí parado vestido con nada más que un taparrabos. Había estado muerto por más de doce horas y había una multitud de musulmanes que se habían reunido y estaban a punto de sepultarlo. Swidiq recuerda lo siguiente: «Comencé a gritar: "¡Jesús está aquí! ¡Jesús está aquí! [...] ¡Él me trajo de regreso! ¡Fue Jesús quien me tomó y me trajo de regreso!"». Aquello fue demasiado para la multitud de musulmanes aterrados, quienes comenzaron a correr desenfrenadamente en todas las direcciones[29].

Swidiq se hizo seguidor de Jesús y, al final, sacerdote anglicano, lo cual casi le costó la vida en muchas ocasiones. La pasión del amor de Jesús que satisfizo la pasión de la justicia de Dios lo cambió para siempre. Verdaderamente Jesús vino como la bendición para todas las naciones.

LA SOLUCIÓN

El problema con el mundo es que todos pensamos más en nosotros mismos que en Dios o en otras personas. Nos escondemos de Dios por temor y justificamos el hacer lo que queremos hasta que nuestra consciencia se endurece. Esta es la causa de todos los peores problemas del mundo. Lo que Dios hizo a través de su Mesías es proveer una solución para el problema central del mundo: Trajo justicia y restauración al hacer volver a Dios a todos los que estaban dispuestos. El capítulo 53 de Isaías según la versión RVR95 (la versión del Rollo del mar Muerto no está traducida al español) dice:

> Ciertamente llevó él nuestras enfermedades, y sufrió nuestros dolores [...]. Mas él fue herido por nuestras rebeliones, molido por nuestros pecados. Por darnos la paz, cayó sobre él el castigo, y por sus llagas fuimos nosotros curados. Todos nosotros nos descarriamos como ovejas, cada cual se apartó por su camino; mas Jehová cargó en él el pecado de todos nosotros. Angustiado él, y afligido, no abrió su boca; como un cordero fue llevado al matadero [...]. Por medio de violencia y de juicio fue quitado; y su generación, ¿quién la contará? Porque fue arrancado de la tierra de los vivientes [...]. Se dispuso con los impíos su sepultura, mas con los ricos fue en su muerte. [...] Cuando haya puesto su vida en expiación por el pecado, verá descendencia [hijos espirituales], vivirá por largos días [resurrección] y la voluntad de Jehová será en su mano prosperada. Verá el fruto de la aflicción de su alma.
>
> ISAÍAS 53:4-11, RVR95 (LA VERSIÓN DEL ROLLO DEL MAR MUERTO NO HA SIDO TRADUCIDA AL ESPAÑOL)[30].

Antes de que Jesús naciera, Dios predijo la forma en que su amor y su justicia se encontrarían. Jesús moriría por nuestros pecados y conquistaría el pecado y la muerte mediante su resurrección[31]. Y, a través de él, nosotros también podemos vencer al mal y a la muerte. Cuando nos preguntamos: «¿Dios se preocupa? ¿Dios entiende? ¿Por qué Dios no hace algo para solucionar todos los males, todas las penas, todos los quebrantos?». Dios responde: «¡Ya lo hice! Entré en tu pobreza. Experimenté tu dolor. Sentí tu rechazo. Cargué con tus penas. Tomé sobre mí la condenación que merecían todos tus errores. Pagué el precio de la justicia para comprar tu paz con Dios, y por mis heridas puedes ser sanado».

Esta es la solución de Dios para vencer el mal. En lugar de destruir todas las raíces y semillas pequeñas de maldad en su justicia externa y, de ese modo destruir a todas las personas que ama, él mismo paga por la justicia. Con paciencia vence al mal de maneras que, a veces pasan inadvertidas, un corazón dispuesto a la vez. ¿Tu corazón está dispuesto? Eso es todo lo que Dios demanda para perdonarte y reconciliarte para siempre con él, la fuente de luz y amor. Entonces, cuando estás dispuesto, puede enseñarte a perdonar a los demás y a convertirte en un sanador de heridas, así como Melanie sanó a Rodger, y de esa manera liberar a otros mediante el poder del amor de Dios.

Un día, vendrá la justicia suprema. La luz y la oscuridad nunca más volverán a coexistir como en la tierra. Los que aman la luz irán a la luz. Los que aman la oscuridad irán a la oscuridad. Mientras tanto, Dios está trabajando a través de ti y de mí para traer luz a este mundo de oscuridad.

EL PERDÓN
INQUEBRANTABLE DE DIOS

EL DR. RAJIV PARTI ERA JEFE DE ANESTESIOLOGÍA y especialista en manejo del dolor, un médico enfocado en la ciencia. Ninguno de los otros médicos estuvo dispuestos a escuchar sobre su ECM. Cuando dejamos su historia, en el capítulo 2, él estaba en la sala de recuperación de un hospital después de su propia ECM, la cual cambió su manera de pensar respecto a la vida y a la muerte. Sin embargo, todo comenzó la noche en que su esposa lo trajo de urgencia al centro médico de UCLA.

Mientras iba acostado en el asiento trasero del auto, su mente era bombardeada por el pensamiento de cómo su vida había cambiado para mal: Era propenso a infecciones, le diagnosticaron cáncer y, ahora, estaba experimentando depresión. Odiaba tener que reconocerlo, pero se dio cuenta de que se había vuelto adicto a los calmantes[1]. El remordimiento lo sobrecogió mientras pensaba en lo materialista, exigente, indiferente, egocéntrico y gruñón que se había vuelto. Su orgullo había sido la causa por la cual negaba la seriedad de su condición médica y, ahora, casi estaba tocando fondo.

En el hospital, lo llevaron en sillas de ruedas a cirugía de emergencia por causa de una infección que se estaba diseminando por todas las cavidades de su cuerpo. Cuando hacía doce minutos que lo estaban operando, la consciencia de Rajiv comenzó a salir de su cuerpo, y vio que se acercaba la superficie brillante del cielorraso de la sala de emergencias. Observó la cirugía y escuchó el chiste grosero que hizo el anestesiólogo. De alguna manera podía observar también a su madre y a su hermana mientras estaban conversando en India, al otro lado del mundo, como si pudiera viajar a la velocidad del pensamiento. Luego las cosas cambiaron.

A partir de allí, mi consciencia viajó a diferentes esferas. La primera esfera a la cual viajó fue una esfera muy infernal. Era una oscuridad total, había tormentas, rayos, y entidades muy oscuras con dientes torcidos correteando por ahí[2]. [...]
Oí a otras almas llorando y gimiendo. A mí también me llevaron allí pataleando. No quería estar ahí; el lugar olía a carne quemada. Entonces me pregunté: *¿Por qué estoy aquí? ¿qué hice?*[3]

Lo que impresionó a Rajiv era *Naraka*, la palabra hindi para infierno. Pensó: *¿Cuál es mi karma?*[4] Escuchó una voz dentro de sí mismo:

«Viviste una vida sin amor». Había sido malvado. Quería avanzar en la vida sin importar lo que me costara. Si tenía que pisarle la cabeza a alguien, no tenía problema de hacerlo. No era bueno con mis pacientes. [...] Una señora de setenta años vino a mi consultorio a buscar medicina para la artritis, quería hablar conmigo porque su esposo estaba muriendo de cáncer de pulmones. [...] [Pero] Le hice la receta en dos minutos y me alejé de ella. La traté como a una enfermedad [...] no como a un ser humano[5].

Rajiv sintió vergüenza mientras pensaba acerca de estas cosas y acerca de cómo maltrataba verbalmente a su hijo. «Parecía que no había salida, pero oré para que hubiera una. "Mi Dios, dame otra oportunidad". [...] Oraba con arrepentimiento, y el que se presentó fue mi padre»[6]. Tan pronto como Rajiv pidió a gritos que Dios lo salvara, su difunto padre se le acercó. El padre de Rajiv había sido muy violento con él, y Rajiv había comenzado a tratar a su hijo de la misma manera. El padre de Rajiv había sido enviado como mensajero, sabía con claridad que Rajiv volvería a la tierra: «No le pases la ira a tus hijos», le dijo[7]. Su padre lo sacó del infierno hacia un túnel, a través del cual viajó a otra esfera de gran luz y belleza.

[Una vez] fuera del túnel, todo era muy brillante, y dos jóvenes muy fuertes con alas en la espalda me dieron la bienvenida. Sin hablar conmigo oralmente, sino telepáticamente, me dijeron que eran mis ángeles guardianes. Sus nombres eran Miguel y Rafael. [...] Siendo hindú, lo que menos esperaba era que ellos se presentaran[8].

Los ángeles alzaron a Rajiv y lo llevaron hacia un «Ser de luz». Mientras volaban sobre un paisaje sereno, el ángel Miguel le dijo: «Si te soltáramos, no sabrías cómo avanzar»[9].

Me llevaron hacia un lugar donde todo era muy hermoso. Praderas de rosas de diferentes colores, había un arroyo de montaña allí, [...] soplaba una brisa suave. Incluso tenía un olor dulce. [...] Y a partir de allí estaba en la presencia de un Ser de luz. Era como mil soles a la misma vez, pero [...] no me dañaba los ojos[10].

A medida que se acercaban más al ser de luz, Rajiv notaba que los ángeles se volvían más y más translúcidos hasta que casi desaparecieron. Una vez en la presencia de la luz divina, el amor inundó a Rajiv.

Supe que me amaba y que [el Ser de luz] sabía más acerca de mí que lo que yo sabía acerca de él. Todo su conocimiento me envolvió. [...] Comenzó a susurrar suavemente en mi oído. Y cuando las palabras empezaron a fluir, un amor puro, no sé cómo más llamarlo, impregnaba todo[11].

«Necesitas mirar tu vida una vez más», le dijo el ser de luz. El ser divino quería que Rajiv entendiera los cambios que necesitaría hacer. Rajiv tuvo un repaso doloroso de su vida que abarcaba cosas que había hecho de las cuales no estaba orgulloso. Rajiv se sintió incompleto, lleno de vergüenza en la presencia de este ser amado y tuvo temor de que lo enviara de nuevo al infierno. «No sabía que esperar. Aun así, en lugar de recibir algo malo, sentí una profunda sensación de amor que venía del Ser de luz, la clase de amor que tendría que haber mostrado a mi hijo»[12].

Dios le dijo que no era su tiempo, y que lo enviaría de regreso a su vida en la tierra. Aliviado, Rajiv sintió agradecimiento incontenible por el amor y la misericordia de Dios.

El Ser claramente entendía todo, en especial que ninguno de nosotros es perfecto. Me dio otra oportunidad. [...] En retrospectiva, creo que el Ser de luz posiblemente era Jesús. [...] Si no era Jesús, era algún otro Ser que nos ama, que entiende nuestras debilidades y que nos ayuda a desarrollar nuevas actitudes[13].

El Dr. Parti resucitó y le contó a su esposa sobre la ECM. Cuando le dijo que dos ángeles cristianos[14] lo escoltaron a la luz de Dios, ella lo detuvo. «Estaba sorprendida y me preguntó: "¿Cómo es que no viste ninguno de los dioses hindúes?". Dado que tenemos muchos dioses y diosas. En realidad, no tenía ninguna explicación para eso»[15].

Pareciera que Dios le respondió eso más tarde en ese año. Rajiv había estado reunido con Naresh, su amigo moribundo, a quien trataba de ayudar a entender el perdón y el amor de Dios que había experimentado en su ECM. La misma noche que Naresh falleció, Rajiv estaba durmiendo en su casa, cuando de repente la habitación se llenó de luz. Como si estuviera mirando dentro de la dimensión celestial, Rajiv vio a Naresh parado delante de un portal que se abría encima de él. Vio la misma luz brillante que se parecía a mil soles; esta vez para recibir a Naresh. Rajiv recuerda:

Sentí la presencia del Ser de luz, el mismo Ser con quien me había encontrado durante mi ECM. Sin embargo, esta vez un Ser salió de la luz, un hombre alto con una complexión marrón pálida y barba, vestido con una túnica blanca majestuosa. Lo más sobresaliente eran sus profundos ojos azules. Irradiaba amor incondicional.

—¿Quién eres? —le pregunté al Ser.

—Soy Jesús, tu salvador —respondió[16].

Rajiv se inclinó conforme a la costumbre hindú y dijo:

—Namaste. —A la vez que tocaba los pies de Jesús.

«[Jesús] me dijo que no era mi tiempo para dejar la tierra y que debía regresar y compartir en todos lados el mensaje de su amor universal»[17].

EL MENSAJE DE JESÚS

¿Cuál es el mensaje de Jesús? Aunque es probable que los casos de ECM probablemente tengan diferentes interpretaciones sobre eso, Jesús nos compartió su mensaje principal con claridad, llamado el *evangelio* (lo cual significa «buenas nuevas»). El evangelio es la forma en que mostró su amor universal por todos. Cuando se apareció a sus seguidores después de su resurrección, dijo:

Se escribió hace mucho tiempo que el Mesías debería sufrir, morir y resucitar al tercer día. También se escribió que este *mensaje* se proclamaría con la autoridad de su nombre a todas las naciones, comenzando con Jerusalén: «Hay perdón de pecados para todos los que se arrepientan».

LUCAS 24:46-47, ÉNFASIS AÑADIDO

La palabra *arrepentirse* simplemente significa «volver a Dios». Ese es el mensaje, sus buenas nuevas para todos los pueblos. El perdón está disponible para todos lo que acuden a Dios. Dios quiere que vivamos sumergidos en su gracia, su amor incondicional, su perdón y aceptación, como sus hijos e hijas amados, seguros para siempre. Quiere que caminemos en una relación diaria con él. Vi casos de ECM que regresaron con un mensaje diferente en su intento de interpretar su experiencia. Es importante recordar que los que pasan por ECM son solo personas y pueden ser influenciados y engañados como todos nosotros. Esa es la razón por la cual debemos entender el mensaje de Jesús que Dios predijo a través de los profetas. Si los casos de ECM regresan y cuentan un mensaje que contradice el mensaje que Jesús compartió mientras estaba en la tierra, sigue las palabras de Jesús registradas en las Escrituras, no la interpretación de su mensaje por parte de alguien que tuvo una ECM[18].

Cuando no entendemos el mensaje de lo que Dios hizo por nosotros a través de Jesús, tendemos a vivir bajo el peso del juicio y la vergüenza (sabiendo que pecamos y fallamos, pero sintiéndonos responsables de esforzarnos más con nuestras propias fuerzas) o a endurecer nuestro corazón y a huir de Dios. Por lo tanto, Dios hizo otro camino hacia adelante.

Posiblemente algunos cristianos se pregunten por qué Dios se revelaría a través de una ECM a quienes no creen en él. Se olvidan de que el corazón de Dios anhela que *todos los seres humanos* de todas las naciones y de toda lengua regresen a casa; todos fuimos creados por él y para él. Además, recuerda, no hay nada que él no haría para recuperarnos. Tomó medidas extremas para rescatar a la malvada Nínive, como podemos leer en el libro de Jonás. Se reveló a Pablo, entonces llamado Saulo, en una luz brillante cuando iba de camino a arrestar y asesinar a los seguidores de Jesús. Y los profetas del Antiguo Testamento predijeron la medida extrema definitiva que Dios tomaría.

Cerca del 1000 a. e. c., el rey David proféticamente describió la crucifixión futura a través de los ojos del Mesías.

Dios mío, Dios mío, ¿por qué me has abandonado? [...] Mi vida se derrama como el agua, y todos mis huesos se han dislocado. Mi corazón es como cera que se derrite dentro de mí. Mi fuerza se ha secado como barro cocido; la lengua se me pega al paladar. Me acostaste en el polvo y me diste por muerto. Mis enemigos me rodean como una jauría de perros; una pandilla de malvados me acorrala. Han atravesado mis manos y mis pies. Puedo contar cada uno de mis huesos; mis enemigos me miran fijamente y se regodean. Se reparten mi vestimenta entre ellos y tiran los dados por mi ropa. [...] Toda la tierra reconocerá al SEÑOR y regresará a él; todas las familias de las naciones se inclinarán ante él.

SALMO 22:1, 14-18, 27

Ahora adelantemos la escena más de mil años hasta donde Jesús está en el jardín de Getsemaní la noche antes de su crucifixión. Ciertamente Jesús había leído esta profecía muchas veces en la Biblia hebrea hasta este punto de su vida. Sabía sobre la profundidad del sufrimiento que pronto soportaría. De hecho, gritó algunas de esas mismas palabras al día siguiente cuando ofreció voluntariamente su vida en la cruz. Y escogió hacerlo porque te vio a ti, me vio a mí, perdonados y libres.

Jesús vino y murió tal y como David había predicho más de mil años antes. David describe algunos aspectos de la crucifixión romana más de quinientos años antes de que la civilización romana comenzara, incluyendo los huesos fuera de las coyunturas por estar colgado y los pies y manos atravesados con clavos. El apóstol Mateo escribe que, durante la crucifixión: «Al mediodía, la tierra se llenó de oscuridad hasta las tres de la tarde. A eso de las tres de la tarde, Jesús clamó en voz fuerte: *"Eli, Eli, ¿lema sabactani?"*, que significa "Dios mío, Dios mío, ¿por qué me has abandonado?". [...] Entonces Jesús volvió a gritar y entregó su espíritu» (Mateo 27:45-46, 50). Jesús gritó las palabras que David escribió en el Salmo 22 cuando sintió todo el sufrimiento, maltrato, adicción, ira, traiciones y asesinatos de todas las generaciones. Jesús voluntariamente permitió que el peor de los males humanos lo clavara en la cruz mientras él oraba: «Padre, perdónalos, porque no saben lo que hacen» (Lucas 23:34). Fue el día más oscuro de la historia.

Dos historiadores grecorromanos antiguos hicieron observaciones en sus registros sobre la oscuridad misteriosa que describe Mateo. Esta cubrió la región del mediterráneo. Uno de ellos lo llamó un eclipse solar, aunque un eclipse solar no hubiera sido la causa de esta oscuridad[19].

Jesús fue crucificado en la Pascua, la cual ocurría en luna llena, y no puede haber un eclipse solar durante la fase de luna llena. De manera misteriosa, algo más bloqueó el sol ese día. En el 800 a. e. c., Dios predijo a través del profeta Amós: «En aquel día, afirma el SEÑOR y Dios, haré que el sol se ponga al mediodía y que en pleno día la tierra se oscurezca. [...] Será como si lloraran la muerte de un hijo único» (Amós 8:9-10, NVI).

En ese momento de oscuridad, Jesús cargó con todos los pecados, todo el odio, todas las maldades, todas las rebeliones y el orgullo, la culpa y la vergüenza de la humanidad, y estuvo separado de Dios el Padre por primera vez. Su corazón humano colapsó bajo el peso de todo lo que cargaba. El Salmo 22 lo predijo: «Mi corazón es como cera que se derrite dentro de mí». Jesús murió de un ataque cardíaco.

Sabemos esto por lo que el apóstol Juan dice que sucedió a continuación. Los soldados romanos no le quebraron las piernas a Jesús, como era la práctica común para apresurar la muerte. Por el contrario, «uno de los soldados le atravesó el costado con una lanza y, de inmediato, salió *sangre y agua*» (Juan 19:34, énfasis añadido). El Dr. Alexander Metherell explica que cuando ocurre un ataque cardíaco, el líquido pericárdico claro se acumula alrededor del corazón, lo cual parecería como «agua» fluyendo con sangre[20]. Al no tener conocimiento médico moderno, no hay forma en que el rey David y el apóstol Juan supieran la importancia de sus palabras, ¡escritas con más de mil años de diferencia e irreconocibles hasta nuestra era médica! Jesús murió de un ataque cardíaco cuando cargó con el pecado de todos nosotros.

Pablo nos explica lo que Dios logró para nosotros aquel día: «Entonces Dios les dio vida con Cristo al perdonar todos nuestros pecados. Él anuló el acta con los cargos que había contra nosotros y la eliminó clavándola en la cruz» (Colosenses 2:13-14). Ese es el mansaje de Jesús. A todos los que quieren perdón y libertad de la carga de la culpa, Jesús les dice: «¡Estás perdonado! No estoy en contra tuyo, estoy a tu favor».

ESTOY A TU FAVOR

Durante cuarenta años, el padre Cedric Pisegna vivió una vida de servicio a la humanidad como sacerdote católico pasionista. «Pasionista» hace referencia a la pasión o sufrimiento de Cristo, los sacerdotes pasionistas se enfocan en proclamar el amor de Dios revelado en la cruz de Cristo. Cuando estaba creciendo, Cedric no recibió nada de la iglesia católica y se alejó de Dios y de la fe. Como muchos de nosotros, vivía con una noción vaga de Dios. «Hasta cierto punto, tenía una imagen severa de Dios arraigada en mí —confiesa Cedric—. No estaba seguro ni de si Dios era verdadero ni si podía conocerlo».

A los veinte años, vivía frecuentando fiestas y saliendo con mujeres, en esa época Cedric embarazó a su novia, y decidieron abortar al bebé. La culpa lo consumía. Sabía que le había vuelto la espalda a Dios. Un año después del aborto, buscó el perdón y buscó a Dios. Una noche mientras se quedaba dormido, Cedric afirma que tuvo una ECM[21]. Dejó su cuerpo y flotó hacia arriba dirigiéndose hacia un túnel.

¡Lo interesante acerca de esto es que no quería pasar por el túnel! Pensé: *Oh, no* porque sabía que no estaba listo para presentarme ante Dios. Este portal a la eternidad es un lugar que trasciende el tiempo. Era tan diferente que, de alguna manera, hacía que el tiempo como lo conocemos se detuviera. Antes de que me diera cuenta, estaba al final del túnel. De repente, me encontré en la presencia de Dios, parado delante del trono. La única forma de describirlo es como una luz luminiscente viva que me abrazó[22].

El amor de Dios por mí era intensamente personal. Sentía que era conocido y amado incluso desde antes de nacer. Su amor era incondicional. El cuidado y el afecto de Dios por mí no estaba condicionado por mi bondad; por el contrario, Dios irradiaba una bondad tan poderosa y palpitante que era arrolladora. [...] El amor de Dios es una pasión energética. El amor de Dios es afectuoso, muy íntimo y personal. Me di cuenta de que Dios no solo me amaba, ¡sino que estaba enamorado de *mí*! Lo que quiero decir es que me conocía de la cabeza a los pies y aun así me amaba con todo su corazón. [...] Mientras Dios se comunicaba conmigo de manera telepática. [...] Recuerdo haber estado fascinado por lo vulnerable e íntimo que Dios quería ser. Recuerdo haber pensado, *me ama tanto que es escalofriante*. «Escalofriante» es un adjetivo extraño para usar en referencia al amor, lo sé, pero estaba abrumado por la intensidad y la intimidad del amor de Dios. ¡Dios está obsesionado con nosotros! El amor ágape se manifestó a través de la disposición de Jesús a ser torturado en la cruz. El verdadero amor es sacrificial y está dispuesto a sufrir. Este amor es inagotable, incansable y lo impregna todo. [...] Había una unidad maravillosa con Dios. Tenía una unión personal profunda de la cual el matrimonio es solo un símbolo[23].

Mientras estaba parado cerca de la persona gloriosa de Dios, tuve un despertar al Espíritu Santo en el trono de Dios y supe que había sido Jesús quien me había llevado hasta el trono. Estaba sumergido en la gloria/electricidad placentera de Dios. Jesús tenía el brazo alrededor de mi cuello y me dijo telepáticamente: «Yo te protegeré». El hecho de que Jesús pusiera su brazo alrededor del cuello de un joven de veinte años que había participado en un aborto y que me tratara como a un amigo íntimo, derritió mi corazón. Él es amigo de los marginados, de los rechazados, de los pobres. Fue [gracias a] Jesús, debido a su pasión, que fui convocado ante el trono de Dios porque lo había buscado humildemente en oración. Percibí la sonrisa radiante de Jesús. Yo rebosaba de alegría y Jesús estaba resplandeciente. Jesús enseñó sobre el gozo en el cielo cuando alguien que se ha perdido es encontrado y puedo decirte que, según mi experiencia, hay júbilo celestial[24].

Mientras estaba parado delante de Dios, tuve un repaso de mi vida. [...] En un segundo, mi vida fue expuesta por completo. No había nada escondido, no había simulaciones ni engaños. No podía poner excusas. [...] Era alcohólico, fumaba marihuana, era mujeriego y participaba en fiestas. No oraba ni iba a misa y no daba nada a nadie excepto a mí mismo. [...] Mi vida giraba en torno a mí. Todo se trataba de mí. Era muy egoísta, narcisista y tacaño. Es triste reconocerlo, no había hecho nada por los demás y amaba las cosas porque pensaba que en ellas encontraría la felicidad. [...] Todo el tiempo, me engañaba a mí mismo pensando: *No le hago daño a nadie. Soy una buena persona.*

Mientras estaba parado delante del amor mismo, me di cuenta, para mi vergüenza, de que ni siquiera estaba cerca de ser una persona amorosa. Lo opuesto al amor no es el odio. Lo opuesto al amor es el egoísmo. El amor es generoso y se preocupa por los demás. El egoísmo es tacaño y se preocupa solo por sí mismo. [...] Entendí que el propósito de mi vida era viajar del egoísmo a la abnegación.

Las primeras palabras que escuché de parte de Dios fueron tranquilizadoras: «Yo te protegeré». El segundo y último mensaje que recuerdo en su presencia fue difícil. Dios me dijo: «Debes justificar tu alma». [...] En la justificación somos declarados justos ante Dios y somos hechos rectos. En Jesús, fuimos justificados y declarados inocentes y perdonados mediante su sangre. Además, en Jesús somos justicia de Dios (2 Corintios 5:21, RVR60). [...] A través de su gracia, fui perdonado y declarado justo ante él mediante la sangre de Jesús. Legalmente, soy inocente y justo. Todo sucedió a través de la sangre de la cruz. Aun así, en la práctica, debido a que era tan egoísta y no tenía virtud alguna, Dios me estaba diciendo que necesitaba cambiar. [...]

Sin embargo, cuando encontré el amor de Dios, llegué a conocer en la profundidad de mi ser que Dios había estado a mi favor, ¡no en contra de mí! A lo largo de mi vida, no había podido manejar mi comportamiento como deseaba. A pesar de mi incapacidad, descubrí que Dios de verdad me ayuda en lugar de condenarme. [...] Si tropiezo en el camino, es Dios mismo quien me levanta. Si fallo, Dios me perdona. Cuando soy débil, es Dios quien me da fortaleza. «Si Dios está a favor de nosotros, ¿quién podrá ponerse en nuestra contra?» (Romanos 8:31). Cuando partí de la presencia de Dios, hice la siguiente promesa: «¡Ahora que sé, haré mi mejor esfuerzo!»[25].

Cedric regresó sabiendo que había sido perdonado, fue el amor de Dios lo que lo impulsaba. No fue la culpa, sino el amor lo que lo llevó al sacerdocio. La convocatoria al trono de Dios fue en realidad un llamado al sacerdocio. La misión de la vida de Cedric fue enseñarles a las personas acerca del amor y el perdón de Dios abrumadoramente apasionados que fueron derramados por todos nosotros en la cruz.

NO HAY CONDENACIÓN

Dios no está enojado contigo. El mensaje del evangelio es que el perdón está disponible para todos los seres humanos, de todos los tiempos, en todos los lugares, por todas las cosas. Son noticias ridículamente buenas. Lo que Dios hizo a través de Jesús, lo hizo por todas las naciones. Dios quiere que todos los seres humanos sepan que no está esperando el momento para juzgarnos ni condenarnos por nuestros errores; ¡está dispuesto a perdonarnos y a recuperarnos para que volvamos a tener una relación de amor con él! Sin embargo, no *en contra de nuestra voluntad*; solo si estamos dispuestos. Hizo esto porque la forma de conquistar el pecado y el mal es reconciliándose con Dios y volviendo a conectarse a la fuente de amor y verdad. El apóstol Pablo explica cómo sucede esto:

> Por lo tanto, ya no hay *condenación* para los que pertenecen a Cristo Jesús; y porque ustedes pertenecen a él, el poder del Espíritu que da vida los ha libertado del poder del pecado, que lleva a la muerte [muerte espiritual]. La ley de Moisés [ley moral religiosa] no podía salvarnos, porque nuestra naturaleza pecaminosa es débil. Así que Dios hizo lo que la ley no podía hacer.
>
> ROMANOS 8:1-3, ÉNFASIS AÑADIDO

La ley moral no te puede salvar; ¡Dios puede! La ley no puede cambiar el corazón humano, la conexión con Dios, la fuente de amor, sí puede. Además, como veremos, esa conexión nos capacita para vencer la tentación y el mal y para caminar con confianza todos los días en una relación de amor con Dios.

Si te sientes condenado, agobiado por las culpas, avergonzado o con temor, Dios quiere liberarte de todo eso. Jesús dijo: «Ustedes son verdaderamente mis discípulos [seguidores] si se mantienen fieles a mis enseñanzas; y conocerán la verdad, y la verdad los hará libres. [...] Así que, si el Hijo los hace libres, ustedes son verdaderamente libres» (Juan 8:31-32, 36).

Ninguno de nosotros es perfecto y ninguno de nosotros puede salvarse a sí mismo tratando de vivir una vida sin pecado. Tanto los judíos como los cristianos nunca pudieron cumplir perfectamente con la ley de Moisés; ni los hindúes tienen karma perfecto; ni los musulmanes pueden cumplir a la perfección los cinco pilares del islam; ni los budistas se adhieren a la perfección al camino óctuple; e incluso los agnósticos y los ateos no pueden vivir conforme a sus propios valores morales. Todos fallamos. ¿Alguna vez juraste en secreto «*Nunca más* [...]» y lo volviste a hacer? Es así porque la ley moral tiene un límite respecto a lo que puede hacer. No puede salvarnos de nosotros mismos, pero puede ser nuestra tutora y enseñarnos que necesitamos a Jesús. El apóstol Pablo lo dijo de la siguiente forma: «De manera que la ley ha sido nuestro ayo [custodio de niños], para llevarnos a Cristo, a fin de que fuésemos justificados por la fe» (Gálatas 3:24, RVR60). La honestidad acerca de nuestros pecados y fallas nos ayuda a ver que necesitamos el perdón que Dios ofrece a través de Cristo.

SIN TEMOR AL JUICIO

Dios conoce todos nuestros secretos, todas nuestras motivaciones escondidas, todas nuestras obras buenas o malas, pensamientos, actitudes, absolutamente todo. Los teólogos llaman a esto *omnisciencia*. El repaso de vida que tuvieron muchos casos de ECM confirma este atributo de Dios. Heidi, la niña adolescente que fue aplastada por su caballo, pudo echarle un vistazo a la omnisciencia de Dios mientras flotaba en el aire con Jesús.

Mientras flotaba, una visión tridimensional de mi vida comenzó a desarrollarse delante de mí. Vi y sentí los eventos de mi vida desde mi propia perspectiva, y podía sentir, al mismo tiempo, el impacto que causé en los demás. Si dañaba a alguien, me dañaba a mí misma. Si era amable con otra persona, sentía su felicidad como si fuera mía. La visión misma era neutral, como lo era mi amigo [Jesús]. Me di cuenta de que no estaba siendo juzgada; yo era la jueza que juzgaba mi propia vida. Cualquier cosa mala que les hice a los demás, me la hacía a mí misma. Sentía cualquier dolor que le causé a otros, sin importar lo leve que haya sido. Fue una experiencia transformadora. Al mismo tiempo, parecía como si el universo estuviera expuesto delante de mí. No tenía más preguntas. Todas esas preguntas molestas como, ¿por qué estoy aquí? ¿Cuál es el sentido de la vida? [...] Todo tenía sentido[26].

Todo tiene sentido en la presencia de Dios porque él lo sabe todo. Los casos de ECM tuvieron una muestra de lo que el apóstol Pablo quiso expresar cuando dijo: «Todo lo que ahora conozco es parcial e incompleto, pero luego conoceré todo por completo, tal como Dios ya me conoce a mí completamente» (1 Corintios 13:12). Los que tuvieron ECM confirman la omnisciencia de Dios cuando repasan sus vidas. Cosas que se habían olvidado, Dios las sabe. Ven desde la perspectiva de Dios. Es posible que este pensamiento te atemorice, a menos que conozcas el corazón y la gracia de Dios; ¡él está a *tu* favor!

Mientras repasan su vida algunos casos de ECM sienten juicio porque se juzgan a sí mismo basándose en una verdad cruda. Dios los ama de manera incondicional, incluso, durante el repaso de sus acciones y utiliza este repaso para enseñarles la importancia del amor. Algunas personas que tuvieron ECM llegaron a la conclusión equivocada de que no hay juicio después de la muerte porque Dios no juzga, sino que ama. Respecto a esto Jesús nos enseñó: «No hay condenación para todo el que cree en él, pero todo el que no cree en él [el que lo rechaza] ya ha sido condenado» (Juan 3:18). Nuestra propia consciencia nos juzga y lo está haciendo incluso en este momento. Esto es lo que creo que Jesús quiere decir. Sin la gracia de Dios, nuestra consciencia culpable nos hace huir y escondernos de Dios. Esto nos mantiene desconectados de la Fuente que nos puede ayudar a crecer.

Jesús también dijo: «el día del juicio, tendrán que dar cuenta de toda palabra inútil que hayan dicho. Las palabras que digas te absolverán o te condenarán» (Mateo 12:36-37). Esto es exactamente lo que confirma el repaso de vida: Todas las palabras, pensamientos, acciones de nuestra vida terrenal nos juzgaran con precisión.

No obstante, este repaso de vida que experimentan durante una ECM no es el día del juicio; ese evento tendrá lugar al final de la historia de la humanidad (Apocalipsis 20:1-12). El repaso de vida es un recordatorio de lo que más le importa a Dios: Cómo amamos a Dios y cómo nos tratamos los unos a los otros. El profesor Howard Storm me contó que durante el repaso de su vida cuando estaba con Jesús, sintió el perdón y el amor incondicional de Dios, aun cuando sus acciones habían causado un dolor profundo a Dios:

A medida que mi vida avanzaba de la adolescencia a la adultez, me vi alejándome por completo de Dios, de la iglesia y de todo lo relativo a eso, y convertirme en una persona que decidió que en la vida había que ser «el más grande y el más malo para triunfar». Entonces, comencé a sentir literalmente el dolor tanto de Jesús como de los ángeles. Dolor emocional al observar los pecados de mi vida [...] y allí estaba el ser más agradable, amable y amoroso que conocí en toda mi vida a quien reconocí como mi Señor, mi Salvador e incluso mi Creador, sosteniéndome y apoyándome, tratando de darme más entendimiento acerca de mi vida. Y fue, en un sentido figurado, no literal, como si le estuviera clavando un puñal en el corazón mientras mirábamos mi vida. Y lo último que quería hacer era lastimarlo, y hasta el día de hoy sigo pensando que no quiero dañarlo[27].

Howard fue motivado a abandonar su comportamiento pecaminoso, no por temor a la condenación, sino por su deseo de no volver a herir nunca más a aquel que más lo amaba. Jesús vino para quitar todo temor al juicio. «No hay condenación para todo el que cree en él» (Juan 3:18). El juicio no es algo a lo que debamos temer, a menos que por orgullo digas: «No necesito la ayuda de Dios. No necesito que Jesús ore por mis errores. Soy bueno». A los que rechazan el regalo gratuito de Dios, en ese día, sus propias palabras los juzgaran, tal y como testifican los que tuvieron una ECM.

EL DIOS DE GRACIA

Jesús reveló a un Dios de *gracia*. La razón por la cual quienes tuvieron una ECM no se sienten juzgados por Dios es debido a la gracia de Dios. La gracia es un regalo gratuito e inmerecido para quienes merecen el juicio. En ese sentido, la gracia también es escandalosa, nos confunde porque es parte de la naturaleza humana querer *probar* que somos «buenos». La gracia es la razón por la cual Dios no ejecuta su justicia de inmediato cada vez que hacemos algo malo. Todos necesitamos la gracia.

Dios facilitó tanto la relación con él y la entrada al cielo que cualquiera en cualquier lugar pude invocar su nombre y ser salvo: Estar a cuentas con Dios. Jesús nos contó que él hizo que esto fuera posible: «Yo soy el camino, la verdad y la vida —le contestó Jesús—. Nadie llega al Padre sino por mí. Si ustedes realmente me conocieran, conocerían también a mi Padre» (Juan 14:6-7, NVI). Jesús es el medio por el cual Dios puede seguir siendo justo y, al mismo tiempo, perdonar y restaurar a todos los que lo invocan. El apóstol Pablo escribió: «Todo el que invoque el nombre del Señor será salvo» (Romanos 10:13). La única cosa que puede impedir que entremos al cielo es nuestro orgullo.

¿Qué sucede con aquellas personas que nunca escucharon el nombre de Jesús? Las Escrituras no dicen nada respecto a eso. Lo que sí sabemos es que Dios mira el corazón, que Dios es justo y que las Escrituras nos dicen que es por medio de la fe, no por obras, que somos salvos; es un regalo de Dios (Efesios 2:8-10). En ningún otro hay salvación excepto en Jesús, como afirma Hechos 4:12. Sin embargo, según Hebreos 11, muchas personas que nunca conocieron el nombre de Jesús estarán en el cielo gracias a Jesús, entre ellos se encuentran: Abraham, Moisés y Rahab, personas de fe que vivieron antes de Jesús. Dios de alguna manera les imputó el pago de Jesús (quien estaba todavía por venir) por su fe en la luz y el conocimiento que sí tenían. Quizás Dios haga lo mismo hoy en día por aquellos que nunca escucharon su nombre. (Para más información sobre esto, ver: «¿Qué pasa con quienes nunca han oído?», en el Apéndice).

Jesús señaló que tal vez nos sorprendamos por quién esté y por quién no esté en el cielo: «Y les digo que muchos gentiles vendrán de todas partes del mundo —del oriente y del occidente— y se sentarán con Abraham, Isaac y Jacob en la fiesta del reino del cielo. Pero muchos israelitas —para quienes se preparó el reino— serán arrojados a la oscuridad de afuera» (Mateo 8:11-12). No nos corresponde a nosotros juzgar quién será o quién no será salvo por la gracia maravillosa de Dios. Dean Braxton era cristiano cuando tuvo una ECM debido a una sepsis (capítulo 4). Quedó estupefacto al ver a su tía en el cielo. «Según mi sistema de creencia, ella debería estar en el infierno, para ser honesto contigo. Sin embargo, ella estaba allí en el cielo. Por lo tanto, llegué a entender que no depende de mí, sino de Jesús. A veces juzgamos a las personas a pesar de que ese es un asunto entre ellas y Dios. Él sabe. Entonces llegué a entender que no importaba si yo sabía, sino que lo que importaba era que él supiera»[28].

Las Escrituras manifiestan: «Los ojos del Señor recorren toda la tierra para fortalecer a los que tienen el corazón totalmente comprometido con él» (2 Crónicas 16:9). Y Dios promete: «Si me buscan de todo corazón, podrán encontrarme» (Jeremías 29:13). Dios quiere que todos los seres humanos escuchen y sepan sobre el amor y el perdón que ofrece a través de Jesús. No quiere que vivamos bajo la condenación del pecado, con temor a la muerte ni al juicio. Por el contrario, quiere que vivamos con la confianza de saber que estamos en una relación correcta con él, ahora y para siempre.

He aquí la explicación de la gracia de Dios:

Pues Dios amó tanto al mundo que dio a su único Hijo, para que todo el que crea en él no se pierda, sino que tenga vida eterna. Dios no envió a su Hijo al mundo para condenar al mundo, sino para salvarlo por medio de él. No hay condenación para todo el que cree en él.

JUAN 3:16-18

Esa es la gracia. Y eso es todo lo que Dios necesita, un corazón que se vuelva a él en confianza. Recuerda, Dios no está enojado contigo. ¿Te volviste a Dios en confianza? ¿Quieres estar seguro de estar en una relación correcta con Dios para siempre? Dile en este mismo momento: «Dios, necesito tu amor y perdón. Necesito que lo que Jesús hizo cuente para mí. Ven y guía mi vida para que sea lo que siempre quisiste». Es un regalo; es así de sencillo. Sin embargo, no es un regalo barato; ¡le costó a Jesús su misma vida!

SEGUROS EN EL AMOR DE DIOS

Los repasos de vida que experimentan muchos casos de ECM tienen algunas cosas en común, pero cada uno es a la vez único. En el repaso de vida de Alexa, ella vio cómo las acusaciones sentenciosas no podían resistir ante la verdad de la gracia de Dios. También se dio cuenta de que sus acciones le importan a Dios; que el propósito de la gracia es que crezcamos hoy, no que seamos autocomplacientes hasta llegar al cielo. Alexa entró en trabajo de parto con su segundo hijo y después de que el bebé naciera, Alexa miró hacia abajo y se vio a sí misma sangrando abundantemente.

Sentía que la fuerza vital salía de mi cuerpo. Hice una oración rápida por dentro: *¡Oh, Jesús, espero que seas todo lo que estuve adorando todos estos años! Por favor, cuida de mi nuevo hijo pequeño; por favor cuida de mi hermosa hija. Los amo tanto. Dios, te entrego mi alma.*

¡De repente estuve encima de mi cuerpo! ¡Parecía la cosa más natural del mundo! Tenía manos, pies, y todo era normal; era yo en un tipo de bata suave. [...]

Una enfermera preguntó: «¿Dónde está el carro de reanimación?». No sabía lo que era un carro de reanimación, pero sonaba importante. Comenzaron a hacerme RCP. Estaba triste porque todos estaban muy alterados; yo estaba BIEN.

Es más, cuando había salido de mi cuerpo había seres a mis dos lados; ángeles INMENSOS Y PODEROSOS, con alas blancas emplumadas incluso más poderosas. *Ooooh, plumas*, recuerdo haber pensado. Deseaba tanto tocar esas plumas; se veían tan suaves. Cuando estaba estirando los brazos, los ángeles comenzaron a escoltarme. Ese era su trabajo: Protegerme (*¿de qué?*, me pregunté).

Flotamos a través de un túnel que se abrió para nosotros. Una vez que llegamos al final, los ángeles desaparecieron. Entonces vi cientos, tal vez miles de personas, todas vestidas con túnicas largas, blancas, suaves, sencillas, lisas, cada una con una banda alrededor de la cintura. Todas estaban sonrientes y me aceptaron tal como era, ninguna tenía una actitud de juicio ni de crítica. Era una reunión alegre y no atemorizante.

A uno de mis lados, a la derecha, había algo asombroso. Me dirigí hacia allí (flotando, no caminando) para mirar. Había escalones de marfil, escalones resplandecientes. Al final de los escalones había seres espirituales pequeños; ¿querubines? Cantaban constantemente alabanzas a Dios: «SANTO, SANTO, SANTO EL SEÑOR DE LOS EJÉRCITOS; GLORIA, GLORIA, GLORIA A DIOS; SANTOS SON SU JUSTICIA, SU VERDAD Y SU PODER».

Mi alma rebozaba de alabanza y me uní a ellos en la adoración a Dios; ah, ¡cómo deseaba arrodillarme y quedarme con ellos! La Luz que lo llenaba todo era particularmente fuerte allí. Los escalones llevaban a Dios, y su resplandor era tal que no podía mirarlo directamente. Podía ver a Jesús, quien me sonreía. Estaba muy abrumada, pero también feliz, ¡al punto que casi no podía reaccionar!

De repente, apareció un podio. Sí, los cientos de seres todavía estaban mirándome. Había girado hacia mi izquierda y de alguna manera me moví apenas hacia adelante (aunque no había «dirección» real). Estaba en una especie de juzgado, y se presentó una entidad. Después de que apareció, comenzó el repaso de mi vida. Se me había dado a entender que todo iba a ser muy crudo. Fue algo espantoso.

Presentaron delante de mí TODO lo que pensé, hice, dije, aborrecí, la ayuda que di, la cual no di, y la cual debería haber dado. La multitud y todos los que estaban observando lo hacían parecer como si fuera una película. ¡Cuán mala había sido con las personas, de cuántas maneras podría haberlas ayudado, cuán mala había sido (también sin querer) con los animales! ¡Sí! Incluso los animales tenían sentimientos. Era desagradable. Caí sobre mi rostro avergonzada. Vi cómo lo que hacía y lo que no hacía tenía un efecto en cadena en los demás y en sus vidas. No fue hasta entonces que entendí que cada pequeña decisión que tomamos o elección que hacemos afecta al mundo en que vivimos. La sensación de haber decepcionado a mi Salvador era demasiado real. Extrañamente, incluso durante este horror, sentí la compasión y la aceptación de mis limitaciones por parte de Jesús y de la multitud que estaba allí.

Durante este repaso, el ser malvado estaba allí. Lo miré; era bien parecido, no era feo. Cabello negro, estatura media, vestido con una toga marrón con un cordón negro a la cintura. Sus ojos me llamaron la atención. ¡Eran negros y vacíos! No había vida ni bondad en ellos. ¡¡Intensos en todos los sentidos, su único propósito era poseer, ser dueño, controlar mi misma alma y hacerme sufrir!! Retrocedí aterrorizada. Todas las veces que durante el repaso de mi vida pecaba y fallaba, él disfrutaba enormemente. Gritaba: «¡AHÍ ESTÁ! ¿Ves el mal que hizo? —me acusaba—. ¿Por qué no trató de hacerlo mejor? ¿Por qué no ayudó más? ¡Debe ser castigada!». Estaba desconsolada. Mis pocas obras, pequeñas y buenas no eran suficientes ante los valores de Dios.

Entonces, cuando todo terminó, retumbó una voz inmensa y profunda:

—¿ESTÁ CUBIERTA CON LA SANGRE DEL CORDERO?

—¡SÍ!

Después de eso, Jesús miró a Satanás y declaró:

—¡ELLA ES MÍA!

La sala de juicio desapareció, y el ser maligno, Satanás, ¡gritaba! Siseó como una serpiente, se dio vuelta, giró como un tornado y se hizo cada vez más y más pequeño. ¡Se encogió hasta que se transformó en un montón de polvo y desapareció! Desapareció por completo, gritando con ira todo el tiempo. Todo lo que había en esa escena desapareció, excepto por la multitud celestial y por Jesucristo. ¡Me miraba fijamente con un amor INCREÍBLE! Extendió las manos y muñecas atravesadas por los clavos que, aunque habían sanado por completo, tenían el contorno de las marcas de la crucifixión. ¡No era un Jesús débil, sino fuerte, poderoso, alto como un cielorraso y todo resplandeciente! Su cabello largo, blanco no era nada comparado con sus ardientes ojos dorados. Ardían de pureza, gozo y propósito. ¡Abrió su boca y sentí un sonido fuerte como el de un tren de carga! El sonido veloz y rugiente que salía era casi ensordecedor. Habló acerca de quién era él y, además, me dijo que era mi abogado ante Dios el Padre. Me derrumbé de asombro y lo adoré con toda mi alma. Lloré de gozo como una bebé mientras contemplaba su sonrisa gloriosa y llena de amor. Me amaba y me aceptaba por completo. Fui llena de paz y de alegría[29].

En el libro de Apocalipsis, Juan escribe acerca de escuchar a los ángeles proclamar sobre Jesús: «Pues tú fuiste sacrificado y tu sangre pagó el rescate para Dios de gente de todo pueblo, tribu, lengua y nación» (Apocalipsis 5:9). Juan también escuchó a Jesús decir: «Todos los que salgan vencedores serán vestidos de blanco. Nunca borraré sus nombres del libro de la vida, sino que anunciaré delante de mi Padre y de sus ángeles que ellos me pertenecen» (Apocalipsis 3:5).

Aunque esta escena de la sala de juicio no es común en la descripción del repaso de vida de los casos de ECM, quizás Dios la usó para enseñarle tanto a Alexa como a nosotros, porque también refleja esta descripción del libro de Job del Antiguo Testamento: «Un día los miembros de la corte celestial llegaron para presentarse delante del SEÑOR, y el Acusador, Satanás, vino con ellos» (Job 1:6).

Las voces del maligno quieren acusarnos, hacernos sentir culpables y, de manera continua, condenarnos en nuestra mente. Sin embargo,

Jesús murió para liberarnos, para que caminemos a diario con Dios en confianza, sin temor, perdonados, de modo que él puede ayudarnos a crecer hasta convertirnos en personas amables, misericordiosas e inspiradoras. «Nosotros sabemos cuánto nos ama Dios y hemos puesto nuestra confianza en su amor», escribe el apóstol Juan (1 Juan 4:16) y sigue diciendo:

> Por lo tanto, no tendremos temor en el día del juicio, sino que podremos estar ante Dios con confianza, porque vivimos como vivió Jesús en este mundo. En esa clase de amor no hay temor, porque el amor perfecto expulsa todo temor. Si tenemos miedo es por temor al castigo, y esto muestra que no hemos experimentado plenamente el perfecto amor de Dios.
>
> 1 JUAN 4:17-18

¿Vives con esta confianza?, ¿te sientes a salvo y seguro en su perfecto amor? Dios quiere eso para ti. Dios te quiere libre de vivir bajo el peso de la condenación, la acusación o la culpa obsesiva. Verdaderamente, su gracia nos hace libres. Como veremos, vivir libres de temor nos capacita para vivir abierta y honestamente ante Dios, sacando provecho de su fortaleza y guía para convertirnos cada vez más en nuestro ser verdadero, las personas que siempre quiso que fuéramos en su gran historia de amor.

PARTE 3

EL MISTERIO Y
LA MAJESTAD DE DIOS

EL MISTERIO DEL DIOS TRINO

CUANDO EL CABALLO DE HEIDI, una joven judía de dieciséis años criada por padres ateos, cayó sobre ella (capítulo 3), no tenía idea de un Dios trino. Solo sabía por intuición que Dios existía y oraba a Dios todas las noches. Sin embargo, en su ECM, Heidi experimentó el misterio de Dios como tres personas: Padre, Hijo y Espíritu Santo. Heidi describe lo que sucedió mientras continuaba su interesante viaje después de flotar con Jesús diez metros encima del accidente:

> Antes de que Jesús y yo dejáramos la escena, me di cuenta de algo más, no tenía más preguntas. No había hecho ninguna pregunta; simplemente me di cuenta de que sabía las respuestas. Por supuesto, si me preguntas: «¿Cuáles son esas respuestas?», no puedo decírtelo. Solo me di cuenta de que sabía las respuestas cuando estuve muerta, y de que todo tenía sentido. [...] Sin embargo, aquí en la tierra, es cuando

buscamos a Dios que en verdad nos volvemos humildes y humanos; nos convertimos en las personas que quiere que seamos.

Jesús y yo despegamos. Íbamos cada vez más y más rápido hasta que alcanzamos lo que supongo sería la velocidad de la luz. Antes de alcanzar la velocidad de la luz, las cosas todavía estaban separadas. Podía diferenciar un objeto del otro. Después que alcanzamos la velocidad de la luz, cruzamos un umbral y, en el otro lado, todo se volvió una sola cosa, una cosa indiferenciada que contenía toda la vida. Jesús y yo éramos individuos, sí. Todavía podía verlo y sentir el calor de su mano sujetando la mía, pero todo a nuestro alrededor era una sola cosa. Supe que esa sola cosa era Dios. La forma más sencilla en que puedo describir este entendimiento es manifestando que no hay esquinas, no hay lugar que Dios no ocupe. Contiene todo y todo es contenido en él. Él está en nosotros y nosotros en él. Lo que experimenté es difícil de traducir en palabras. Todo esto me recuerda a Juan 14:20 (NVI): «En aquel día ustedes se darán cuenta de que yo estoy en mi Padre, ustedes en mí y yo en ustedes». Sí, Jesús estaba en el Padre, y él estaba en mí, y yo estaba en él. Desearía poder explicar esto mejor, pero no puedo. Él era uno, y era él mismo, pero estaba también en mí. Había una parte de él en mí. Realmente no hay palabras para describir este conocimiento.

Jesús me sonrió. Estaba muy feliz porque reconocí la inmensidad de Dios. Créeme, la inmensidad de Dios hará que te pongas de rodillas. Nuestro cerebro humano no lo puede entender sin hacer saltar el disyuntor. Los israelitas estaban en lo correcto al postrarse en el monte Sinaí. [...]

Mientras cruzábamos el umbral, vi una luz. La luz ocupó todo mi campo visual. Era una luz perfecta, blanca, inmaculada, y su alcance era infinito. La luz no tenía fin, ni tampoco principio. La luz estaba viva, y la luz era amor. Jesús me llevó directamente hacia la luz, y me encontré sentada en la falda de Dios; Dios el Padre, sí, pero de Jesús, también. Eran uno, y al mismo tiempo dos personas distintas, aunque, de nuevo, eran uno. ¿Te das cuenta de lo difícil que es explicar esto?

Entonces, allí estaba yo sentada en la falda de Dios, moviendo mis piernas como una niña pequeña. Tenía mis brazos alrededor de su cintura y mi rostro enterrado en su pecho. Amor perfecto. [...] Amor encarnado. Todo el amor. Cada partícula de amor que existe. Eso era Dios. Él también tenía los brazos alrededor de mí. Me abrazaba fuertemente. Y es un Dios grande. Yo era como una bebé sentada en la falda de su padre. Tenía la sensación de que no debía mirar su rostro; en definitiva no en la forma en que había fijado los ojos en el rostro de Jesús. Eché una ojeada rápida a hurtadillas hacia arriba y luego con rapidez enterré mi rostro en su pecho de nuevo. No pude ver su rostro, parecía estar envuelto en nubes, de alguna manera escondido. [...]

Me sentía tan pequeña, pero no tenía temor, solo asombro en el sentido más verdadero de la palabra. Había vuelto a casa donde estaba mi verdadero Padre, quien me amaba. Me amaba con todo el amor del universo. Lo que mi papá [terrenal] me había dicho no era verdad. Era mentira. Mi vida no era menos importante que la mota de polvo más microscópica en el universo. Mi vida tenía importancia para Dios. Dios me conocía. Dios me reconfortaba. Dios me aceptaba. Dios me amaba. Dios llenaba cada espacio en mí. Él llenaba mi corazón. [...]

Imagínate un Dios/Luz infinito vestido con una túnica blanca pura, como si fuera una vestimenta hecha de luz, también infinita en tamaño. Imagínate a este Dios/Luz infinito corriendo el borde de su túnica, el borde de su túnica infinitamente lejano. Solo extrayendo una porción de sí mismo podía permitirme ver lo que quería mostrarme. Ten en mente que aquí en la tierra, en esta vida, era casi ciega [sin lentes]. Cuando estuve muerta, tenía visión perfecta. También ten presente que lo que Dios quería mostrarme estaba infinitamente lejos [...] [pero] podía ver cada uno de los detalles como si estuvieran a centímetros de mi rostro.

La primera cosa que vi fue la hierba, hierba verde. La hierba era como la hierba de la tierra, y el verde era como el verde de la tierra, pero a su vez era diferente. Me di cuenta de que todos los colores que vemos aquí en la tierra son apenas un reflejo de los colores del cielo. [...] El día perfecto más hermoso en la tierra, a pesar de ser valioso y de valer la pena y ser encantador, es solo un reflejo pálido de los días en el cielo. [...] Veía cada brizna de hierba. ¿La parte más increíble? ¡La hierba estaba cantando! Nunca jamás me olvidaré de lo que vi y de lo que escuché; de lo que presencié. Cada una de las briznas de hierba estaba cantando alabanzas a Dios. La música que tocaba la hierba era extraordinaria, asombrosa, preciosa, celestial, impresionante. Las flores y los árboles se mecían al son de la canción de la hierba, y todo se movía en la luz de Dios. La luz de Dios fluía a través de todo, dando vida a todo. Mientras contemplaba esta visión excepcional, vi un camino a través de la pradera. Escuché cánticos, personas que también estaban cantando alabanzas a Dios.

Jesús me tomó de la mano derecha. Se veía serio, preocupado.

—No estás muerta —dijo—. Debes regresar.

Retiré mi mano de la suya y me abracé a la cintura de Dios y sumergí mi rostro en su pecho.

—No voy a regresar —le dije.

Jesús me tomó la mano de nuevo.

—No estás muerta. Debes regresar[1].

Heidi me contó que mientras Jesús la ponía de nuevo en su cuerpo, tuvo un tiempo difícil de adaptación. Él expresó:

—Tu vida está en buenas manos.

Entonces, de repente, sintió la presencia de Jesús en su cuerpo. «En ese momento, no conocía el lenguaje teológico», dice Heidi.

Creo que fue el Espíritu Santo de Dios. Jesús se fue, pero me dejó con su Presencia. Aunque no podía verlo, sabía que estaba allí. Sentía su Presencia y su Presencia me tranquilizaba. Con el paso de los años, su Presencia me hizo querer saber más para buscar a Jesús. Buscarlo físicamente en Israel, luego buscarlo en las Escrituras y, finalmente, en comunidad [una sinagoga y una iglesia]. Lo que ahora llamaría el Espíritu Santo cambió mi vida presente[2].

Aunque Heidi no tenía ninguna expectativa de encontrarse con el Padre, el Hijo y el Espíritu Santo, en su ECM lo hizo. Incluso entendió que, de alguna manera, los tres eran un Dios; ¿cómo podrían tres ser uno?

LA PARADOJA DE LA TRINIDAD

Hay un solo Dios. La Biblia revela esa verdad de manera constante, tanto en el Antiguo Testamento como en el Nuevo Testamento. Sin embargo, a lo largo de la Biblia, Dios también se revela como tres personas: Padre, Hijo y Espíritu Santo. ¿Cómo es posible que tres personas puedan ser un solo Dios? Aunque esto pueda parecer una contradicción para la mayoría de nosotros, los casos de ECM que estuvieron en la presencia de Dios también experimentaron la naturaleza trinitaria de Dios.

A lo que los teólogos se refieren como la Trinidad*, o el Dios trino, en realidad no es una contradicción. Por el contrario, es un misterio o una paradoja que tiene sentido en el otro lado de nuestro espacio tridimensional finito. Si esto te parece improbable, ten en cuenta que la ciencia ya descubrió otros misterios extra dimensionales. Por ejemplo, la teoría de la relatividad de Einstein explica a la perfección la gravedad y el movimiento de objetos grandes, tales como los planetas; la mecánica cuántica describe perfectamente el comportamiento de las partículas subatómicas, tales como los electrones y cuarks. Aun así, las dos teorías científicas no funcionan juntas de una manera unificada; de hecho, parecen descripciones de la realidad incompatibles, lo cual ha desconcertado a los científicos por décadas.

Theodor Kaluza y Oskar Klein, dos científicos contemporáneos de

---

* «Trinidad» es la palabra que los teólogos utilizan para describir el misterio de un Dios en tres personas revelado en la Biblia. Aunque la palabra «Trinidad» no se usa en la Biblia, este aspecto de la naturaleza de Dios es evidente en diferentes formas a través de tanto el Antiguo como del Nuevo Testamento.

Einstein, elaboraron una teoría que mostraba matemáticamente que una quinta dimensión, escondida de nuestra vista, unificaría las teorías de la gravedad y el electromagnetismo[3]. Fue precursora de la teoría de las cuerdas, la cual propone que hay muchas más dimensiones invisibles para la realidad.

El punto es que los seres humanos estamos limitados por las dimensiones de tres espacios y por el tiempo. Si hay más dimensiones que no podemos ver, las experimentaremos como paradojas de la naturaleza (así como a la realidad de Dios) cuando las reduzcamos a los términos tridimensionales. La mecánica cuántica está descubriendo muchas paradojas parecidas. Por lo tanto, la Trinidad no es el único misterio con el cual tenemos que luchar y, teniendo en cuenta lo que la ciencia está descubriendo, esta paradoja no debería sorprendernos.

Está bien, pero espera un segundo. Si Jesús era el único Dios verdadero, ¿cómo es posible que Dios muriera en la cruz? ¿Quién estaba a cargo del universo si Dios estaba muerto? Los escépticos a menudo plantean preguntas como estas. Reflexionemos más sobre este asunto. Si Dios existe fuera de nuestro entendimiento dimensional, entonces, solo podemos imaginarnos a la Trinidad, en parte, a través de analogías.

Imagínate que creo un mundo plano de solo dos dimensiones y lleno ese mundo con personas planas. Lo llamamos «Planilandia»[4]. Las personas en Planilandia solo pueden moverse hacia adelante y hacia atrás o hacia los costados porque no hay tercera dimensión; ni hacia arriba ni hacia abajo. Como soy un ser tridimensional*, ni siquiera pueden concebir cómo soy, lo que puedo hacer o dónde existo en una tercera dimensión. Ahora, digamos que pongo tres dedos en su mundo (Imagen 1). La gente de Planilandia me vería como tres rebanadas redondas en su mundo de dos dimensiones (Imagen 2).

¿Qué pasaría si le dijera a la gente de Planilandia que, en realidad, no soy tres seres separados, sino un solo ser? Y que esas tres rebanadas redondas no son tres entidades diferentes, sino tres representaciones de mi unidad en dos dimensiones. Esa sería una paradoja para ellos, tres círculos

---

* Técnicamente, según Albert Einstein, existimos en dimensiones de cuatro espacios y un tiempo (tres dimensiones espaciales y una dimensión de tiempo), pero debido a que hablamos del espacio tridimensional en el cual vivimos, estoy usando esta convención.

Imagen 1

Imagen 2

solo pueden existir uno al lado del otro en su mundo. Tres círculos nunca pueden ser «uno» porque no hay tercera dimensión en su mundo; no hay ninguna realidad en la cual los tres círculos se unen a mi mano y a mi brazo en mi ser tridimensional que es uno.

Usando esta analogía, quizás podamos imaginarnos que las tres personas (Padre, Hijo y Espíritu Santo) pueden, de alguna forma, «conectarse» en dimensiones más elevadas, o más allá de todas las dimensiones, como un solo ser. Digo *quizás* porque todas las analogías para referirnos a la naturaleza del Dios infinito son finitas y, por lo tanto, incompletas (por comentarios sobre otras analogías ver Notas)[5].

Entonces, volviendo a la pregunta de los escépticos: «¿Quién estaba a cargo del universo mientras Jesús moría en la cruz?». Dios continuaba existiendo y sustentado todas las cosas, incluso cuando su «brazo» se extendía a la «Planilandia» de la humanidad, a través de Jesús, muerto en una cruz. No te confundas, hay un solo Dios.

ADORAMOS A UN SOLO DIOS

Crystal McVea tuvo un comienzo difícil. Sus padres se divorciaron, y su niñera, quien la cuidaba todas las semanas mientras su mamá se drogaba en el piso de arriba, abusaba sexualmente de ella. Su padrastro alcohólico la maltrataba. Por lo tanto, aunque a Crystal le costaba concebir la idea de Dios el Padre, Jesús la intrigaba. Jesús era una persona que también había sufrido, entonces, sentía que él podía entenderla. Además, había escuchado que vino para salvarnos. Cuando tenía nueve años, Crystal se bautizó porque quería que Jesús la salvara. Y, aunque sí se sintió limpia de toda la vergüenza que sentía, el abuso continuaba. Pasó su adolescencia enojada con Dios, convencida de que él no la amaba. Eso desencadenó años de rebelión; años en los cuales, según ella, quebró cada uno de los diez mandamientos.

Cuando tenía treinta y tres años, Crystal fue al hospital por pancreatitis y, debido a algunas complicaciones, sufrió un paro cardíaco; no tuvo latidos en el corazón ni ondas cerebrales durante nueve minutos. Se encontró fuera de su cuerpo, con dos ángeles guardianes al frente de ella hacia su izquierda.

> También estaba consciente del ser que estaba a mi derecha y, en ese mismo momento, supe quién era. Y me sentí vencida por un deseo profundo e interminable de alabar y adorar a este ser porque de inmediato supe que estaba en la presencia de Dios.
>
> Siempre me había referido a Dios con el pronombre masculino *él*, y supongo que lo seguiré haciendo para siempre. Aun así, el ser que estaba a mi derecha no era ni él ni ella; era simplemente Dios. Ni tampoco pude distinguir entre Dios, Jesús y el Espíritu Santo, como a veces hacemos en la tierra.

Los tres eran uno; el que estaba delante de mí ahora [...] una profusión enceguecedora de brillantez. [...]

Me pasé la vida dudando de que existiera y desconfiando de su amor por mí, pero en ese instante supe que Dios siempre, siempre estuvo allí; a mi lado. [...] En el cielo no tenemos solo cinco sentidos; tenemos muchísimos sentidos. Imagínate un sentido que no solo te permita ver la luz, sino también degustarla. [...] Tocar y sentir la luz. [...] Eso es lo que experimenté en la presencia de Dios, una forma hermosa y nueva de recibir y enviar amor. [...] ¡El éxtasis puro del amor! La belleza del amor, el gozo y la gracia, la manera en que mi espíritu se elevaba y mi corazón explotaba; cómo me gustaría encontrar las palabras para transmitir lo milagroso que fue esto. [...] Con cada fibra de mi existencia quería alabar y adorar a Dios, eso era *todo* lo que quería hacer. Quería hacerlo *para siempre*. [...] Lo que impulsaba mi alabanza era la intensidad y la inmensidad de mi amor por Dios. Simplemente, no hay otro amor que se parezca ni siquiera remotamente a este[6].

Me parece tan interesante que las personas que en la tierra no están dispuestas a adorar o a alabar a Dios no pueden evitar hacerlo en su presencia; de hecho, ¡desean poder hacerlo para siempre! Incluso como pastor, el pensamiento del culto de los domingos por toda la eternidad me parece aburrido y difícil. Aun así, la clase de adoración que según los casos de ECM tiene lugar en la presencia de Dios, suena como vivir llenos de amor, éxtasis y gozo. La adoración no es simplemente cantar canciones; es expresar gratitud, amor, asombro y fascinación.

Como dijo Crystal, hay un solo Dios, no tres Dios[es]. El credo del pueblo de Israel que Dios dio a Moisés lo deja muy en claro: «Jehová uno es. Y amarás a Jehová tu Dios de todo tu corazón, y de toda tu alma, y con todas tus fuerzas» (Deuteronomio 6:4-5, RVR60). Este fue y todavía es el centro de la fe del judaísmo: Hay un solo Dios; ama solo a Dios.

Jesús afirmó que hay un solo Dios cuando dijo: «Las Escrituras dicen: "Adora al SEÑOR tu Dios y sírvele únicamente a él"» (Lucas 4:8).

La oración final de Jesús por sus seguidores en la tierra también reconoce el misterio de este único Dios: «Y la manera de tener vida eterna es conocerte a ti, el único Dios verdadero, y a Jesucristo, a quien tú enviaste a la tierra. [...] Te pido que todos sean uno, así como tú y yo somos uno, es decir, como tú estás en mí, Padre, y yo estoy en ti. Y que ellos estén en nosotros, para que el mundo crea que tú me enviaste» (Juan 17:3, 21). Por lo tanto, Jesús afirma que hay un solo Dios, en todo y a través de todo, pero con un giro.

El apóstol Pablo expone el giro: «Hay un Dios, el Padre, por quien todas las cosas fueron creadas y para quien vivimos; y hay un Señor, Jesucristo, por medio de quien todas las cosas fueron creadas y por medio de quien vivimos» (1 Corintios 8:6). Por lo tanto, nos hay tres Dios[es]; hay un solo Dios, revelado en tres personas. En el cielo, los que tuvieron una ECM experimentaron este misterio.

DIOS EN TRES PERSONAS

«Cuando me encontré por primera vez con Jesús —recuerda Dean Braxton después de su ECM debido a una sepsis—, supe de inmediato que el Espíritu Santo, Jesús y el Padre son uno».

Tenía la certeza interna de que no estaba hablando con uno, sino con los tres a la misma vez. En general, la conversación no era verbal, sino con el pensamiento, yo estaba hablando en mi cabeza, estaba consciente de cada una de las personas que me escuchaban, pero eran uno. No de la manera en que pensamos en uno; supe que la plenitud de Jesús estaba en el Padre, y que la plenitud del Espíritu Santo estaba en Jesús; no podía separarlos allí. Tengo que separarlos ahora, por lo que suena como si solo hubiera estado hablando con Jesús. Aun así, sabía que estaba hablando con el Padre y con el Espíritu Santo también. Sin lugar a dudas, experimenté a Jesús, al hombre glorificado y, luego, al Padre en su trono; me di cuenta de que construimos una barrera alrededor de esta verdad de modo que la experiencia propiamente dicha trasciende nuestras palabras. Dios el Padre es, como dice la Biblia, Espíritu. Es puro

Espíritu. ¡Es puro amor, es pura vida y es pura luz! [...] Todo lo que puedo decir es que Dios el Padre es infinito. Es tan resplandeciente como Jesús; muchos colores salen de él. Jesús y Dios el Padre iluminan todo. [...] Viven afuera de todos los seres y adentro de todos los seres. Todos los seres resplandecen gracias al Padre y a Jesús.

Dios el Padre le respondía cantando a todos y cada uno de los seres que lo estaban alabando ante el trono. Le cantaba una canción de amor individual a cada una de sus criaturas. Como en el Cantar de los Cantares en la Biblia. Había un intercambio de palabras de amor entre Dios y cada una de las personas. La única vez que vi a los seres abrir su boca fue cuando estaban cantando alabanzas al Padre ante el trono. Todos los seres y criaturas vivientes alababan al Padre y a Jesús. Toda la creación de Dios alaba a Dios todo el tiempo. Oír a las flores alabar al Señor es maravilloso. Las aves cantan alabanzas al Señor. El agua alababa al Señor. Las montañas alababan al Señor[7].

Siempre pensé que lo que Isaías escribió era solo una metáfora: «¡Canten de alegría, cielos [...]! ¡Prorrumpan en canciones, montañas y bosques, con todos sus árboles! Porque el SEÑOR ha redimido a [su pueblo]» (Isaías 44:23, NVI). Sin embargo, escuchar a Dean y a muchos otros casos de ECM hablar sobre esto me convenció de que es literal. Toda la creación alaba al Padre, al Hijo y al Espíritu Santo. Imagínate todas las maravillas y misterios impresionantes que viviremos cuando experimentemos la vida eterna en la presencia de Dios. ¡Quizás imaginarnos tales maravillas celestiales nos ayude a unirnos a la creación en alabanza a Dios ahora!

Manifestaciones de Dios en la Biblia

Dios es un solo Dios en tres personas. Esa revelación tiene sentido cuando recordamos que Dios *es* amor. Sin embargo, el amor es siempre relacional. Por lo tanto, antes de que Dios creara algo, ¿a quién amaba? La respuesta se encuentra en las personas de Dios: El Padre ama al Hijo, el Hijo ama al Espíritu Santo, el Espíritu Santo ama al Padre. Dios *es* una relación. El Creador de todo es una relación de amor. Este entendimiento de la Trinidad de amor no es un descubrimiento reciente, sino algo que aparece desde el principio de la historia bíblica. Permíteme mostrarte solo algunas de las formas en que las tres personas se hacen evidentes en la Biblia.

El ángel del Señor. Las Escrituras nos cuentan que Dios apareció de forma visible alrededor del 2000 a. e. c. para decirles a Abraham y a Sara que tendrían un hijo que bendeciría a todas las naciones: «El Señor se apareció a Abraham junto al bosque de encinas de Mamré [...]. Abraham alzó la vista y vio a tres hombres» (Génesis 18:1-2, nvi). Estos hombres resultaron ser dos ángeles más el ángel del Señor quien repitió su promesa: «Pero el Señor dijo para sus adentros: "[...] y en él [Abraham] serán bendecidas todas las naciones de la tierra. Yo lo he elegido"» (Génesis 18:17-19, nvi).

En el Antiguo Testamento, cuando Yahveh, el único Dios verdadero, se aparecía visiblemente en forma humana, a menudo, hacían referencia a él como «el ángel del Señor». Mientras los ángeles rehúsan ser adorados, diciendo: «¡Adora solo a Dios!»[8], el ángel del Señor a veces acepta adoración y sus palabras a menudo son equiparadas a las de Yahveh (ver Jueces 6:11-27). Los teólogos llaman a esto *teofanía*[9], una manifestación visible de Dios, posiblemente como el hijo de Dios preencarnado. Aquí, podríamos estar viendo los primeros destellos del Dios trino revelado, aunque no explicado, cuatro mil años atrás.

Un niño. Luego, alrededor del 700 a. e. c., Isaías aclaró un poco más las cosas, escribiendo que una gran luz vendría a la región de Galilea: «Porque nos ha nacido un niño, se nos ha concedido un hijo [...] y se le darán estos nombres: Consejero Admirable, Dios Fuerte, Padre Eterno, Príncipe de Paz» (Isaías 9:6, nvi). Isaías profetizó que el Dios fuerte vendría como un niño y viviría en Galilea, la tierra donde Jesús creció y ministró.

El Hijo del Hombre. Más tarde, cerca del 500 a. e. c., el profeta Daniel tuvo una visión de Dios en su trono: «Su trono llama de fuego [...] millares de millares le servían, y millones de millones asistían delante de él [...] he aquí con las nubes del cielo venía uno como un hijo de hombre, que vino hasta el Anciano de días [Dios], y le hicieron acercarse delante de él. Y le fue dado dominio, gloria y reino, para que todos los pueblos, naciones y lenguas le sirvieran» (Daniel 7:9-10, 13-14, RVR60). ¿Qué? ¿Servían a «un hijo de hombre»? Hay *un* solo Dios; y el credo judío dice que hay que rendir culto solo a Dios. Entonces, ¿por qué este profeta judío, Daniel, habla acerca de un «hijo de hombre» a quien Yahveh dará toda la autoridad y dice que todas las naciones le servirán? ¡A menos que este «hijo de hombre» *sea* el único Dios verdadero encarnado! Cuando Jesús estuvo en la tierra, el «Hijo del Hombre» fue el nombre que a menudo usaba para referirse a sí mismo. Jesús se refería a sí mismo cuando dijo: «El Hijo del Hombre tiene potestad en la tierra para perdonar pecados» (Mateo 9:6, RVR60). Cuando Jesús llevó a Pedro, Santiago y Juan a la montaña y les mostró su gloria, «la apariencia de Jesús se transformó a tal punto que la cara le brillaba como el sol [...] Jesús les ordenó: "No le cuenten a nadie lo que han visto hasta que el Hijo del Hombre se haya levantado de los muertos"» (Mateo 17:2, 9). Claramente, Jesús se igualaba a sí mismo como el Hijo del Hombre mencionado en Daniel, a quien todas las naciones adoran como el único Dios verdadero.

El Dios de Abraham. Jesús también se igualó a sí mismo como el Dios de Abraham. Enfrentando la hipocresía de los líderes religiosos que se complotaban para matarlo, Jesús dijo:

Aun así, algunos de ustedes procuran matarme porque no tienen lugar para mi mensaje en su corazón. Yo les cuento lo que vi cuando estaba con mi Padre [...].

Abraham, el padre de ustedes, se alegró mientras esperaba con ansias mi venida; la vio y se llenó de alegría.

Entonces la gente le dijo:

—Ni siquiera tienes cincuenta años. ¿Cómo puedes decir que has visto a Abraham?

Jesús contestó:

—Les digo la verdad, ¡aun antes de que Abraham naciera, Yo soy!

En ese momento, tomaron piedras para arrojárselas.

JUAN 8:37-38, 56-59

Los líderes religiosos entendieron con claridad lo que Jesús afirmó cuando usó la expresión «Yo soy» para referirse a sí mismo como el Dios revelado a Abraham y a Moisés. Trataron de matarlo a pedradas por blasfemia porque estaba diciendo que era el único Dios verdadero. Mucho tiempo antes, sus propios profetas habían predicho su venida, pero los líderes religiosos de los días de Jesús estaban enceguecidos por la codicia y la ambición de poder. Como Jesús dijo, no había lugar en su corazón para permitir a Dios que fuera Dios. *El Padre, el Hijo y el Espíritu Santo.* En su ECM, Bill Smith recuerda:

Hay una distinción que identifica a las dos personas que son uno y el mismo Dios, uno sale del otro. La persona espiritual que une a cada uno, el Espíritu de Dios, se mueve del Hijo al Padre. No hay separación entre ellos. Finalmente vemos a Jesús como quien Él es, envuelto en unidad con el Padre. Dios mismo está ahí; único, solo uno. Se revela a sí mismo con el tiempo a través de la encarnación. Jesús es todo lo que sale del Padre. [...] Me dio una serenata y me llevó cantando hasta su trono[10].

¿Y qué pasa con el Espíritu Santo? ¿El Espíritu Santo es solo una revelación de Dios del Nuevo Testamento? En lo absoluto. El Espíritu Santo también estuvo allí desde el principio: «En el principio Dios creó los cielos y la tierra. [...] Y el Espíritu de Dios se movía sobre la superficie de las aguas» (Génesis 1:1-2, NVI). Y a Isaías, Dios le revela su naturaleza triple en términos muy íntimos:

[Dios] dijo: Ciertamente mi pueblo son, hijos [¿de un Padre?] que no mienten; y fue su Salvador. En toda angustia de ellos él fue angustiado, y el ángel de su faz [¿el Hijo?] los salvó; en su amor y en su clemencia los redimió, y los trajo, y los levantó todos los días de la antigüedad. Mas ellos fueron rebeldes, e hicieron enojar su santo espíritu.

ISAÍAS 63:8-10, RVR60

El Espíritu Santo es una persona, no una «cosa», ni «la fuerza». El Espíritu Santo tiene sentimientos, puede amar y ser afligido.

Después de su resurrección, Jesús confirmó la naturaleza trinitaria de Dios, cuando le dijo a sus seguidores:

Se me ha dado toda autoridad en el cielo y en la tierra. Por lo tanto, vayan y hagan discípulos de todas las naciones, bautizándolos en el nombre del Padre y del Hijo y del Espíritu Santo. Enseñen a los nuevos discípulos a obedecer todos los mandatos que les he dado. Y tengan por seguro esto: que estoy con ustedes siempre, hasta el fin de los tiempos.

MATEO 28:18-20

Jesús confirma que hay un solo Dios, revelado como el Padre, el Hijo y el Espíritu Santo. En esta afirmación, Jesús nos recuerda que Dios no se manifiesta a sí mismo como miles de dioses, sino como tres personas, un Dios; no más, no menos.

Solo hemos analizado la superficie de todas las formas en que Dios revela su verdadera naturaleza como un solo Dios en tres personas. Tengamos en cuenta lo siguiente: Si esta no fuera la verdadera naturaleza de Dios, ¿por qué los escritores preservarían esta descripción paradójica de Dios a través de 1500 años de escritura? ¿Por qué no la «arreglaron» para eliminar la confusión? Y ¿por qué personas como Heidi y otros casos de ECM, quienes no tenían entendimiento previo de la perspectiva bíblica del Padre, del Hijo y del Espíritu Santo, dicen la misma cosa? Creo que la respuesta es clara: Verdaderamente Dios es un Dios trino, un Dios en tres personas, tal como lo reveló todo el tiempo.

Manifestaciones de Dios en las ECM

Entonces, ¿cómo interpretamos al Dios gigante que ven algunos casos de ECM? Cuando escuché por primera vez, me costaba creer lo que decían los casos de ECM sobre Dios, quien era un gigante. Me parecía como algo sacado de un cuento de hadas. Aun así, muchas personas que tuvieron una ECM dijeron lo mismo acerca de su encuentro con el Padre. «Cuando el Señor apareció, era un gigante; era un gigante de tal vez veintiún metros de altura», afirmó Santosh[11]. Un hombre gigante vestido con una túnica blanca vino hacia Bibi Tahereh en su ECM y declaró: «SOY EL QUE SOY». Ella comentó: «Era tan alto y su túnica muy larga; era inmenso. Yo estaba agitada y temblando. Había una presencia de poder y de fortaleza alrededor de él»[12].

Un hombre llamado Mateo, quien no era creyente cuando tuvo una ECM, cree que las oraciones de su esposa movieron la mano de Dios para rescatarlo del infierno:

La mano descendió hacia mí; la luz brillaba alrededor de ella, emanaba de ella. [...] Esta mano suavemente envolvió todo mi cuerpo, quedé tendido de espaldas en la palma de la mano. Comencé a ascender tan pronto como esta mano me sujetó. [...] Entonces escuché una voz de mando que provenía desde todos lados a la misma vez. [...] «No es tu tiempo»[13].

Dean contó: «Cuando regresé al planeta y traté de definir la magnitud de Dios, cuando intento cuantificar o definir el tamaño del Padre, era inmenso; sin embargo, no puedo decirte porque cosas como las distancias y los tamaños funcionan de manera diferente allí»[14].

A medida que estudio lo que los casos de ECM transmiten, noto que el Dios que es Espíritu puede mostrarse a nosotros de muchas maneras, a veces, con un tamaño majestuoso, a veces, con sencillez, como el humano Jesús. Para los que tuvieron una ECM, Jesús se manifiesta de diferentes formas, desde un ser humano común hasta el Hijo de Dios glorificado, más grande que la vida. Aunque Jesús se manifestó en la tierra como hombre, sus seguidores lo vieron también transfigurado, brillante como el sol (Mateo 17:2). Cuando el apóstol Juan vio a Jesús en su visión del cielo, escribió: «Vestía una túnica larga con una banda de oro que cruzaba el pecho. La cabeza y el cabello eran blancos como la lana [...] y los ojos eran como llamas de fuego. Los pies eran como bronce pulido refinado en un horno, y su voz tronaba como potentes olas del mar. [...] Y la cara era semejante al sol cuando brilla en todo su esplendor» (Apocalipsis 1:13-16). Por lo tanto, supongo que Dios puede revelarse manifestándose en diferentes maneras, aunque nunca en las

Escrituras se identificó a sí mismo como nadie más que las personas del Padre, del Hijo y del Espíritu Santo.

RELACIONÁNDONOS CON EL DIOS TRINO

Hasta ahora hemos abarcado mucho contenido teológico; sin embargo, ¿qué significa eso en realidad? ¿Cómo usamos lo que aprendimos sobre la Trinidad para relacionarnos con Dios y para amarlo mejor? Tal vez te preguntes, como lo hice yo, ¿en cuál de los tres debería enfocarme; en el Padre, en Jesús o en el Espíritu Santo? ¿A quién debo orar? o ¿acaso importa? Esto es lo que aprendí como pastor: No te presiones demasiado. Dios conoce nuestra naturaleza finita. Dios probablemente querría que empieces con lo que más te ayude a conectarte con él y a confiar en él. Dicho eso, a medida que crezcas en tu fe, extiende tu imaginación para incluir la interacción con las tres personas del Dios trino.

Dios el Padre nos ama más de lo que cualquier padre o madre terrenal aman a sus hijos. Jesús dice que el Padre es infinito, eterno, todopoderoso y fiel proveedor. Y cuando los hijos de Dios se pierden en la vida, Jesús dice que el Padre los busca, corre hacia sus hijos obstinados, los abraza y hace una fiesta cada vez que, aunque sea uno de ellos vuelve a él (ver Lucas 15:11-32). ¿Necesitas que te recuerde que Dios es todopoderoso? ¿Necesitas que te confirme de nuevo que él sostiene el universo y que estás a salvo en sus planes perfectos, libre para correr a sus brazos para encontrar consuelo, protección y amor? Ese es el Padre, el único Dios verdadero.

O quizás es Jesús con quien necesitas pasar tiempo, el Hijo que muestra en forma humana al Dios que nadie puede ver. Jesús nos muestra que Dios *nos entiende*. Él «pasó por lo mismo». Fue tentado como nosotros lo somos, sufrió como nosotros sufrimos y, además, sabe que la lucha es real. ¿Necesitas un Dios que entiende? Ese es Jesús, el único Dios verdadero y, como verás, nunca antes tuviste un mejor amigo.

O ¿necesitas experimentar al Espíritu Santo?, no una *cosa* ni una fuerza, sino una persona. El Espíritu Santo es la misma presencia de Dios, el poder de Dios, el consuelo de Dios y la sabiduría de Dios contigo siempre para guiarte a la verdad. Jesús prometió que el Espíritu nos daría poder para vivir la mejor clase de vida y la más fructífera. Nunca estás solo. El Espíritu de Dios, el único Dios verdadero, está contigo siempre.

EL DIOS Y PADRE SUBLIME

SUSANNE SEYMOURE, DE DOCE AÑOS DE EDAD, estaba ansiosa por comenzar a esquiar en las laderas de los Poconos. Su familia había comprado una cabaña allí, y la nieve había caído antes de tiempo aquel año. No era Vail ni Park City con sus teleféricos lujosos y pistas de esquí acondicionadas, pero el cable de remolque del telesilla la llevaría hacia la cima; ¡con eso era suficiente! Volar hacia abajo desde la montaña era todo lo que a Susanne le interesaba aquel día, y ella y su familia subieron caminando hacia la pista de esquí.

«Cerrado». No podían creer lo que estaban viendo. Susanne y su hermano habían esperado tanto el comienzo de la temporada. Su papá no soportó ver la decepción de sus hijos. El problema no parecía tan difícil de solucionar; tal vez había alguna posibilidad. El padre de Susanne encontró al operador del telesilla y lo convenció de encender el cable de remolque. ¡Perfecto! Tenían la montaña solo para ellos.

Temprano esa mañana mientras se preparaban para partir, la mamá de Susanne había insistido en que Susanne usara una bufanda para protegerse contra el frío de Pennsylvania. Sujetó la bufanda alrededor del cuello de Susanne con un nudo flojo, nunca se hubiera imaginado cuánto lamentaría más tarde haber tomado esa decisión. Después de subir y bajar las montañas algunas veces, Susanne esperó cerca del cable espiralado al próximo sujetador del cable de remolque. Se dio vuelta para mirar a su hermano que estaba detrás de ella y de repente sintió un tirón horrible en su cuello. No tardó en darse cuenta de que su larga bufanda había quedado atrapada y enrollándose alrededor del cable de cinco centímetros mientras el cable subía la montaña girando, arrastrándola del cuello.

Susanne trató de soltarse, pero el nudo se ajustaba aún más. Puso la mano entre la bufanda y el cuello, pero el cable de remolque serpenteante no tenía misericordia mientras la arrastraba del cuello por esta subida de diez minutos hacia una muerte segura. Susanne había visto que el cable pasaba a través de la pequeña abertura que contenía la caja de engranajes en la cima. Sabía que su cabeza o pasaría a través del agujero solo para encontrarse con los engranajes trituradores o, si no pasaba, que sería decapitada.

Pero Dios es misericordioso, y Susanne no recuerda ninguno de los escenarios espantosos. Un buen recordatorio para quienes hayan perdido hijos en un accidente. «Creó que fallecí justo antes de llegar a la caja de engranajes —me dijo Susanne—. Me estaba asfixiando, y mi cuello sin lugar a dudas se hubiera roto». Nadie vio lo que en realidad sucedió. Lo que sus padres y abuelos vieron fue su bufanda descendiendo de la montaña, perfectamente derecha, colgada del cable sin agujeros ni rasgaduras, incluso después de haber pasado a través de todos esos engranajes. ¡Milagroso! Esto lo que Susanne relata:

> Lo que recuerdo justo antes de llegar a los engranajes es
> que me encontré a mí misma tirada en la nieve, y a mi lado
> veía abedules y pinos, entonces, me sentí atraída hacia una
> figura humana con una túnica blanca y luz a su alrededor.
> Al principio, pensé que era mi papá. Había otros dos detrás
> de él y pensé que serían mi mamá y mi abuela. Pensé que

EL DIOS Y PADRE SUBLIME

era mi papá porque se sentía tan cariñoso. Y simplemente
porque sabía que me iba a ayudar, y a rescatar, y que vendría
a buscarme. Percibí que había un sentido de urgencia. Tan
pronto como se acercó, extendió sus manos y me miró. A
través de sus ojos te dice exactamente quién es. «Soy Jesús». Y
solo sentí todo este amor y luz, y pensé: *No conozco en realidad
a Jesús*. Aun así, se sentía tan cariñoso. Y al lado de él estaban
estos dos ángeles, aunque no sabía que eran ángeles[1].

Había una calma y un consuelo que son difíciles de explicar
con palabras. No tenía temor; era como el padre más amoroso
multiplicado por mil. Lo más difícil es encontrar las palabras
para describir algo tan asombroso. Fue tan extraordinario que
hasta el día de hoy no viví nada que pudiera compararse[2].

Jesús tenía cabello largo color castaño, sus ojos eran color
castaño dorado. Sus manos fueron lo que en verdad llamaron
mi atención, algo que tenía que ver con sus manos. Estaba
vestido con una túnica blanca, nada que hubiera visto antes.
La luz era su luz. La luz me rodeó de inmediato y, entonces,
me enfoqué en Jesús y en sus manos. Estiró las manos y me
transmitió esta información: «Todo va a estar bien». Si nunca
antes conociste a Jesús, te cuenta todo acerca de sí mismo
en un instante. No hay dudas. Y es como si dejara que todo
tu cuerpo supiera [que] él sabe absolutamente todo sobre ti.
Todo. Con solo sentir que entendía mi mente y mi corazón,
me sentía tan comprendida. Se sentía como que conocía
toda mi vida en un segundo. Por lo tanto, no había temor
porque tuvimos esta conexión instantánea: «Te conozco
desde siempre».

Me levantó, me acunó en sus brazos. Me tenía abrazada,
y los ángeles me protegían en ambos lados. Yo estaba en un
estado de gozo: Me sentía en casa, alegre, feliz. Simplemente
había tanto gozo. Nunca antes me sentí tan amada ni tan alegre
y feliz, eufóricamente feliz. Y, de repente, estábamos volando.
Recuerdo que estaba mirando el ala del ángel sobre mi hombro
derecho y, entonces, escuché un grito; un grito escalofriante.

Miré hacia atrás y vi a mi madre al pie de la montaña.
Corría de un lado a otro gritando histéricamente. Mi abuelo
estaba de rodillas al lado de un árbol apretándose el pecho,
y mi abuela lo sostenía. Por lo tanto, podía ver lo que estaba
sucediendo al pie de la montaña, aun cuando era imposible
ver el pie de la montaña desde arriba, a menos que [fueras]
levantado por encima de la línea de árboles. Después de que
me resucitaron les conté a mis padres lo que había visto, y
ellos lo confirmaron. Mi abuelo en realidad tuvo un dolor de
pecho terrible, cayó sobre sus rodillas, y mi abuela lo estaba
sosteniendo.

El dolor de mi madre interrumpió mi felicidad y gozo. Le
dije a Jesús:

—Creo que tengo que regresar.

Y recuerdo que los ángeles se sorprendieron:

—¿Qué?... Ese no es nuestro plan. —Jesús estaba en calma
mientras continuábamos.

Seguí diciéndole lo mismo:

—No creo que pueda quedarme aquí.

Llegamos a un lugar que era muy parecido a la tierra.
Aunque se veía muy familiar, sabía que era un lugar muy, pero
muy especial. Era el cielo, era hermoso. Recuerdo haber estado
al lado de un árbol grande, más grande que las secuoyas. Y veía
mucho más lejos. Mi visión tenía un alcance de kilómetros.
Nos sentamos debajo de este árbol, y me senté en la falda de
Jesús mientras respondía todas las pequeñas preguntas que
rondaban en mi cabeza. Cuando lo miré a los ojos, supe las
respuestas. Supe que era muy superior a mí. Supe que sabía
todo y, entonces, simplemente confié en él.

Estaba preocupada por mi familia y mi perro, y por el
grito de mi mamá. Él me hizo entender que todo estaría bien.
No como nosotros usamos esta frase, sino comprendiendo
por completo que él sabe y que no solo está diciendo palabras
reconfortantes. Se puede sentir la magnitud de su amor que
transmite sabiduría, conocimiento y confianza. No hay nada

que no sepa acerca de ti, conoce hasta tu ADN. Miles de millones de personas no son nada para él, las conoce a cada una de manera personal. Así como el altavoz en un estadio puede llegar a todas las personas de manera personal, Dios puede llegar de manera incluso más personal a cada una de las personas. A pesar de que solo soy una niña, me sentí especial y que me conocía de manera personal; soy *su* niña[3].

Susanne se sintió tan cómoda con Jesús, así como cualquier niño se sentiría con un papá amoroso o con su mejor amigo; entonces le mostró quién es él en todo su esplendor.

Estoy sentada con Jesús en este paisaje de colinas verdes ondulantes con picos de montañas como las Montañas Rocosas a la distancia. Estaba hablando conmigo y solo pasando el tiempo con esta niña como si fuera un papá muy reconfortante y comprensivo. Entonces me dijo: «Soy mucho más poderoso y sublime de lo que te permití ver hasta ahora». Me mostró la realidad.

Imagínate que eres un niño y que a tu vecino, esa figura amable, protectora, le encanta simplemente estar contigo, jugar contigo. Es un ser muy comprensivo. Entonces, un día, descubres quién es en realidad: es el presidente de los Estados Unidos, el hombre más poderoso de la tierra. Eso es apenas una pequeña fracción de la majestad y el poder que Jesús me mostró.

Sobre las colinas ondulantes, vi esta luz dorada que crecía. Pensé que era una ciudad detrás de las montañas. Sabía que había una ciudad y un trono, pero estaba enfocada en este brillo hermoso y dorado, el cual crecía y aumentaba de tamaño mientras venía sobre las colinas. Estaba fascinada por la luz porque sabía que allí había algo glorioso. Era la presencia del Dios todopoderoso. Se sentía como una mano, pero no lo era porque era luz, y sentí que se dirigía hacia Jesús y hacia mí.

Cada vez que conocía personas en el cielo, sentía un nivel diferente de asombro, como: «¡Guau!». Aunque Jesús me había causado la sensación más grande de asombro o maravilla hasta entonces, me mostró una faceta de sí mismo que no me había mostrado antes: quién es en realidad, todo el poder y la gloria. Cuando la luz dorada apareció, ese fue el «guau» más grande de todos.

Miraba con asombro mientras esta luz hermosa, todos esos puntos de luz dorada, seguía viniendo sobre las colinas, uniéndose para formar esta mano dorada inmensa más grande que todo el cielo. Lo cubría todo. La luz dorada era la máxima expresión de cada gran palabra como «El Todopoderoso», «Soberano», «Omnipotente», «Santo». Desde entonces, aprendí que todas estas palabras tienen el propósito de transmitir algo. Sin embargo, ese Algo era más que todo lo que esas palabras pueden expresar [...] simplemente, «¡Guau!».

La mano gigantesca de luz se extendió hacia Jesús y la luz dorada «tocó» o se fusionó con la luz más blanca de Jesús y supe, por intuición y en un instante, que esta es una sola luz. Este es Dios, y no hubo ninguna pregunta en mi mente. Jesús me estaba diciendo: «Ese soy yo, esa es mi gloria, ese es mi poder, esa es mi luz». Había una separación, una distinción entre Jesús y el Dios todopoderoso, aunque Jesús también me estaba mostrando que eran uno.

Todo ese poder y gloria abrumador era difícil de entender para una niña, por eso vino a mí primero como hombre, como papá, luego me mostró toda su santidad, tan extraordinario en tamaño y asombro y majestuosidad, el soberano del universo, nada es más grande que él. Jesús se volvió parte de la luz dorada, y me dijo: «Yo soy Dios, Yo soy la luz, Yo soy la verdad y Yo soy tu Padre». Me transmitió todo eso, y sentía como si mi cabeza fuera a estallar de fascinación en ese momento.

Después de eso, Jesús me trajo de regreso a la escena del accidente, y se quedó conmigo mientras regresaba a mi cuerpo. Puso en mi mente la imagen de un pájaro, como una paloma con las alas abiertas, y señaló mi pecho, y es como si hubiera puesto una paloma en mi pecho y afirmó: «Siempre estaré contigo». Cuando regresé me di cuenta de que Dios está siempre con nosotros, y me hizo saber que su Espíritu es para todos, pero que no todos lo reciben ni acceden a la disponibilidad de su Espíritu. Pero no tenemos que estar solos, nunca, quiere que sepamos que siempre está con nosotros para amarnos y guiarnos[4].

El equipo de rescate de emergencia encontró el cuerpo de Susanne tirado en la nieve frente a la caja de engranajes. Milagrosamente sobrevivió, se sanó y se convirtió en una seguidora de Jesús. Me parece extraordinario que Heidi y Susanne, dos adolescentes que no tenían ningún conocimiento de Dios como Padre, Hijo y Espíritu, experimentaran a Dios de esa manera en su ECM. Ambas mujeres se hicieron enfermeras y aun hoy están inspiradas por el asombro y la maravilla del Dios con quien se encontraron.

EL CARÁCTER ASOMBROSO DE DIOS

Aunque hay cosas del carácter de Dios que fueron reveladas en la naturaleza y en las Escrituras para que podamos conocerlo, amarlo y seguirlo, no *todo* es revelado. Algunas cosas siguen siendo un misterio. Moisés menciona: «Lo secreto pertenece al SEÑOR nuestro Dios, pero lo revelado nos pertenece a nosotros y a nuestros hijos para siempre, para que obedezcamos todas las palabras de esta ley» (Deuteronomio 29:29, NVI). Y el apóstol Pablo dijo acerca de su visita al cielo que hay cosas que «no pueden expresarse con palabras, cosas que a ningún humano se le permite contar» (2 Corintios 12:4). Un caso de ECM dijo: «Tuve acceso a una riqueza increíble de conocimientos, conocimiento y entendimiento completos. [...] No, no se me permitió traer de regreso el conocimiento mismo. ¿Por qué? No lo sé»[5].

Si te sientes seguro de entender todo acerca de Dios, y que ya no hay lugar para el misterio más allá de tu entendimiento actual, entonces, el Dios de tu entendimiento es finito. Según los teólogos, hay una falta de *entendimiento* de Dios. No es que no podamos saber algo de Dios, podemos, lo que pasa es que Dios está *más allá* de las palabras y los conceptos finitos. Por lo tanto, cuando nos imaginamos a Dios, debemos dejar lugar para el misterio. De lo contrario, no podremos amar y reverenciar a Dios en verdad.

Jesús declaró: «Los verdaderos adoradores adorarán al Padre en espíritu y en verdad». El Padre busca personas que lo adoren de esa manera. Pues *Dios es Espíritu*, por eso todos los que lo adoran deben hacerlo en espíritu y en verdad» (Juan 4:23-24, énfasis añadido). Lo que Dios quiere, como cualquiera que está enamorado, es que las personas que ama anhelen estar conectadas con él tal como es, en verdad, y eso incluye las cualidades misteriosas de su naturaleza que son difíciles de entender. Analicemos algunos de los aspectos ocultos y sublimes del carácter de Dios el Padre para que podamos amarlo mejor.

Dios es Espíritu

¿Cuál fue el significado de las palabras de Jesús cuando dijo: «Dios es Espíritu»? (Juan 4:24). Cuando pensamos en «espíritu», a menudo, nos imaginamos algo etéreo o nebuloso, tal como un holograma o vapor, algo menos tangible que nuestra realidad física. Sin embargo, cuando Jesús dice: «Dios es Espíritu», no se refiere a que Dios es un vapor nebuloso: lo que quiere decir es que Dios es el *fundamento* mismo de toda realidad. Todo lo físico y material fue creado por este glorioso Espíritu y él es quien lo sustenta.

Cuando el apóstol Pablo viajó a Atenas y vio todos los altares y santuarios que el pueblo erigía para los dioses griegos, Pablo observó lo que muchos misionólogos también encontraron que en la mayoría de las civilizaciones antiguas también reconocían al único Dios verdadero[6]. Pablo les dice:

Y uno de sus altares tenía la siguiente inscripción: «A un Dios Desconocido». Este Dios, a quien ustedes rinden culto sin conocer, es de quien yo les hablo. Él es el Dios que hizo el mundo y todo lo que hay en él. Ya que es el Señor del cielo y de la tierra, no vive en templos hechos por hombres, y las manos humanas no pueden servirlo, porque él no tiene ninguna necesidad. Él es quien da vida y aliento a todo y satisface cada necesidad. [...] Su propósito era que las naciones buscaran a Dios y, quizá acercándose a tientas, lo encontraran; aunque él no está lejos de ninguno de nosotros. Pues en él vivimos, nos movemos y existimos. Como dijeron algunos de sus propios poetas: «Nosotros somos su descendencia». Y, como esto es cierto, no debemos pensar en Dios como un ídolo.

HECHOS 17:23-25, 27-29

Pablo señala que Dios hizo todo y que no está lejos de ninguno de nosotros. Dios sustenta nuestro mismo ser. *En él* vivimos, nos movemos y existimos, dice Pablo. En su carta a la iglesia de Éfeso, Pablo manifiesta que hay «un solo Dios y Padre de todos, que está sobre todos y por medio de todos y en todos» (Efesios 4:6, NVI). Esto significa que Dios es el poder que da vida dentro de cada uno de nosotros, el aliento mismo de vida. «El Espíritu de Dios me ha creado; me infunde vida el aliento del Todopoderoso» (Job 33:4, NVI). Y Moisés le recuerda a Israel «él es vida para ti» (Deuteronomio 30:20, RVR60). El escritor de Hebreos del Nuevo Testamento iguala este poder vital que sustenta la vida con Jesús: «El Hijo refleja el brillo de la gloria de Dios y es la fiel representación de lo que él es. Él *sostiene todas las cosas* con su palabra poderosa» (Hebreos 1:3, NVI, énfasis añadido).

Aunque Dios está con todos los seres humanos, está con nosotros de maneras diferentes. Para quienes rechazan el señorío de Dios sobre su vida, aun así, sigue siendo el poder vital que sustenta su vida física, los ama y les permite tener algunos destellos de su bondad, con la esperanza de que se volverán a él (Hechos 14:16-17). Para los creyentes, Dios es el poder vital que sustenta tanto el espíritu como el cuerpo físico. Por lo tanto, cuando el espíritu del creyente se separa del cuerpo (la muerte física final; no solo como un caso de ECM*), el espíritu sigue viviendo por el Espíritu de Dios (los creyentes tenemos vida espiritual; no hay muerte segunda[7] ni separación espiritual de Dios).

Jesús lo explicó de esta manera: «De cierto, de cierto te digo, que

---

* Como mencioné antes, una ECM no es una muerte biológica definitiva en la cual la persona cruza el borde o límite entre la vida en la tierra y la vida eterna. Jesús, incluso, les dice a algunos casos de ECM: «No has muerto todavía; regresa». Por lo tanto, las ECM no reflejan el destino eterno de la persona (cielo o infierno). No obstante, sí creo que Dios permite las ECM como una enseñanza para la persona que la tiene y como testimonio para todos nosotros.

el que no naciere de agua [del útero] y del Espíritu, no puede entrar en el reino de Dios. Lo que es nacido de la carne, carne es; y lo que es nacido del Espíritu, espíritu es» (Juan 3:5-6, RVR60). Cuando una persona acepta el perdón y la guía que Dios ofrece a través de Jesús, «nace» espiritualmente mediante su Espíritu, y su vida continuará en la presencia de Dios después de que muera. Por lo tanto, Dios es Espíritu y vive en todo y a través de todo, pero está muy por encima de toda su creación.

Dios es inmanente y trascendente

Dios como Espíritu es tanto *inmanente* (está muy cerca) como *trascendente* (excede ampliamente a la humanidad y a la naturaleza) al mismo tiempo. El padre Cedric Pisegna recuerda cómo la gloria de Dios lo abrumó en su ECM:

> ¡Estaba de pie ante el trono de Dios! Estaba experimentando el placer que los seres humanos buscamos toda la vida, el gozo para el cual fuimos hechos. La presencia de Dios es el placer supremo que anhelamos. [...] Lo que viví cuando estaba ante Dios fue glorioso y electrizante. No se me permitió ver una forma, pero lo que sí vi fue luz. Era como si estuviera mirando el sol con los ojos cerrados, aunque era más luminiscente. El Salmo 104:1-2 (NVI) nos cuenta la verdad que Dios está «revestido de gloria y majestad. [Se cubre] de luz como con un manto». No solo vi la luz, el resplandor me abrazó. La luz estaba de alguna manera viva. Además del resplandor, había una gloria arrolladora. [...] La gloria de Dios no es algo que solo observé, sino algo electrizante y extático que sentí. Era un aluvión poderoso y rítmico que recorrió todo mi cuerpo. ¡Estaba experimentando la visión beatífica [dichosamente feliz]![8]

Aunque el padre Pisegna experimentó la gloria extraordinaria de Dios, cuando regresó, se dio cuenta de que Dios no está solo lejos en su trono (trascendente), sino que al mismo tiempo también está con nosotros (inmanente) e, incluso, en nosotros a través del Espíritu Santo.

Experimenté el Espíritu Santo cuando regresé. Sentí la misma gloria que sentí en la presencia de Dios el Padre, pero en un grado mucho menor, en oración y en la vida diaria. Recuerda lo que dijo Jesús: «Mira que estoy a la puerta y llamo. Si alguno oye mi voz y abre la puerta, entraré, cenaré con él y él conmigo» (Apocalipsis 3:20, NVI). Creo que la puerta a la cual se refiere es el portal a la eternidad que se encuentra en nuestro corazón. [...] Para abrir esa puerta hace falta trabajo, disciplina y gracia. Por lo general, estamos lejos de hacerlo porque ignoramos lo esencial y vivimos en sensualidad y carnalidad. Sin embargo, si reducimos la velocidad y nos enfocamos, podemos comenzar a trascender el tiempo mismo y entrar al lugar de descanso, la presencia gloriosa de Dios en nosotros[9].

Aunque mantener la inmanencia y la trascendencia de Dios en tensión puede ser difícil para nuestra mente finita, Dios reveló ambos aspectos de su carácter oculto. «¿Soy acaso Dios solo de cerca? —dice el SEÑOR—. No, al mismo tiempo estoy lejos» (Jeremías 23:23). Suena como una contradicción porque en nuestro mundo, no podemos estar lejos y cerca de manera simultánea. Sin embargo, esta revelación «cerca y lejos» de Dios es una paradoja, no una contradicción.

La ciencia está revelando muchos misterios de la naturaleza que son paradojas en lugar de contradicciones. Por ejemplo, ¿alguna vez escuchaste sobre el experimento de la doble rendija en física cuántica? La luz se comporta tanto como partículas y como ondas cuando un rayo de luz pasa a través de un plato de metal horizontal con dos rendijas verticales. Aun así, incluso cuando la luz *no puede* ser tanto partículas como ondas, la misma luz a veces se comporta como partículas (como fotones o puntos de luz cuando pasa a través de la rendija) y, a veces, se comporta como ondas (con patrones de interferencia que revelan un comportamiento de ondas). Lo que todavía es más extraño es que lo que determina si la luz actúa como partículas o como ondas depende de si es *observada* por una persona. Los científicos no entienden esto, pero lo reconocen. El eminente físico teórico Richard Feynman dice que el experimento de la rendija doble nos enfrenta a «las paradojas y misterios y peculiaridades de la naturaleza»[10].

Es importante mantener en tensión la paradoja de la inmanencia y la trascendencia de Dios. Si nos inclinamos demasiado hacia un lado o hacia el otro cuando nos imaginamos a Dios, cometemos un error. Quienes consideran a Dios solo como inmanente (en todos y uno con todos), pero no trascendente, corren el riesgo de decir que Dios no está solo en la naturaleza o sustentando la naturaleza, sino que Dios *es* la naturaleza y que la naturaleza es Dios. O pueden llegar a decir: «Yo soy dios, y tú eres dios» y «Dios es solo la suma de toda la creación», lo cual es panteísmo. Sin embargo, eso no es lo que Dios reveló que él es. Dios está en todo, y también Dios trasciende la naturaleza y toda la creación. El profeta Isaías escribió:

> El año de la muerte del rey Uzías vi al Señor sentado en un trono alto y excelso; las orlas de su manto llenaban el Templo. Por encima de él había serafines, cada uno de los cuales tenía seis alas: con dos de ellas se cubrían el rostro, con dos se cubrían los pies y con dos volaban. Y se decían el uno al otro: «Santo, santo, santo es el Señor de los Ejércitos; toda la tierra está llena de su gloria».
>
> ISAÍAS 6:1-3, NVI

La gloria de Dios llena toda la tierra (es inmanente), al mismo tiempo, es excelso y sublime por encima de su creación (es trascendente). Los casos de ECM a veces experimentan a Dios el Padre como soberano de todo, sentado en su trono y como un gigante (como insinúa Isaías, cuando dice que su manto llenaba el templo). Así como Jesús reveló a Dios localmente en la tierra, creo que ver a Dios sobre su trono también es una manifestación local de Dios el Padre para los moradores del cielo. ¡No hace falta decir que el trono de Dios es extraordinario en majestuosidad y maravilla!

El trono sublime de Dios

El capitán Dale Black, piloto de una aerolínea comercial, estaba en un avión bimotor que momentos después de despegar chocó con un monumento de veintiún metros de altura a 200 km/h. En su libro, Dale incluye fotos de los restos publicadas en *Los Ángeles Times*[11]. Aunque nadie más sobrevivió, Dale milagrosamente regresó para contar sobre la majestuosa ciudad de Dios con el trono de Dios en el centro:

Me acercaba con rapidez a una ciudad magnífica, dorada que brillaba en medio de una miríada de colores resplandecientes. La luz que vi era la luz más pura que jamás había visto. Y la música era la más majestuosa, fascinante y gloriosa que jamás había escuchado[12].

Tuve esta visión de la ciudad de oro como si estuviera descendiendo en un avión. Es una ciudad. Es una ciudad con muros. [...] Por encima de la ciudad había montañas majestuosas con una belleza nunca vista. Aun así, no se veían tan diferentes a las de la tierra. [...] Los muros eran gigantescos. Parecía que medían como sesenta metros de alto. Estaban hechos con piedras muy tupidas, aun así, eran translúcidas, veía a través de ellas. La luz del salón del trono de Dios se infiltraba a través de las piedras, dando vida a todo. [...] La luz que venía del centro de la ciudad era santa, espesa y pura. [...] Había una escalera que estaba cerca de un mar de cristal, el cual en realidad se veía como un mar; y había una escalera que iba hacia arriba [hacia el trono]. [...] Comencé a darme cuenta de que estaba siendo llenado de poder, como si hubiera una planta de energía nuclear dentro de mí, aunque en realidad el poder provenía de la luz, y esa luz daba energía[13].

Había una reunión inmensa de ángeles y personas, millones, incontables millones. Estaban reunidos en [el] área central [...] olas de personas que se movían en la luz, meciéndose al son de la música, adorando a Dios. [...] La adoración a Dios era el corazón y el enfoque de la música, y el gozo de la música se podía sentir en todos lados. La música resonaba en lo más profundo de mi corazón y me hacía anhelar ser parte de ella para siempre. Deseaba que nunca se detuviera[14].

Richard Sigmund, cuya ECM sucedió después de un accidente de auto terrible, recuerda:

[El área del trono] era más ancha y más alta de lo que siquiera me podía imaginar, cientos de kilómetros, con arcos y columnas descomunales. En el cielo, todo sale del trono. [...] A medida que me acercaba al trono, el aire se iba cargando eléctricamente con el poder y la presencia de Dios. [...] Cuánto más me acercaba al trono, todo se volvía más transparente. Todo es absolutamente transparente, con una pureza que más se parece a la pureza de Dios. Vi a Jesús acercarse al trono y desaparecer en el fuego envolvente que rodea al Ser en el trono. [...] ¡Él es un Dios muy grande![15]

La majestad trascendente de Dios, el Padre, se muestra en el centro de la ciudad de Dios. En la presencia sublime de Dios, todo se vuelve sólido y visible, aunque transparente, como el apóstol Juan también escribe sobre su experiencia del cielo (ver Apocalipsis 4:6; 21:11).

Alrededor del trono, la adoración a Dios el Padre no es una «sugerencia» ni una «obligación», sino algo que fluye del gozo y el éxtasis que los casos de ECM dicen que no pueden contener. No quisieran detenerse nunca; así de maravilloso es estar con Dios. En el cielo, Dios el Padre y el trono de Dios crean el lugar más majestuoso y hermoso del universo. Y Dios trasciende incluso el lugar del trono.

Dean Braxton se sintió extremadamente emocionado ante la magnificencia de Dios y de su trono:

No importa dónde iba en el cielo, Dios estaba allí. También podía mirar al trono, el cual es el centro de todo, no importaba lo lejos que estuviera del sitio del trono, podía mirarlo y estar a su lado desde cualquier parte. Y siempre sentía que él estaba allí conmigo. El punto central era el Padre, y todo lo demás giraba en torno a él. El trono no es como lo imaginamos, se veía más como una nube que como un sillón. Como [la nube] en la transfiguración de Jesús o en el monte Sinaí[16], el trono va con él; es parte de él. No es una habitación ni un edificio; parecía ser más abierto. El Padre estaba en su trono, el cual estaba abierto, como todo el cielo, no era un lugar pequeño. Las columnas parecían pilares.

Todas las cosas resplandecen con la gloria de Dios, entonces la gloria de Dios se ve como si fuera translúcida. El mar de cristal es diferente; es azul pero mezclado con fuego, y cambia constantemente y se hace cada vez más y más grande. Todo el reino del Padre era tan hermoso e intenso; todo era como una obra de arte hermosa que crecía en intensidad. El poder creativo de Dios hace que todo se vuelva más y más hermoso en el cielo. Así como en la tierra todo se deteriora y se derrumba, en el cielo todo crece y mejora; el cielo y la tierra se mueven en direcciones opuestas. El Padre recibía absolutamente toda la atención. Todo era una maravilla arrolladora [...].

En el cielo, experimenté «el temor del Señor» [descrito] en las Escrituras. Es una sensación de asombro y respeto. Dios es tan puro que todas estas palabras no le hacen juicio, tan limpio, todo estaba en orden, sin maldad, todo tan puro. Es santidad, pero es una clase de pureza «sin fingimiento», tan maravillosa[17].

La presencia del Padre en el trono de Dios constituye la maravilla más gloriosa, poderosa, asombrosa que pudiéramos llegar a comprender. Sin embargo, Dios es todavía más grandioso.

El Dios todopoderoso a quien nadie puede ver

Dios no puede ser visto en toda su plenitud. Dios es descrito como *omnipresente* (en todos lados al mismo tiempo) e *infinito* (no confinado a un lugar). El apóstol Pablo describe a Dios como: «Rey de reyes y Señor de señores, al único inmortal, que vive en luz inaccesible, a quien nadie ha visto ni puede ver» (1 Timoteo 6:15-16, NVI). Nadie puede ver a Dios (porque no podemos «ver» ni «entender» a una presencia infinita), pero Dios se manifestó a sí mismo en formas que nos permiten conocerlo para nuestro beneficio.

Isaías vio a Dios en su trono, y la gente vio a Jesús. Hoy en día, quienes tuvieron una ECM afirman haber visto a Dios. Aun así, nadie «ve» la plenitud de Dios. El apóstol Juan escribió: «A Dios nadie lo ha visto nunca; el Hijo único, que es Dios y que vive en unión íntima con el Padre, nos lo ha dado a conocer» (Juan 1:18, NVI).

Dios es el Creador de todo, *omnipotente* (todopoderoso), *a quien nadie puede ver*. Durante su ECM, el Dr. Ron Smothermon se encontró con la inmensidad del poder de Dios. Se dio cuenta de que la única respuesta a la presencia todopoderosa de Dios es asombro y respeto (en su relato los atributos de Dios están escritos con mayúsculas).

Amin flexiona su brazo derecho hacia atrás con el objetivo de clavarme el cuchillo en el pecho. Mientras tanto, el tiempo se detiene y, en un instante fuera del tiempo, veo los atributos de la LUZ, Sus atributos. Sin embargo, la experiencia de esos atributos no es algo que pueda darte porque su esencia no se puede reproducir con palabras. [...] Imagínate intentando describir el Gran Cañón, la Vía Láctea o la explosión de una bomba nuclear a una persona ciega. [...] LA LUZ DE DIOS apareció como la explosión de una bomba de fusión nuclear silenciosa, blanca pura y llena de su PODER.

Sus atributos se proyectan con claridad perfecta y estás más capacitado para recibirlos de lo que los ojos están capacitados para detallar la visión o los oídos para definir la audición [...] [para dar] el conocimiento que llamamos «carisma» en los seres humanos. En el caso de DIOS, este atributo está infinitamente potenciado. Sentía la presencia de su CONOCIMIENTO. Yo tenía una imagen del universo sacada de las bibliotecas, y él escribió todos los libros. Con su AMOR vino la certeza de PODER INFINITO. Si nos encontráramos con él sin AMOR INFINITO, su PODER INFINITO provocaría puro terror; sin lugar a dudas «temerías» a DIOS. [...] La respuesta que su PODER requiere es Sumisión. En el espacio de tiempo más pequeño, quizás fuera del tiempo, supe: Este es Quien creó el universo de dimensiones insondables, Quien creó la realidad, el tiempo, a ti y a mí. [...] Él tiene el derecho moral a usar su PODER porque viene envuelto en su AMOR INFINITO. [...] Las Escrituras nos enseñan a temer a DIOS. Cuando te encuentras con Él cara a cara, el temor se transforma en respeto. Si no puedes respetar a DIOS, es porque no lo conoces y, entonces, es mejor que le temas[18].

El poder de Dios nos recuerda simplemente *quién* es este ser infinitamente amable y amoroso; el que se merece el máximo honor, respeto, asombro e incluso temor si no fuera por su amor grandioso. No es que *deberíamos* sentir asombro y respeto, sino que lo *sentiremos* el día que nos encontremos con Dios, así como les sucedió a los casos de ECM. Imaginarnos a Dios correctamente en todo su poder nos ayuda a crecer en asombro, amor y respeto por Dios hoy.

Karina Martínez tuvo un encuentro arrollador con el poder de Dios durante su ECM. Cuando su corazón se detuvo debido a la falla de su marcapasos, oró el Padrenuestro con clamor y se encontró a sí misma con Jesús en un hermoso paisaje al lado de un río. Jesús la llevó al trono, donde sintió el poder de la presencia de Dios el Padre. El apóstol Juan escribió: «Y delante del trono había como un mar de vidrio semejante al cristal» (Apocalipsis 4:6, RVR60). Karina no supo que lo que había visto estaba en la Biblia hasta después de su ECM:

Estaba postrada en este piso de vidrio, era todo de vidrio, pero era brillante, salía luz de él, y yo estaba sobre mis manos y mis rodillas porque el poder puro de una presencia me empujaba hacia abajo, y levanté la cabeza lo suficiente como para ver una túnica blanca que se dirigía hacia mí. Había un cinto de oro y una banda purpura alrededor de la túnica. No pude ver su rostro con claridad; todo era blanco, tan brillante, la luz[19].

Karina experimentó una pequeña fracción del poder de la gloria de Dios. El poder de Dios es ilimitado, nada lo supera. Espero que saber cuánto le importas te dé confianza.

¿Puedes imaginarte a un Dios que está a tu lado siempre, que lo sustenta todo y que, así mismo, está infinitamente muy por encima de todo lo que creó? El poder universal de Dios no tiene comparación, pero Dios usa este poder supremo solo en amor.

El Padre sublime sobre quien acabamos de leer te ama y se preocupa por ti, te conoce a la perfección y hará lo que sea necesario para lograr tu bienestar definitivo. Esta verdad puede darte gran seguridad y confianza cuando tu vida sea un caos o esté llena de incertidumbre. Dios es infinitamente más grande que todos tus problemas, dificultades, pruebas y tribulaciones. Está contigo y se preocupa por ti, por lo tanto, puedes confiar que vas a estar bien en sus manos poderosas.

JESÚS,
NUESTRO HERMANO Y AMIGO

MIENTRAS RANDY KAY ESTABA INTERNADO en un hospital en San Diego, su mente se inundaba de ansiedad y preocupación por su familia. Habiendo sido ejecutivo de una compañía médica la mayor parte de su vida, sabía cuáles eran las implicancias críticas de un embolismo pulmonar asociado a SARM (infección por estafilococo). Sabía que su cuerpo estaba dejando de funcionar. Estaba preocupado porque su esposa, Renee, y sus dos hijos tendrían vidas radicalmente diferentes después de su muerte, y sentía ansiedad al pensar cómo su muerte afectaría el futuro de su familia.

Randy había sido el director ejecutivo de muchas empresas. Tenía la responsabilidad ejecutiva de lanzar una nueva «cura» para el Alzheimer y la revista *Time* publicó un artículo sobre su empresa por el avance respecto a un nuevo tratamiento que podría curar el Alzheimer. No obstante, el avance que Randy necesitaba aquella noche no sucedió. Su cuerpo entró en shock séptico, y Randy murió clínicamente. El

informe médico revela que el corazón le dejó de latir por treinta minutos. Mientras sentía que su alma era succionada de su cuerpo, invocó el
nombre de Jesús.

Me tiraban para arriba, y vi mi cuerpo abajo solo por un
periodo corto de tiempo. Estaba en un vacío siendo levantado
hacia una luz que fluía desde arriba hacia abajo. Y la luz
iluminaba mi entorno. Estaba en éxtasis. Podía respirar, lo
cual antes no podía hacer. También podía ver las cosas desde
muy lejos. Mientras me elevaba, pude observar una especie de
batalla cósmica sobre las laderas a lo lejos, en un mundo que
pertenecía a otra dimensión y que estaba en todas partes.

Seguí ascendiendo y, en un determinado momento,
descendí sobre un lugar suave. La luz que fluía desde arriba
ahora iluminaba todo a mi alrededor. Había descendido en
un paraíso celestial. Allí tenía sentidos que aquí no tengo, no
solo la vista, el oído y el olfato, sino que podía sentir que todo
crecía. En esta vida, sabes que las cosas están vivas y creciendo
a tu alrededor, en cambio allí tienes un sentido nuevo que en
realidad puede experimentar la vida y el crecimiento de todo. Y
nada estaba muriendo ni muerto, todo estaba vivo y creciendo.

Sentí que alguien ponía su brazo alrededor de mi torso, y
sentí la vestimenta de algodón suave que ese ser tenía puesta.
Me tiraba firmemente hacia él y, al instante, supe que era
Jesucristo. Supe que era el Señor. Un aluvión de consuelo me
recorrió el cuerpo y tuve una seguridad que nunca antes sentí.
Y me sentí abrumado por el amor y por estar en la presencia
del Señor.

Entonces, esto es el amor.

Recuerdo con claridad ese pensamiento abrumador. Aun
así, no podría decirte con exactitud lo que sentía debido a que
las palabras no son suficientes para explicarlo adecuadamente.

Jesús me abrazo con ternura. Mientras yo comenzaba
a girar, presionó su mejilla suavemente contra la mía y me
envolvió con su otro brazo en un abrazo tierno. Sentí su

barba suavemente apoyada en mi rostro, y podía ver su ojo izquierdo y su larga nariz por el rabillo del ojo derecho. Cuando Jesús me abrazó, quebró todas las preocupaciones que me agobiaban. Todas las preocupaciones se derritieron como hielo, dejándome el sentimiento cálido de una manta caliente en una noche fría. Me acurruqué en él como un niño de dos años que había estado perdido y ahora era confortado por su padre. Literalmente podía ver su figura, oler su fragancia y sentir su piel suave contra mi rostro. Era completamente conocido como si fuera un amigo y un padre amoroso en una sola persona.

No estaba interesado en mirar a mi alrededor porque solo quería estar en ese lugar, en la persona de Jesucristo. Y no fue necesario que dijera nada, simplemente sabía. Uno de los sentidos extras en el cielo es el sentido de saber.

Él dijo: «No temas. Confía en mí. Vas a estar bien, y no vas a quedarte aquí. Voy a hacerte regresar».

Cuando giré para mirarlo, sus ojos me atravesaron y exhibieron todo lo oscuro que había en mí. Estaba mirando en los ojos del amor mismo. Tengo que tragarme la emoción de solo pensar en esto. No conozco ninguna otra forma de explicarlo que no sea que miraba en los ojos del amor. No soy un romántico; soy un realista. Soy Tomás, el incrédulo. Siempre fui la persona que dice: «Pruébalo». Por lo tanto, para mí, tener que confiar en el Señor porque sí era muy difícil. Sin embargo, allí eso se siente absolutamente correcto, reconfortante. ¡Sabía! Sabía que él se había encargado de todo lo que me preocupaba.

Había tal consuelo en su presencia; todo era como debería ser. El tiempo se volvió irrelevante cuando me encontré con él en este lugar, este [...] ¡cielo! En asombro, me postré ante Jesucristo, no queriendo otra cosa que no fuera agradarle, adorarlo, venerarlo con cada una de las fibras de mi ser. Traté de decirle: «Eres perfecto en todos los sentidos y muy por encima de mi capacidad para adorarte con cualquier semejanza de mérito. ¡Mi Señor! [...]». Pero, entonces, rompí a llorar, incapaz de controlar el manantial de mis emociones.

Jesús extendió los brazos para levantarme suavemente de mi postración. Con ternura, me limpió las lágrimas que descendían de mis ojos y, mientras lo hacía, me impartió una seguridad que me consumió.

—Te estuve esperando, mi hijo amado.

La emoción y el asombro me dejaron sin aliento y me vencieron. Estaba tan emocionado y exaltado que no podía dejar de temblar. Mis labios temblaban mientras me sacudía de asombro por el amor absoluto de Jesús.

—Voy a enviarte de regreso. Todavía tienes que cumplir tu propósito.

Comenzamos a caminar juntos. Ahora, prestando atención a lo que había en mi entorno. Calles pavimentadas o, más bien, los caminos que podías encontrar a través de las colinas ondulantes, eran espectacularmente dorados. Emitían un brillo radiante que resplandecía con colores que nunca antes había visto. [...] Olas de colinas y montañas majestuosas estaban anidadas al lado de un rio que fluía. Estas aguas daban vida, vida gloriosa. Todo lo que el agua tocaba florecía lleno de vida. Noté que el río fluía desde Jesús mismo. ¡Qué visión espectacular!

—Me siento en casa —le dije.

No quería regresar al mundo porque estaba tan cautivado y embebido de este lugar de maravilla. En ningún momento ni en mi sueño más osado podría haberme imaginado tal belleza. Ese paraíso danzaba de gozo. Incluso mientras pensaba esas palabras, supe que Jesús estaba leyendo mi mente.

—Estás conmigo siempre, mi amado —respondió Jesús—. Te conozco desde antes de que nacieras, en todos los sentidos y en todas las cosas.

Sus palabras seguían reconfortándome. Me sentí en casa, tan conocido, tan cómodo con él.

—Te voy a enviar de regreso, mi amado. Muchos han orado por ti, y mi propósito para ti todavía no se cumplió.

—Pero ¿tengo que regresar? Por favor, no. Deseo quedarme. Este es mi hogar. ¡Por favor!

Jesús me miró con sus ojos misericordiosos y apasionados. No quería irme. Todo era tan perfecto, tan [...], y entonces pensé de nuevo, confortable.

¿Cuál era mi propósito? Me pregunté. Jesús respondió:

—La vida que cada uno vive en la tierra es un proceso de descubrimiento, mi amado. Mi verdad es impartida a quienes me conocen.

—¿Y ahora tengo que volver a cumplir con mi propósito? —pregunté con incredulidad. Me sentía como un niño que se despierta en la mañana de Navidad solo para que le digan que debe regresar a su habitación.

Tenía preguntas.

—Tu reino, Señor, ¿qué es tu reino?

Los ojos de Jesús brillaron de gozo mientras hablaba:

—Mi reino está dentro de cada creyente y dentro de mí, amado. Es el reconocimiento de quien soy. [...] Mi Espíritu solo se puede manifestar en mis hijos, y sin mi Espíritu, las personas están muertas para mi reino, para mi presencia. [...]

—Entonces, ¿el secreto está en el ser, más que en el hacer? ¿En acercarse más a ti? Amaba tanto la forma en que me sonreía Jesús cuando estaba en lo cierto respecto a algo profundo. Era mejor que un fuego cálido en una noche helada.

—Mi Espíritu te lo reveló, mi amado.

La luz resplandeciente que fluía de todo el cielo comenzó a volverse naranja mezclado con púrpura y amarillo y otros colores brillantes que nunca antes había visto; una especie de tormenta celestial estaba en marcha. Solo que esta tormenta producía lluvias refrescantes combinadas con un sentido sagrado de maravilla. ¡Todos los seres vivos daban voces de alabanzas a Dios!

Jesús susurró en mi oído:

—Debes irte ahora, solo recuerda, nunca te abandonaré, mi muy amado.

Después de eso, me besó en la frente, y comencé a caer del abrazo de mi Señor a la dura sequedad del mundo. Recordaba las canciones de los ángeles, qué hermoso el sonido y, mientras resucitaba, escuché a esta pareja al lado de la cabecera de mi cama cantando las mismas canciones de alabanzas a Dios[1].

UN AMIGO EN JESÚS

Cuando medito en el hecho de que el Creador del universo, el ser más poderoso y majestuoso que existe, se revistió de piel humana para identificarse con nosotros, me siento maravillado. No solo eso, sino que el amor de Dios por ti y por mí es tan grandioso que escogió entretejerse con la humanidad *para siempre*. Jesús todavía tiene piel, cicatrices y cuerpo humano (aunque un cuerpo humano resucitado) y tendrá ese cuerpo por toda la eternidad. Eso es un gran misterio.

Jesús no está limitado por su cuerpo resucitado. A veces, se aparece en las ECM en forma humana común, así como se mostró en la tierra; en otras ocasiones, se muestra en forma glorificada, como ya hemos analizado. Quizás esto explique las variadas descripciones que dan los casos de ECM sobre los ojos de Jesús. Tal vez, te diste cuenta de que algunos casos de ECM dicen color azul; otros, dorado; otros, castaño oscuro. Tal vez, el color cambia dependiendo de si Jesús se aparece en su forma terrenal o en su forma glorificada. La Dra. Mary Neal, quien tuvo una ECM, me contó que vio todos los colores en los ojos de Jesús, y muchos describen ojos que no se pueden explicar solo con los colores.

A pesar de todo, Jesús todavía es el punto culminante de la historia de Dios a lo largo de la historia de la humanidad. ¡Dios se hizo uno de nosotros! Dios nos entiende. Puede identificarse con nosotros en todos los sentidos. Es como un mejor amigo o hermano mayor fiel, alguien en cuya presencia podemos sentirnos tan a gusto, tan conocidos, tan amados y tan comprendidos. Nadie nos conoce mejor. ¡Imagínatelo!

Hace poco pasé una semana con algunos amigos de toda la vida, a uno de los cuales conozco desde que tenía diez años, y a los otros desde la preparatoria. Crecimos juntos. Conocemos todo lo que nos moldeó: nuestras familias, secretos, éxitos, pecados y fracasos, triunfos y tragedias; sin embargo, a pesar de conocer lo bueno y lo malo, seguimos siendo amigos íntimos por décadas. Es increíble lo rápido que retomamos las cosas justo donde las dejamos, no importa si estuvimos separados por un largo tiempo, porque hemos recorrido toda la vida juntos; nos entendemos mutuamente y estamos cuando nos necesitamos. El tiempo lo ha demostrado.

Aun cuando pueda ser difícil de imaginarlo, esto también se aplica a ti y a Jesús. Él estuvo contigo a lo largo del viaje de tu vida, te conoce mejor de lo que tú te conoces. Vio tus altibajos, las victorias, las derrotas, lo bueno y lo malo, estuvo a tu lado en todas tus circunstancias. Y todavía está a tu favor. Lo ha demostrado. Su amor por ti es inmensurable. Creo que esa es la razón por la cual los casos de ECM tales como Randy y otros se sienten tan a gusto y en casa con el Señor. Jesús es como la combinación de un mejor amigo, o hermano mayor, con el padre más amoroso y sabio, todo junto.

En su ECM, Pepi de España observó:

Alguien me estaba esperando al final del camino. Sabía que era Jesús. Era alto y fuerte, con cabello largo y oscuro y una sonrisa tierna maravillosa. Sus ojos eran inolvidables, inmensos, oscuros, tan amorosos y llenos de sabiduría. Estaba vestido con una túnica blanca larga y sandalias. Estaba solo y sonriendo, simplemente esperándome a MÍ. Me dio la bienvenida. No dijo ni una palabra, yo tampoco, pero nos estábamos comunicando sin hablar. [...]

Cuando estaba poniéndome cómoda y lista para quedarme allí, me sacó afuera de nuevo. «Debes regresar» dijo (sin palabras), y su sonrisa me acompañó desde entonces a lo largo de mi vida. [...] Era mi amigo y mi jefe, sin ninguna duda[2].

Los discípulos de Jesús experimentaron la misma clase de amistad reconfortante con él cuando caminó por la tierra. Jesús dijo: «Ya no los llamo siervos [...] los he llamado amigos» (Juan 15:15, NVI). Como Randy, quien se acurrucó sobre Jesús en su ECM, el apóstol Juan estuvo «recostado cerca del pecho de Jesús» durante la Última Cena (Juan 13:25, RVR60). Solo imagínate la accesibilidad, la comprensión, el consuelo, el amor y la cercanía que Juan debe haber sentido en la presencia de Jesús. La amistad tierna de Jesús era real para sus seguidores entonces, es real para los casos de ECM que se encuentran con él en el cielo y es real para ti mientras vivas en esta tierra. El hecho de que Dios descienda del cielo para entrar al sufrimiento y a la desgracia de los seres humanos, solo para estar con nosotros para siempre, parece demasiado bueno para ser verdad. Quizás Dios sabía que necesitaríamos algunas pruebas de este amor radical, por lo tanto, marcó una fecha en el calendario en que su amor vendría a la tierra.

JUSTO EN EL MOMENTO PRECISO

En la gran historia de amor de Dios, justo en el tiempo preciso de la historia, Jesús apareció en escena. Pablo dijo: «Hay un Dios y un Mediador que puede reconciliar a la humanidad con Dios, y es el hombre Cristo Jesús. Él dio su vida para comprarles la libertad a todos. Este es el mensaje que Dios le dio al mundo *justo en el momento preciso*» (1 Timoteo 2:5-6, énfasis añadido). En el momento preciso, Jesús vino no solo a salvarnos, sino también a enseñarnos, sanarnos, y a vivir con nosotros desde ahora y para siempre.

«El momento preciso» resultó ser bastante temprano en la historia de la población total de la humanidad. Se estima que aproximadamente 170 millones de personas vivieron durante el tiempo de Jesús. Esa población se duplicó en el Renacimiento durante los siglos xv y xvi, pero no llegó a los mil millones hasta 1800. En los últimos doscientos años, se añadieron casi siete mil millones de almas[3]. Nos olvidamos de que el mayor crecimiento de la humanidad sucedió a partir del tiempo de Jesús. Tal vez Jesús vino «justo en el momento preciso» por esa razón: porque la mayoría de la población del mundo viviría después de que él caminara por la tierra. O, quizás, fue «justo en el momento preciso» porque la *Pax Romana* (la paz romana) había descendido a lo largo del Mediterráneo, trayendo una lengua común y caminos pavimentados, lo cual posibilitó que el mensaje del evangelio se esparciera con mayor rapidez. O, tal vez, fue «justo en el momento preciso» porque cientos de años antes, Dios había predicho el momento exacto de la historia en el cual vendría el Mesías.

En el siglo VI a. e. c., el profeta Daniel había estado en cautiverio en Babilonia por casi setenta años cuando leyó la profecía del profeta Jeremías sobre la primera diáspora de Israel: «Israel y las naciones vecinas servirán al rey de Babilonia por setenta años» (Jeremías 25:11). Los setenta años estaban llegando a su fin, entonces Daniel oró, preguntando a Dios sobre el destino futuro del pueblo judío. Daniel dice que el ángel Gabriel se le apareció con una profecía (Daniel 9:20-23). Recuerda que la forma en que el pueblo judío bendeciría a todas las naciones era a través del Mesías. Gabriel estableció la reconstrucción de Jerusalén como el comienzo de la cuenta regresiva hasta el año de la venida del Mesías. Esto es increíble, el ángel Gabriel revela *exactamente* cuándo vendría el Mesías.

¡Ahora escucha y entiende! Pasarán siete conjuntos de siete más sesenta y dos conjuntos de siete desde el momento en que se dé la orden de reconstruir Jerusalén hasta que venga un gobernante, el Ungido [en hebreo el Mesías]. Jerusalén será reconstruida con calles y fuertes defensas, a pesar de los tiempos peligrosos. Después de este período de sesenta y dos conjuntos de siete, matarán al Ungido sin que parezca haber logrado nada y surgirá un gobernante cuyos ejércitos destruirán la ciudad y el templo.

DANIEL 9:25-26

Gabriel dice que el reloj comienza a marcar el tiempo «desde el momento en que se dé la orden de reconstruir Jerusalén». Después de eso, habría siete «conjuntos de siete»[4] más dos conjuntos de «siete» hasta la venida del Mesías. Es un poco críptico; ¿qué son los siete conjuntos de siete? Teniendo en cuenta el contexto de la historia a la cual Gabriel hace referencia, sumado al hecho de que siete veces siete años componían el ciclo del año sabático judío, deben ser siete veces siete años[5]. Suponiendo que sean años, habría 483 años desde que se emite el decreto para reconstruir Jerusalén hasta la venida del Mesías (7 x 7) + (62 x 7) = 483. La pregunta es: 483 años ¿a partir de qué fecha?

Años después de la profecía de Daniel, los persas conquistaron Babilonia, y el rey Artajerjes comenzó a gobernar Babilonia en el año 465 a. e. c. El sacerdote judío Esdras, quien también fue escriba al servicio del rey Artajerjes, registra la fecha exacta en que se hizo el decreto para reconstruir Jerusalén. Ten en cuenta que estos son gobernantes y fechas históricas conocidos, no mitología:

> Y con él [Esdras] subieron a Jerusalén [...] en el séptimo año
> del rey Artajerjes. Y llegó a Jerusalén en el mes quinto del
> año séptimo del rey. [...] Esta es la copia de la carta que dio el
> rey Artajerjes al sacerdote Esdras [...]: Artajerjes rey de reyes,
> a Esdras, sacerdote y escriba erudito en la ley del Dios del
> cielo: Paz. Por mí es dada orden que todo aquel en mi reino,
> del pueblo de Israel y de sus sacerdotes y levitas, que quiera ir
> contigo a Jerusalén, vaya. [...] Y lo que a ti y a tus hermanos
> os parezca hacer de la otra plata y oro, hacedlo conforme a la
> voluntad de vuestro Dios.
>
> ESDRAS 7:7-8, 11-13, 18, RVR60

El decreto de Artajerjes *es* la fecha de partida. En la Biblia hebrea, este decreto está escrito en arameo, la lengua de comercio en el Cercano Oriente antiguo (la cual hubiera usado el rey persa), entonces, Esdras copió el decreto arameo exacto en lo que se convirtió en la Biblia hebrea[6]. Después de que la carta fuera leída, le llegaron quejas al rey Artajerjes: «Sepa Su Majestad que los judíos [...] han llegado a Jerusalén y están reconstruyendo esa ciudad rebelde y mala» (Esdras 4:12, NVI). Hicieron mención de este decreto que comenzó la reconstrucción. Esto está confirmado en la historia con fechas conocidas, lo cual nos da la fecha para comenzar la cuenta regresiva hasta el Mesías.

La *Encyclopedia Britannica* (Enciclopedia Británica) dice que el gobierno de Artajerjes comenzó en el año 465 a. e. c.[7]. Esdras dijo que el decreto fue emitido casi a mediados del séptimo año del reinado de Artajerjes, por lo tanto, el 457 a. e. c. es el año del decreto de Artajerjes que comienza la cuenta regresiva hasta el Mesías. El ángel Gabriel había especificado 483 años a partir del decreto del año 457 a. e. c., lo cual significa que el Mesías debería haber venido en el 27 e. c.* Esto coincide con la fecha aproximada del bautismo de Jesús y con el comienzo del ministerio público de Jesús[8]. «Justo en el momento preciso», Jesús vino a la tierra. El siguiente gráfico resume brevemente las fechas en que tuvieron lugar estos eventos y cuándo se cumplieron las profecías bíblicas.

457 a.e.c.	457 al 27 e.c.	27 e.c.	70 e.c.
Artajerjes emite el decreto de restaurar y reconstruir Jerusalén (Esdras 7)	Cronología profética hasta el Mesías: [7 x 7 = 49] [62 x 7 = 434] [49 años] + [434 años] = 483 años (Daniel 9:25)	El Mesías viene en el 27 e. c., no en el 26 e. c., porque no hay año «cero» (Daniel 9:26)	Los romanos destruyen el segundo templo y Jerusalén (Daniel 9:26)

Incluso si dejáramos de lado el cálculo de las fechas, el ángel Gabriel le dijo a Daniel que el Mesías, el «Ungido», sería muerto, y que, entonces, Jerusalén y el templo serían destruidos (Daniel 9:26). En el 70 e. c., el general romano Tito destruyó Jerusalén y esparció al pueblo judío por segunda vez. ¡El templo de Jerusalén todavía no fue reconstruido de nuevo hasta la actualidad! Recuerda, el ángel Gabriel dijo que el Mesías vendría antes de la destrucción del templo en el 70 e. c., y ¡Jesús vino! Vino justo en el momento preciso para salvarnos y para conectarse con nosotros como amigo, mediador, hermano y maestro.

CÓMO JESÚS SE RELACIONA CON NOSOTROS

Aunque Jesús se relaciona con nosotros como un amigo, él es mucho más que solo un compañero. Jesús cumple diferentes funciones en nuestra relación con Dios. Cuánto más entendemos lo que Jesús hizo por nosotros y cómo nos relacionamos con él, nuestra confianza y amor pueden ahondar más profundamente en esta amistad sobrenatural. Tengamos en cuenta que los casos de ECM experimentan a Jesús de la misma forma en que lo explican las Escrituras.

---

* Restando 483 a los 457 años a. e. c. daría 26 e. c. (457 − 483 = -26), pero como no hay «año cero» entre el año 1 a. e. c. y el año 1 e. c., añadimos un año, lo cual nos trae al año 27 e. c. como fecha de la venida del Mesías.

Jesús nuestro mediador

Muchos casos de ECM experimentan a Jesús como *mediador* entre ellos y Dios. Aunque no necesariamente entiendan lo que eso significa, intuitivamente entienden que Jesús intercede a su favor. Un mediador es un intermediario, alguien que ayuda a las dos partes en conflicto a unirse para resolver sus diferencias. Todos nos hemos apartado de Dios para seguir nuestra propia voluntad en contra de su voluntad. Jesús es nuestro mediador, aquel que intercede por nosotros ante Dios.

Micki, quien experimentó el amor maternal de Dios durante su ECM, se encontró a sí misma a los pies de una escalera gigante que llevaba hasta un trono del cual irradiaba una luz brillante y que ella sabía que era Dios. Recuerda a Jesús intercediendo por ella: «Jesús estaba parado a la diestra de Dios. [...] Le decía a Dios cuánto yo lo amaba y que creía que había muerto por mis pecados. Entonces, Dios me habló mentalmente y me dijo cuánto me amaba. (Jesús fue el mediador entre Dios y yo)»[9].

Como analizamos en el capítulo 6, el amor y la justicia de Dios se encontraron en la cruz de Cristo. Todos lo que admiten su necesidad del perdón de Dios y aceptan que Jesús pagó por sus pecados, son libres de culpas e intachables ante Dios (ver Efesios 1:4). Aun así, incluso cuando somos reconciliados con Dios, luchamos con el pecado. Todavía nos oponemos a la voluntad y a la manera de Dios. Pero no tenemos que permitir que nuestros pecados o fallas nos separen de Dios; por el contrario, Dios usa nuestros errores para ayudarnos a crecer por medio de ellos. Como aclara el apóstol Juan, podemos confesarlos y volver a Dios, sabiendo que Jesús pagó por nuestras deudas, que entiende nuestras luchas y que intercede por nosotros:

> Si afirmamos que no tenemos pecado, lo único que hacemos es engañarnos a nosotros mismos y no vivimos en la verdad; pero si confesamos nuestros pecados a Dios, él es fiel y justo para perdonarnos nuestros pecados y limpiarnos de toda maldad. [...] Mis queridos hijos, les escribo estas cosas, para que no pequen; pero si alguno peca, tenemos un abogado que defiende nuestro caso ante el Padre. Es Jesucristo, el que es verdaderamente justo.
>
> I JUAN 1:8-9; 2:1

No tenemos que temer confesar o ser honestos con Dios porque Jesús nos defiende. Él pasó por todas las pruebas, las tentaciones, las traiciones, los sufrimientos e, incluso, las torturas de los seres humanos. Sin embargo, no pecó. Eso es lo que lo califica para ser nuestro mediador perfecto, nuestro Sumo Sacerdote perfecto, para reconciliarnos con Dios. El autor de la carta a los Hebreos escribe:

No hay nada en toda la creación que esté oculto a Dios. Todo está desnudo y expuesto ante sus ojos; y es a él a quien rendimos cuentas. Por lo tanto, ya que tenemos un gran Sumo Sacerdote que entró en el cielo, Jesús el Hijo de Dios, aferrémonos a lo que creemos. Nuestro Sumo Sacerdote comprende nuestras debilidades, porque enfrentó todas y cada una de las pruebas que enfrentamos nosotros, sin embargo, él nunca pecó. Así que acerquémonos con toda confianza al trono de la gracia de nuestro Dios. Allí recibiremos su misericordia y encontraremos la gracia que nos ayudará cuando más la necesitemos.

HEBREOS 4:13-16

¿Te das cuenta de que puedes con toda confianza, osadamente acercarte al trono de Dios para buscar ayuda, incluso cuando estás luchando con alguna adicción, explotando de ira o rindiéndote a la lujuria o a la envidia? Esa es exactamente la razón por la cual necesitamos buscar con humildad que Dios nos ayude a cambiar y a crecer. Felizmente, gracias a que Jesús es nuestro mediador que nos entiende, podemos buscar a Dios para que nos ayude y recibir su ayuda, incluso en nuestros peores momentos.

Jeremy*, ingeniero programador, se encontró con Jesús en su ECM y por instinto supo que Jesús era su mediador. Esto es lo que me escribió acerca de su ECM:

Estaba parado en una habitación con algunas personas. Haré referencia a esta habitación como a «una sala de espera»,

---

* «Jeremy» es un seudónimo.

pero solo porque no tengo una explicación mejor de su propósito. Tenía dos entradas a un patio grande. Todos sabían exactamente quién era yo, y en definitiva estaban esperando que llegara. Aunque no reconocía a nadie, sabía que todos me conocían y me amaban. Había una persona en la habitación que nunca dijo su nombre, y yo sabía que todo lo que veía en el edificio y en el jardín era suyo.

Soy tímido, entonces quiso mostrarme los alrededores, y fuimos a caminar por la sección del jardín del patio. Me presentó a algunas personas que estaban en grupos pequeños. Conocía a todos con quienes nos encontrábamos, y todos lo amaban. Probablemente me presentó entre diez a quince personas. Recuerdo haber sentido que me amaban y haber tenido una sensación de que todos anhelaban conocerme.

Durante todo el tiempo, sabía exactamente quién era este hombre, y estaba seguro de ello. Nunca dijo quién era; simplemente yo lo sabía. Lo identifiqué como Jesús, no por el nombre, sino por su función. Estaba aterrado de blasfemar, por eso titubeaba de usar este nombre si había siquiera una pequeña duda de que pudiera estar equivocado. Cuando lo miré, supe que era el mediador ante Dios, [y] el creador, y Dios. Por sobre todo, sabía con total certeza que era el mediador ante Dios de una forma que no puedo describir. Simplemente era verdad, y era tan evidente que era el mediador ante Dios. Ni siquiera sé a qué se parece un mediador ante Dios, solo sé que se parece a lo que vi[10].

Jesús trabaja eternamente como nuestro mediador ante un Dios santo y, gracias a él, no tenemos nada que temer al acercarnos osadamente ante Dios. Jesús es el mediador perfecto y el hermano perfecto.

Jesús nuestro hermano

Jeremy supo que Jesús era su mediador y, también, experimentó a Jesús como su hermano durante su ECM:

Más tarde, una de las personas en la sala de espera presentó a Jesús como mi «hermano». Nunca había entendido esta parte hasta hace unos meses. Cuando miré a mi «hermano», supe que este «hermano» mío era el mediador entre yo y Dios, claro que no era mi hermano biológico. Por eso estuve confundido hasta hace poco, cuando leí en el Nuevo Testamento sobre Jesús que decía: «Cualquiera que hace la voluntad de mi Padre que está en los cielos es mi hermano, mi hermana y mi madre» (Mateo 12:50, NVI). Ahora, cuando pienso en esto, lloro de alegría, y no soy de los que lloran a menudo[11].

Jesús reveló esta verdad impensable: Él es nuestro hermano. Durante su ministerio en la tierra, cuando alguien le dijo a Jesús que su madre y hermanos biológicos estaban buscándolo, Jesús miró a la multitud a la cual estaba enseñando y dijo: «¿Quién es mi madre? ¿Quiénes son mis hermanos? [...] Pues todo el que hace la voluntad de mi Padre que está en el cielo es mi hermano y mi hermana y mi madre» (Mateo 12:48, 50).

El escritor del libro a los Hebreos escribe más sobre este misterio de Jesús como nuestro hermano:

Convenía a Dios que, mediante el sufrimiento, hiciera a Jesús un líder perfecto, apto para llevarlos a la salvación. Por lo tanto, Jesús y los que él hace santos tienen el mismo Padre. Por esa razón, Jesús no se avergüenza de llamarlos sus hermanos, pues le dijo a Dios: «Anunciaré tu nombre a mis hermanos. Entre tu pueblo reunido te alabaré».

HEBREOS 2:10-12

Esto es exactamente lo que David había escrito mil años antes, profetizando la crucifixión del Mesías, quien dice: «Anunciaré tu nombre a mis hermanos» (Salmo 22:22). Jesús vino no solo a pagar el precio de recuperarnos para Dios, sino para que pudiéramos relacionarnos con Dios como con un hermano mayor amable y cariñoso.

Mientras estaba en la UCI (unidad de cuidados intensivos) del hospital de San Antonio, los órganos de Julie dejaron de funcionar. Se encontró a sí misma en la presencia de Jesús cerca del río de la vida. Allí, tuvo un nuevo entendimiento de Jesús como su mediador y como su hermano mayor amoroso.

Hablé con Jesús sobre cosas que en ese tiempo ni sabía, ni creía [como que] [...] una persona no puede bajo ninguna circunstancia estar en la presencia de Dios ni en cualquier lugar cerca del trono de Dios sin Jesús. Simplemente no es posible. Dios quiere que estemos cerca de él y lo desea enormemente. Jesús es en verdad la puerta al trono de Dios. [...]
Entonces caminamos hasta el río siguiente; Jesús tomó mis dos manos, y puso las palmas de mis manos para arriba. Mientras me sostenía las manos, dijo:
—Quiero que recuerdes algo. Eres linaje real. Eres una hija de Dios, del Dios altísimo. Vives en el mundo, pero no eres del mundo. El lugar que te corresponde está en el cielo con el Padre.
—Sí, entiendo —le dije—. Todo el tiempo que me decía esto, sentí como que era la persona más valiosa, más amada, más querida que existía. A continuación, pregunté:
—¿Cuál es tu relación conmigo?
—Soy tu hermano —dijo Jesús.
—Sé que eso es lo que la Biblia dice, ¿es verdad entonces? —pregunté.
—Sí, soy tu hermano. La misma sangre corre por nuestras venas. Nunca te dejaré ni te abandonaré. Estaré siempre que me necesites. Nunca jamás te olvides quién eres —dijo Jesús.
Me quedé allí observando a nuestro alrededor por un tiempo. Entonces expresó:
—Ahora regresa a tu cama y despierta[12].

¿Te das cuenta de que eres sangre real si entregaste tu vida a Dios? Jesús y tú están relacionados, él puede entender todo aquello por lo que estás pasando. Es familia. Puedes contar con él, además anhela guiarte y enseñarte.

Jesús nuestro maestro

Muchos de los que niegan la deidad de Jesús lo respetan y confirman la sabiduría y la solidez moral de sus enseñanzas. Jesús, sin embargo, no declaró ser solo un maestro sabio; declaró que sus enseñanzas venían de Dios mismo. Quienes lo escuchaban enseñar se maravillaban y preguntaban: «"¿De dónde sacó este tantos conocimientos sin haber estudiado?" "Mi enseñanza no es mía —respondió Jesús—, sino del que me envió. El que esté dispuesto a hacer la voluntad de Dios reconocerá si mi enseñanza proviene de Dios o si yo hablo por mi propia cuenta"» (Juan 7:15-17, NVI).

«La forma» de Jesús, como sus primeros seguidores la llamaban, es la forma de vivir una vida de «amor, alegría, paz, paciencia, gentileza, bondad, fidelidad, humildad y control propio» (Gálatas 5:22-23). Así es como disfrutamos de los momentos de la vida con la forma aliviada y sin preocupaciones de Cristo. ¿Alguna vez estudiaste las enseñanzas de Jesús y de verdad trataste de ponerlas en práctica? Si lo haces, también verás que ellas te capacitan para vivir la vida que tu alma anhela.

No es difícil resumir las enseñanzas de Jesús porque él ya lo hizo por nosotros. Cuando los líderes religiosos le preguntaron a Jesús: «Maestro, ¿cuál es el mandamiento más importante de la ley?». Jesús respondió:

> «Ama al Señor tu Dios con todo tu corazón, con toda tu alma y con toda tu mente» —respondió Jesús—. Este es el primero y el más importante de los mandamientos. El segundo se parece a este: «Ama a tu prójimo como a ti mismo». De estos dos mandamientos dependen toda la Ley y los Profetas.
>
> MATEO 22:37-40, NVI

Todo lo que Jesús enseñó revela lo que significa amar a Dios y amar a las personas.

Algunos estudios muestran que la mayoría de las personas creen que son personas amables y amorosas. Sin embargo, el mundo está lejos de ser un lugar amable y amoroso. La verdad es que Jesús espera que quienes lo siguen como Señor *conozcan* lo que enseñó y *hagan* lo que dijo para llegar a ser la clase de personas amables y amorosas que Dios quiere. «Jesús le dijo a la gente que creyó en él: "Ustedes son verdaderamente mis discípulos si se mantienen fieles a mis enseñanzas; y conocerán la verdad, y la verdad los hará libres"» (Juan 8:31-32).

El objetivo de Jesús es guiarnos a la libertad y la vida, pero hay un requisito. Debemos conocer sus enseñanzas y tomarlas enserio, con tanta seriedad como Jesús las tomó. Jesús dijo: «El cielo y la tierra desaparecerán, pero mis palabras no desaparecerán jamás» (Mateo 24:35). Me resulta interesante que a veces Jesús incluso se cita a sí mismo cuando habla con quienes tienen una ECM.

Kevin Zadai tuvo una ECM durante una cirugía dental. Recuerda que Jesús lo reprendió. «Comenzó a hablarme sobre el hecho de que había sido muy descuidado con mis palabras», dice Kevin. Jesús mencionó sus propias palabras en Mateo 12:36, diciendo: «tendrán que dar cuenta de toda palabra inútil que hayan dicho». Entonces le dijo a Kevin: «Sabes que lo dije en serio»[13].

La Dra. Mary Neal, cuya ECM ocurrió durante un accidente de kayak, le dijo a Jesús:

—Esto es maravilloso. ¿Por qué no haces esto por todos, para que todos crean?

Jesús se citó a sí mismo:

—Tú crees porque me has visto; benditos son los que creen sin verme[14].

Citó la misma respuesta que le había dado a «Tomás el incrédulo» según lo registrado en Juan 20:29.

Los seguidores de Jesús que mueren clínicamente y tienen una ECM a menudo transmiten lo mucho que Jesús espera que leamos, estudiemos y sigamos sus enseñanzas. El Dr. Richard Eby, doctor en medicina y cirujano, cayó de cabeza de un segundo piso y se partió el cráneo, pero resucitó milagrosamente después de diez horas. Durante su ECM, dijo: «Jesús y yo caminamos juntos en el cielo, en realidad, era más como volar que caminar. Estuvimos hablando mientras estábamos suspendidos en el aire. [...] La comunicación es muy superior a cualquier cosa que pudiéramos imaginarnos aquí en la tierra. El espacio también es ilimitado».

Cuando el Dr. Eby le preguntó a Jesús sobre la vida que la gente experimenta en el cielo, Jesús le respondió: «Solo les concedo los deseos del corazón», haciendo eco del Salmo 37:4. Luego dijo: «Lo escribí en mi libro. ¿No leíste mi libro? Todo en mi libro ilustra lo que mis hijos necesitan saber». El Dr. Eby recuerda que varias veces le hizo preguntas a las cuales le respondió diciendo: «¿No leíste mi libro?»[15]. Es una buena pregunta para todos los que afirmamos que seguimos a Jesús: «¿Leíste mi libro?». Es una de las formas en que amamos a Dios, conociendo sus enseñanzas y haciendo lo que dice. Jesús señaló: «Todos los que me aman harán lo que yo diga. Mi Padre los amará, y vendremos para vivir con cada uno de ellos» (Juan 14:23). La salvación y la relación con Dios no dependen de nuestras obras. Aun así, Dios se goza cuando seguimos sus mandamientos y se entristece cuando los ignoramos.

En la conversación que el Dr. Gary Wood tuvo con Jesús durante su ECM, Jesús le recordó las verdades de las Escrituras y le dijo que le hacía daño cuando las ignorábamos:

Jesús me miró directamente con esos ojos azules penetrantes y dijo: «Nunca creas la condenación del diablo cuando te dice que no vales nada. Eres valioso. Fuiste redimido por la sangre del Cordero —continuó diciendo—; ¿Por qué mi gente no cree en mí? ¿Por qué mi gente me rechaza? ¿Por qué no andan en mis mandamientos? [...] Recuerda lo que digo, porque el Padre y yo somos uno. Cuando hablo, el Padre ha hablado. Por encima de todo ámense los unos a los otros y siempre perdónense los unos a los otros»[16].

Jesús espera que sigamos sus enseñanzas. Es el consejero más sabio que existe y el único que en realidad sabe cómo funciona la vida. Podemos seguir lo que dijo y lo que hizo mientras estuvo en la tierra.

SÉ COMO JESÚS

Jesús nos entiende como nadie. Es el mejor amigo, hermano, maestro y modelo a seguir que podríamos esperar encontrar. Vino a salvarnos, a sanarnos y a enseñarnos el camino a la vida. Cuando estudiamos la vida y las enseñanzas de Jesús, vemos cómo debería ser la humanidad bajo la guía de Dios. Si todos pudiéramos ser más como Jesús, nuestro mundo sería un lugar mucho mejor. Tal vez recuerdas el relato del Dr. Ron Smothermon sobre cómo todos los atributos de Dios, su poder, amor, bondad, compasión y justicia infinitos, explotaron dentro de él como una bomba atómica durante su ECM. De todos esos atributos, identificó uno que tuvo el mayor impacto en él: «La humildad es lo que en verdad me conmovió. Es tan humilde. —La voz de Ron tembló por la emoción mientras seguía hablando—. Solo pensar que estoy con él, me llena los ojos de lágrimas. Es tan amable y humilde; no es orgulloso ni jactancioso. Siempre fui muy orgulloso, aunque no tengo razón para serlo. Él tiene toda la razón del mundo para serlo, y aun así es tan humilde»[17].

Jesús dijo mientras estaba en la tierra: «Pónganse mi yugo. Déjenme enseñarles, porque yo soy humilde y tierno de corazón, y encontrarán descanso para el alma. Pues mi yugo es fácil de llevar y la carga que les doy es liviana» (Mateo 11:29-30). Todos podemos vivir la vida tranquila y aliviada que Jesús nos ofrece, cumpliendo con el propósito que Dios nos asignó en la tierra al seguir sus enseñanzas. Y nos dio su Espíritu Santo para guiarnos en la medida que aprendemos a escuchar su voz.

EL ESPÍRITU
DE DIOS HABLA

COMO ENFERMERA DE CUIDADOS INTENSIVOS, Penny Wittbrodt
sabía que su cuerpo estaba dejando de funcionar debido a un choque
anafiláctico. Por su parte, la enfermera del hospital rural en Kentucky
pensó que el EpiPen sería suficiente para tratar su reacción alérgica.
Cuando un residente pasaba por el área de espera y vio a Penny en
apuros, la llevo urgente a la sala de emergencias justo cuando dejaba de
respirar. Fue ahí cuando Penny se encontró fuera de su cuerpo, observando mientras la intubaban.

De repente, Penny estaba viajando a la velocidad del pensamiento y
se encontró en el asiento trasero del auto de su hermana. Llovía a cán-
taros, y su hermana se había detenido en una estación de servicio para
enviar un mensaje por Facebook. Penny, sin darse cuenta todavía de
que estaba muerta, miró el atuendo de su hermana y pensó, *¿Qué tiene
puesto? Se ve ridícula; su ropa no hace juego. ¿Por qué está manejando en
semejante tormenta? ¡Algo no está bien!*

Penny no podía lograr que su hermana le respondiera, era como si su hermana no tuviera ni idea de que ella estaba allí. Leyó lo que su hermana había escrito en Facebook: «Resiste, pequeña, estoy en camino». Cinco días después, cuando Penny salió del coma, pudo decirle a su hermana todo lo que había visto. Su hermana se asustó, pero confirmó que en el apuro había agarrado la ropa que encontró para salir disparada al hospital y que se había detenido en la lluvia torrencial para enviarle un mensaje a Penny por Facebook.

Penny, entonces, salió del auto y se encontró en un vacío oscuro. No sabe cuánto tiempo estuvo en el vacío. «El tiempo se te escapa en el otro lado —recuerda Penny. Al final, Penny sintió una presencia estrepitosa y estruendosa que según ella sacudió todo lo que había sido y lo que sería. —Todos los planetas del cosmos emitían un ruido sordo con esta energía —recuerda Penny.

Lo sentía en mis huesos, sabía que algo grande estaba viniendo. Nunca vi a una persona. Me refiero a él como «él», pero era una mezcla de masculino y femenino porque era muy maternal, pero ese poder me hacía pensar en un hombre. Había luz y energía, me daba cuenta de que era el Padre, el Hijo y Espíritu, todos en uno. Conocía al Espíritu Santo del tiempo en que me había dado palabra de sabiduría.

Vino a mí y lo escuché decir esto telepáticamente: «Yo soy». Había leído eso en la Biblia tantas veces [...] y eso fue todo lo que tuvo que decir. Recuerdo haber pensado: *Hombre, tú eres lo MÁS. Solo tú puedes acercarte a alguien y decir «Yo soy» y que, simplemente, te digan: «¡Sí, tú eres!»*.

Y esta luz [...] tenía una vibración que estaba viva, la cual me atravesó, fluyendo por cada parte de mi ser. Estoy ahí con él y, de repente, como que me asusto. Pensé: *Ay, no, va a mirar todas las cosas que hice mal, de las cuales estoy tan avergonzada*. Pero no me estaba juzgando, era súper amoroso; yo solo quería esconderme. Él me tranquilizó y supe que íbamos a revisar mi vida. Pero todas esas cosas que temía nunca aparecieron. Creo que posiblemente me había castigado demasiado por causa de esas cosas. Las otras cosas sí salieron a la luz.

Primero, me mostró lo bueno. Las cosas que había hecho y por las cuales me sentía realmente bien no aparecieron. Aparecieron cosas como una escena en el supermercado de la cual me había olvidado. Había una mujer delante de mí en la fila y le faltaban apenas un par de dólares. Estaba tratando de decidir qué cosas devolver [...] y le dije: «Está bien, está bien; yo me hago cargo». Y le di el dinero. Luego, estoy viendo esta escena, como que estoy ahí y, de repente, vuelve atrás y veo a esta [misma] mujer trabajando en un banco de alimentos. Ella está bendiciendo a estas personas con comida. Dios me dice: «Deseo que veas el efecto en cadena que tienen todos los pequeños actos de bondad».

Entonces, revisamos algunas de las cosas negativas; de todas las cosas que me mostraron que hice en mi vida y de las cuales no estoy orgullosa, hay una que realmente me impactó. Probablemente sea la cosa más difícil que debo dejar de hacer, controlar lo que pienso sobre los demás. Dios me mostró los pensamientos negativos que llevaba conmigo, y me dijo: «Déjame explicarte algo. Los pensamientos tienen energía, las palabras tienen aún más y las acciones todavía más. No obstante, todo comienza con el pensamiento». Hay un pasaje de la Biblia que dice que la lengua es como el timón de un barco.* La forma en que hablas determina la dirección en la que vas. Hay vida y muerte en la lengua. Bueno, lo mismo sucede con tus pensamientos. Lo que piensas es lo que hablas y lo que dices es lo que terminas haciendo. Todo comienza en la mente.

Me mostró los pensamientos negativos que había tenido sobre las personas; se lo merecían, ¡eso te lo puedo asegurar! Eran personas muy estúpidas. A pesar de eso me explicó: «Cuando gastas tu energía en cosas así y tienes estos pensamientos negativos, te daña más a ti porque la energía te impacta a ti».

* Ver Santiago 3:4-6, NVI.

Luego me mostró que mis pensamientos negativos sobre las personas son como energía que se pega a ellas y que solo incrementa la tendencia que tienen a ser como son. Esa es la razón por la cual el perdón es tan importante. [...] Cuando te perdono, esa energía puede ser redirigida. Por lo tanto, es muy importante para la vida de la otra persona que la perdones, y también es realmente importante para ti porque esa energía negativa se te pega[1].

El esposo de Penny la había abandonado cuando sus tres hijos eran pequeños. A lo largo de los años, vio cómo el dolor y el rechazo se filtraba en sus pequeñas almas porque su padre les prometía un regalo de cumpleaños que nunca enviaba; prometía llamar o venir a verlos, pero solo en raras ocasiones aparecía. El daño y el dolor que le causaba ver a sus hijos internalizar las mentiras de su padre, que creyeran que ellos tenían algo malo y que esa era la razón por la cual su padre los rechazaba de tal forma, socavaron en gran manera la fe de Penny. El daño le causó amargura y que se aislara de la humanidad. Y, mientras estaba allí en la presencia de Dios, se dio cuenta de algo más:

Estoy con este Creador amoroso que no tuvo en cuenta las cosas grandes, cosas por las cuales estaba muy preocupada, entonces de repente me enojé con él. Me di cuenta de que había estado enojada con Dios por un largo tiempo, y se lo dije. Es asombroso que uno pueda ser uno mismo y sentirse cómodo con él. Le dije:

—Dices que amas tanto, para mí eso es pura mentira; ¿cómo pudiste permitir que un padre le hiciera eso a sus niños?

—Mmm, me malinterpretaste por completo. Permíteme mostrarte algo —me dijo Dios[2].

Dios le mostró el futuro donde estaba su hijo adulto sentado con ella, observando a su nieto, Cole, jugar fútbol. Su hijo se inclinó hacia ella y le dijo: «Mamá, seré para él el papá que yo merecí tener». Penny se dio cuenta entonces de que Dios iba a hacer algo bueno de algo malo.

Lo que aprendí allí es [que] tenemos una visión realmente errada de lo bueno y lo malo. Para nosotros, «bueno» es cuando nada está mal. «Malo» es cuando las cosas no salen como queremos. En el reino espiritual, bueno es moverse hacia adelante. No importa lo horrible que se sienta. Si estás avanzando, creciendo, afectando de manera positiva la vida de los demás, aun si lo estás haciendo a través del dolor y de las pruebas, si aun así estás haciendo un buen trabajo, estas avanzando y eso es bueno. El día que dejas de interactuar con el mundo y comienzas a hacer solo lo que te hace sentir cómodo, eso es malo, aun cuando nada malo esté sucediendo. No estamos en la tierra para eso.

Entonces, estoy con Dios, hablando acerca de mis hijos. Necesitaba más sanidad. Estoy en esta luz, y el proceso de sanidad comienza y la luz viene a través de mis pies, trepando por todo mi cuerpo, sanando espiritualmente todas las células [...] y siento que cuando llego a esta parte central de mí misma, [...] ¡Dios está allí! Estoy deslumbrada y exclamo:

—¡Guau! ¿Quisiste decirme que estuviste allí todo el tiempo, que no eres una cosa externa?

—Bueno, soy una especie de ambas.

—Entonces, ¿Dios está adentro de todos nosotros, incluso en las personas que no creen?

—No puedes sacarme, así como no puedes sacar el ADN de tu padre. Yo te hice. Estoy adentro.* Puedes escoger ignorarme, pero estoy adentro. Simplemente estoy esperando para amarte, incluso a través de todas las dificultades por la cuales vas a pasar[3].

Penny percibió que todo el dolor, la amargura y la ira que sentía contra Dios se desvanecían en su luz y su amor. Aunque sabía que había estado evitando las cosas que se suponía que debía hacer y que necesitaba regresar a su vida en la tierra, estaba tan desconsolada por tener

---

* «Dios creó a los seres humanos a su propia imagen» (Génesis 1:27).

que dejar la presencia de Dios. Llorando expresó: «Al menos permíteme recordar esto o de lo contrario no creo tener esperanzas».

Tres años después de su ECM, Penny estaba sentada en la tribuna con su hijo adulto, mirando el partido de fútbol de su nieto Cole. Su nieto tenía dos años cuando ella tuvo la ECM, y ahora tenía cinco. Su hijo se inclinó hacia ella y dijo: «Sabes, mamá, voy a ser para él el papá que merecí tener». El corazón de Penny se inundó de esperanza. Dios estaba con ella[4].

Dios está con nosotros para guiarnos. Como Penny aprendió, permitir que Dios guíe nuestros pensamientos, palabras y acciones es esencial para llegar a ser nuestra mejor versión. Dios hace eso mediante su Espíritu Santo. Sin embargo, ¿quién es el Espíritu Santo y cómo nos guía?

LA COSA MÁS IMPORTANTE

La noche antes de su crucifixión Jesús explicó a sus discípulos cómo los guiaría cuando ya no estuviera con ellos, a través de una analogía de la cosa más importante para el crecimiento espiritual:

> Pues una rama no puede producir fruto si la cortan de la vid, y ustedes tampoco pueden ser fructíferos a menos que permanezcan en mí. Ciertamente, yo soy la vid; ustedes son las ramas. Los que permanecen en mí y yo en ellos producirán mucho fruto porque, separados de mí, no pueden hacer nada.
>
> JUAN 15:4-5

Una rama no necesita trabajar mucho para producir frutos; simplemente debe permanecer conectada a la vid (la fuente de nutrientes) y los frutos crecerán de manera natural. Enfocarse en lo más importante que es mantenerse conectado a la Fuente (Dios), afecta de manera positiva todas las otras áreas de nuestra vida. Y como dijo Jesús, sin eso no podremos hacer nada que tenga valor espiritual. Es así como llegamos a ser lo que Dios creó para que fuéramos y como logramos el propósito que Dios nos dio. Esa noche, Jesús explicó que la forma de mantenerse conectado con Dios (la Fuente) es mediante el Espíritu Santo.

Y yo le pediré al Padre, y él les dará otro Abogado Defensor, quien estará con ustedes para siempre. Me refiero al Espíritu Santo, quien guía a toda la verdad. El mundo no puede recibirlo porque no lo busca ni lo reconoce; pero ustedes sí lo conocen, porque ahora él vive con ustedes y después estará en ustedes. No los abandonaré como a huérfanos; vendré a ustedes. [...] Cuando yo vuelva a la vida, ustedes sabrán que estoy en mi Padre y que ustedes están en mí, y yo, en ustedes. [...] En realidad, es mejor para ustedes que me vaya porque, si no me fuera, el Abogado Defensor no vendría. En cambio, si me voy, entonces se lo enviaré a ustedes.

JUAN 14:16-18, 20; 16:7

Los profetas predijeron la venida de Dios en forma humana como el Mesías. ¿Qué podría ser mejor que caminar, hablar, interactuar y experimentar el amor y el carácter de Dios en forma humana y poder relacionarnos con él? Tendemos a pensar, *Si Dios tan solo se presentara de una manera tangible, sería lo mejor.* Sin embargo, Jesús dijo: «No, es *mejor* para ustedes si vuelvo al Padre y envío al Espíritu Santo de Dios». Pero ¿*por qué* eso es lo mejor?

Quienes caminaron y hablaron con Jesús en la tierra conocieron a Jesús con sus limitaciones humanas. Podía estar en un solo lugar a la vez y prestar atención, guiar y enseñar solo a quienes estaban cerca de él. No obstante, ahora que Jesús vive con Dios en el cielo, todos los que hemos recibido el amor y el perdón de Dios tenemos el Espíritu Santo dentro de nosotros siempre; no solo como una fuerza que sustenta nuestra vida, sino dentro de nuestro mismo espíritu para guiarnos en la vida. Como Jesús dijo acerca del Espíritu Santo: «ahora él vive con ustedes y después estará en ustedes» (Juan 14:17). Dios predijo esto también a través del profeta Joel: «derramaré mi Espíritu sobre todo ser humano [...] aun sobre los siervos y las siervas» (Joel 2:28-29, NVI).

Jesús nos enseña que Dios vivirá en nosotros *por medio* del Espíritu Santo, y también dice: «No los abandonaré como a huérfanos; *vendré* a ustedes» y «Todos los que me aman harán lo que yo diga. Mi Padre los amará, y *vendremos* para vivir con cada uno de ellos» porque «estoy en mi Padre y [...] ustedes están en mí, y yo, en ustedes» (Juan 14:18, 23, 20, énfasis añadido). Entonces, el Dios trino vive en nosotros *mediante su Espíritu*. Si nos mantenemos conectados a Dios (la vid) por medio de su Espíritu, nuestra vida dará buenos frutos como resultado natural, los cuales no solo nos bendecirán a nosotros mismos, sino también a quienes nos rodean.

DEPENDENCIA PASO A PASO

Jesús le enseñó a Randy Kay, el director ejecutivo de San Diego, durante su ECM, que la dependencia paso a paso del Espíritu Santo es la forma de mantenerse conectado a Dios y de cumplir con nuestro propósito en la tierra. También debemos entender que vivimos en un mundo en guerra, en un enfrentamiento de reinos. Es una guerra espiritual en la cual la verdad de Dios pelea contra las mentiras del diablo. Esto incluye el mal en la forma de pensamientos engañosos que con frecuencia atacan nuestra mente. Randy vio esta embravecida batalla espiritual en otra dimensión cuando dejó el vecindario de la tierra. Cuando Randy preguntó acerca de esto, Jesús le explicó:

—La guerra que ves es entre mis ángeles y aquellos [ángeles] que cayeron. [...] Mis ángeles dirigen a mis amados hacia mí, y cuando una persona recibe la verdad, es liberada para recibir mi acogimiento. Los demonios que ves diseminan mentiras porque quieren confundir a mis amados para que no escuchen la verdad y, al hacerlo, ciegan el entendimiento de sus víctimas para que no me vean. Mi Espíritu solo puede manifestarse en mis hijos, y sin mi Espíritu las personas están muertas para mi reino, mi presencia. [...] Mi Espíritu habla verdad y los demonios hablan mentiras y engaños, buscando confundir. [...]

La otra pregunta que me obsesionaba me puso nervioso, como si fuera a insultar a Jesús con solo preguntar. Aun así, ¡tenía que hacerla!

—Amado Señor, ¿por qué no me revelas mi propósito ahora?

—Mi amado hijo, cada persona del mundo debe descubrir su propósito cada día. Si te revelara tu propósito por completo, sin que quede nada para preguntar, no dependerías de mí. [...] Debes confiar en mí y buscar mi revelación de manera continua, para que no solo conozcas tu propósito, sino también para que seas empoderado por mi Espíritu para cumplir con tu propósito[5].

Jesús también le dijo a Randy lo siguiente:

—Cuando hablo con mis hijos en el mundo, es mi Espíritu quien habla[6].

La palabra griega que se traduce como «Abogado» en Juan 14 es *paraklētos*. Esta palabra también se puede traducir como «Consolador», «Consejero» y «Ayudador». Jesús prometió enviar a su Espíritu como Abogado, Consolador, Consejero y Ayudador con el propósito de que caminara con nosotros por cada circunstancia de la vida. Además, dijo que tener el Espíritu es mejor que haber vivido, caminado y hablado con él durante el periodo corto que estuvo en la tierra. Jesús no nos salvó solo para que un día estuviéramos en el cielo; hizo un camino para que hoy el cielo, el reino de Dios, invadiera la tierra a través de nosotros en la medida en que dependemos del Espíritu Santo paso a paso. Analicemos más de cerca a la persona del Espíritu Santo y a algunas de las formas en que el Espíritu Santo nos ayuda en la vida, para que podamos cooperar con la obra que hace en nosotros.

TU ENTRENADOR PERSONAL

Es útil recordar que el Espíritu Santo es Dios con nosotros y en nosotros. El Espíritu tiene inteligencia, voluntad y emoción, y nosotros podemos causar gozo o tristeza al Espíritu Santo dependiendo de la forma como vivamos (ver Efesios 4:29-32). Aunque el Espíritu es una persona individual, sigue siendo Dios. Es una persona diferente al Padre y al Hijo, por eso vemos al Espíritu en el bautismo de Jesús: «Después del bautismo, mientras Jesús salía del agua, los cielos se abrieron y vio al Espíritu de Dios que descendía sobre él como una paloma. Y una voz dijo desde el cielo: "Este es mi Hijo muy amado, quien me da gran gozo"» (Mateo 3:16-17). «Entonces Jesús fue llevado *por el Espíritu* al desierto» (Mateo 4:1, RVR60, énfasis añadido). Jesús fue el humano perfecto y la representación encarnada de Dios. Como hombre, Jesús siguió al Espíritu, así como nosotros debemos hacerlo.

A los casos de ECM les resulta difícil describir al Espíritu Santo, probablemente porque el Espíritu Santo es la presencia de Dios distribuida. Uno de los casos de ECM describió al Espíritu Santo como la presencia «femenina» de Dios. Cuando Jeff, un técnico en pozos, estaba trabajando en una zanja de cuatro metros de profundidad, una pared entera de lutita se soltó y lo enterró vivo. Se encontró a sí mismo en el trono de Dios, asombrado. Cuando Jesús lo envió de regreso, Jeff recuerda: «Al recobrar el conocimiento, estaba siendo acunado en esta pelota llena de energía que se sentía interminable y era de verdad femenina en naturaleza. Como la mejor mamá de todo el universo. Supe que era el Espíritu Santo. [...] Y podemos aprovechar su presencia en cualquier momento que lo necesitemos. Cada día me hago más amigo del Espíritu que mora dentro de mí»[7].

Me llama la atención este aspecto femenino de la naturaleza de Dios, debido a que el Espíritu Santo es igualado a la sabiduría, y la sabiduría con frecuencia es personalizada como femenina en el Antiguo Testamento. Por ejemplo, Isaías escribe: «Y el Espíritu del SEÑOR reposará sobre él: el Espíritu de sabiduría» (Isaías 11:2). Y Proverbios dice: «No abandones nunca a la sabiduría y ella te protegerá; ámala y ella te cuidará» (Proverbios 4:6, NVI). No obstante, diferenciar las características masculinas/femeninas de Dios en personas distintas de la Trinidad divide la esencia de Dios, por lo que de seguro no es preciso decir que el Padre es más masculino ni que el Espíritu Santo es más femenino; Dios es una unidad de masculino y femenino.

Durante su última noche en la tierra, Jesús explicó que el Espíritu Santo estaría con nosotros para siempre (Juan 14:16). Nos aseguró que el Espíritu Santo nos guiaría a toda la verdad (Juan 14:17). Que nos enseñaría y nos recordaría las palabras de Jesús (Juan 14:26). Que llevaría a las personas a Jesús y nos ayudaría a compartir el amor de Jesús con el mundo (Juan 15:26-27). Que convencería a las personas despertando su conciencia al pecado y al camino correcto de Dios para que la gente se vuelva a Dios (Juan 16:8). Que nos guiaría en la vida revelándonos la voluntad de Dios (Juan 16:13-15). Y el Espíritu hace mucho más que eso.

Solo piensa en cuánto pagamos para tener instructores, terapeutas y mentores personales que nos guíen y nos enseñen a tomar decisiones sabias. Aunque sin lugar a dudas pueden ser útiles, Jesús dice que el Consejero, Terapeuta y Guía supremo ya está con nosotros, listo para ayudarnos. ¿Lo consultamos? ¿Buscamos su guía? Aprender a estar callados y a buscar su guía es lo más importante que podemos hacer. Creo que eso es lo que Jesús quiso transmitir cuando dijo que llevaríamos frutos espirituales si nos mantenemos conectados a él, como una rama a la vid. Eso es lo más importante que debemos hacer para crecer espiritualmente.

El apóstol Pablo expresó esta misma idea de mantenerse conectados cuando escribió: «Cristo nos libertó para que vivamos en libertad. Por lo tanto, manténganse firmes y no se sometan nuevamente al yugo de esclavitud» (Gálatas 5:1, NVI). Jesús desea que vivas en esta nueva libertad. Tantas personas creen la mentira de que seguir a Dios limita la libertad, pero es lo opuesto a eso. Dios quiere que vivamos libres de la ley (Romanos 6:14-15) porque todos los «debes», «tienes», «puedes y no puedes» son innecesarios cuando seguimos al Espíritu de Dios. Podemos vivir libres de vergüenza, preocupaciones, temores, adicciones y de los malos hábitos que nos invaden. Podemos ser libres para disfrutar los momentos de la vida con amor, paz y gozo profundos. Todo este crecimiento y moverse hacia adelante viene cuando hacemos de manera constante lo único que más importa: Mantenernos conectados paso a paso al Espíritu de Dios.

Pablo llama a esto «andar por el Espíritu» y enseña sobre el fruto espiritual que crece como resultado: «Digo, pues: Andad en el Espíritu, y no satisfagáis los deseos de la carne [naturaleza pecaminosa]. [...] Pero si sois guiados por el Espíritu, no estáis bajo la ley. [...] Mas el fruto del Espíritu es amor, gozo, paz, paciencia, benignidad, bondad, fe, mansedumbre, templanza» (Gálatas 5:16, 18, 22-23, RVR60). ¿Entiendes lo que dice? Haz esta única cosa, anda en el Espíritu todos los días, y no tendrás que esforzarte hasta el cansancio para «detener esto» ni «esforzarte más» para abandonar aquello ni hacer más esfuerzos religiosos para «ser bueno». Dios hace crecer buen fruto desde adentro, de manera natural. Esto no significa que siempre será fácil, ni que no habrá luchas, pero esta única cosa es la clave para el crecimiento. Es la forma de vivir en verdadera libertad.

¿Recuerdas cuando Santosh estuvo ante Dios y le preguntó acerca de la puerta estrecha? Dios le respondió a Santosh que lo que realmente quería era una relación diaria con él que fuera sincera y honesta, los 365 días del año, no solo una vez a la semana. Su enseñanza fue: «Camina conmigo». Le explicó a Santosh que eso involucraría rendirse por completo a él todos los días. Aunque Santosh no tenía el trasfondo que le permitiera entender con exactitud qué significaba «camina conmigo», pero más tarde se dio cuenta de lo que Dios quiso decir: «Si [Dios está] yendo hacia adelante y yo hacia atrás o hacia los costados, no estamos caminando juntos»[8].

Camina por todas las circunstancias de tu vida con el Espíritu siendo honesto y rindiéndote todos los días, dispuesto a hacer la voluntad de Dios y, como dijo Jesús, el fruto espiritual crecerá de manera natural. No tienes que «hacer» un montón de obras religiosas ni enfocarte en cambiarte a ti mismo, simplemente tienes que enfocarte en caminar con el Espíritu Santo de Dios. Es sencillo, pero no es fácil.

De hecho, mantenerse enfocado en esta única cosa es probablemente lo más difícil de hacer. Aun así, a medida que vayas practicando para mejorar en esto, irás avanzando en el cumplimiento de tu propósito, y esos viejos «hábitos de pecado» comenzarán a menguar. Lo que crecerá de adentro será más amor, más gozo, más paz; mayor capacidad para reemplazar de manera natural los arranques de ira por paciencia y calma; reemplazar las viejas adicciones por dominio propio; reemplazar la lujuria, la envidia, el temor o la ansiedad por paz espiritual y alegría. Ninguna cantidad de «mayor esfuerzo» religioso nos puede sanar ni cambiar desde adentro. El Espíritu Santo hace por nosotros lo que nosotros no podemos hacer por nosotros mismos. Aun así, para poder seguir su guía, primero tenemos que aprender a reconocer y a escuchar la voz del Espíritu.

ESCUCHANDO LA VOZ DEL ESPÍRITU SANTO

Todos deseamos escuchar la voz audible de Dios. Personalmente, nunca lo he hecho. Sin embargo, Dios me ha guiado de una manera muy clara durante los últimos cuarenta años y tengo un diario personal lleno de pruebas increíbles de la guía de Dios. Aunque, como todos, tuve que aprender a reconocer y a oír la voz del Espíritu. Permíteme explicarte con una ilustración.

Supongamos que estoy hablando contigo, tratándote de explicar lo que aprendí acerca de Dios. Soy limitado, lo cual significa que debo usar un lenguaje, mi voz y tus oídos para comunicarme de manera verbal. Desearía poder simplemente colocar todos mis pensamientos en tu mente de una vez, esa sería una comunicación más directa. Por supuesto, podrías descartar o ignorar todos mis pensamientos, pero por lo menos tendrías acceso a todos mis pensamientos de manera directa.

No puedo hacer eso, ¡pero Dios sí puede! La comunicación en el cielo es de pensamiento a pensamiento, de sentimiento a sentimiento, con ideas que el espíritu de una persona pone de manera directa en otra persona. Y ese es exactamente el modo de comunicación que Dios prefiere para comunicarse con nosotros aquí en la tierra, mediante su Espíritu Santo, porque «tenemos la mente de Cristo» a nuestra disposición (1 Corintios 2:16).

Kaline Fernandes, la ingeniera civil de Brasil que experimentó la voz paternal de Dios, dijo que la voz que escuchó en su ECM es la misma voz que «escucha» hoy. No una voz, propiamente dicha, que causaría preocupación por estar «escuchando voces», aclara Kaline, sino más bien como pensamientos:

> [A veces] también me advierte sobre algunas cosas, y unos pocos días después suceden. [...] Es la misma voz que escuché en mi experiencia cuando me estaban operando el 8 de enero del 2020. La misma [voz], no otra. [...] Como ayer, por ejemplo, era casi la medianoche, y tuve el impulso de llamar por teléfono a mi madre: ¿Todo bien? Y realmente no estaba todo bien. Realmente estaba pasando algo. [...] [Dios]

dijo, como si fueran sus palabras finales antes de irse, que mi obligación ahora, cuando regrese, era liberarme de algunas cosas que me hacían enojar con miembros de mi propia familia, [y] que sería difícil. También enfatizó el asunto de las relaciones interpersonales [...] y que en ocasiones tendría que aprender a guardar silencio, a morderme la lengua, para no hablar[9].

La ECM de Kaline la ayudó a aprender a reconocer la voz de Dios; respecto a esto, la promesa de las Escrituras es que todos podemos aprender a escuchar la guía del Espíritu Santo.

Jesús dijo: «Todo el que tenga oídos para oír debe escuchar al Espíritu» (Apocalipsis 2:7). Esto puede parecer extraño porque la mayoría de nosotros tenemos oídos físicos. Lo que Jesús claramente quiso decir es que necesitamos una especie de oído espiritual para discernir los pensamientos motivadores del Espíritu de Dios. Cuando Jesús habla de «oídos para oír», se refiere a la disposición de nuestro corazón para escuchar. Jesús enseñó: «Pues el corazón de este pueblo está endurecido, y sus oídos no pueden oír» (Mateo 13:15). Jesús quiere decir que cuánto más dispuesto esté nuestro corazón a escuchar y a responder en obediencia al llamado del Espíritu, con más claridad escucharemos.

Un día en la universidad, de manera accidental, descubrí la voz de Dios mientras estaba orando. Un pensamiento casual entró a mi mente, *Llama a Alison*. Alison es mi hermana menor, quien por aquel tiempo estaba en la escuela. No estaba pensando en Alison ni orando por ella, entonces, ignoré el pensamiento. Varios minutos después, me vino a la mente el mismo pensamiento. Perecía mi propio pensamiento casual, entonces de nuevo, lo ignoré. La tercera vez, sentí certeza de que debía llamar a Alison, por lo tanto, pregunté: «Señor, ¿eres tú? Sabes que Alison está en el colegio; no me responderá». (Esto fue antes de los teléfonos celulares). Aun así, decidí actuar en fe y, simplemente, llamé. Me sorprendí porque Alison respondió, y me enteré de que se había quedado en casa, deprimida porque estaba sufriendo acoso escolar. La ayudé y experimenté la voz del Espíritu Santo guiándome.

Nunca tuve experiencias espirituales místicas, aunque descubrí que si respondo en fe y hago lo que pienso que el Espíritu de Dios me está impulsando a hacer, con frecuencia, miro hacia atrás y veo evidencias de su guía. Y cuánto más dispuesto estoy a responder en fe, pareciera que recibo más llamados.

Cuando trabajaba como ingeniero en California, tenía un amigo cristiano que era instructor profesional de comunicación, él me animaba constantemente diciendo: «Dios te dio el don de la enseñanza». Decía eso porque era testigo de mi amor por aprender y de cómo me entusiasmaba compartir con otros lo que había aprendido. En ese tiempo, me aterraba hablar en público y tenía cero deseos de aprender a hacerlo.

Sin embargo, Dave seguía diciendo:

—Permíteme enseñarte a hablar en público. Tienes un don. Solo te pido que hagas una conferencia; yo la prepararé.

—No —era siempre mi respuesta—. Nunca lo voy a hacer, Dave.

—Una y otra vez durante meses.

Entonces, un día, mientras estaba orando, tuve un pensamiento muy invasivo: *Cuando te resistes a Dave, te resistes a mí.* Era solo un pensamiento, como cualquier otro pensamiento en mi mente. Aun así, sabía que no era yo quien había generado ese pensamiento. Era la última cosa que quería pensar. *Cuando te resistes a Dave, te resistes a mí.* Ese día, le dije sí a Dave. Desde entonces, hablé en público ante más de doscientas mil personas en más de treinta países; ¡es una locura! ¡Tanto Dios como yo sabemos el gran milagro que eso es! Eso es lo que hace el Espíritu Santo. El Espíritu Santo me impulsó, obedecí a su impulso y, paso a paso, el Espíritu Santo me ayudó a desarrollar el don de enseñanza que me dio. El Espíritu Santo hará lo mismo por ti también, siempre y cuando estés dispuesto a escuchar y a actuar en fe y en obediencia.

LOS DONES DEL ESPÍRITU SANTO

Además de proveer guía, el Espíritu Santo también nos da dones y nos enseña a desarrollarlos a medida que caminamos con Dios. El apóstol Pablo escribe: «Ahora bien, hay diversos dones, pero un mismo Espíritu» (1 Corintios 12:4, NVI). Dios nos da dones a cada uno de nosotros que debemos desarrollar y usar bajo la guía del Espíritu Santo.

Erica McKenzie, la enfermera que tuvo un paro cardíaco, flotaba en el espacio exterior con Dios mientras él le enseñaba sobre nuestras palabras y dones.

Subía y subía, y sabía que iba al cielo. [...] Aunque no podía ver ninguna imagen física, podía distinguir esta presencia brillante como la voz que había escuchado toda mi vida. [...] Me acercó a él como un padre que le está por contar una historia a su hija. Estábamos juntos dando la espalda al cielo mientras observábamos las estrellas. [...] Dios me dijo que mirara a mi derecha. De repente, su brazo y su hombro derecho aparecieron en forma humana. Eran del tamaño de un camión [...] y en la palma de su mano había una roca gigante. De esta roca emanaba la luz más brillante que había visto. Dios se volvió hacia mí y dijo:

—Tú eres la roca. Tú eres la luz. La luz emana de mí, y yo estoy contigo.

De inmediato, Dios soltó la roca y juntos observamos mientras caía. [...] Vi que apareció un gran cuerpo de agua. Era más grande que el océano más vasto y la roca se sumergió en el agua. Juntos, observamos mientras aparecía la primera onda de agua.

—Los seres humanos son el agua. Tú eres la onda —dijo Dios.

Miré a la onda ensancharse hasta que ya no pude verla más.

—«Soy la onda» —repetí.

Entonces Dios se volvió hacia mí y dijo:

—Así como la onda afecta el agua, así las palabras y las acciones de los seres humanos afectan a los demás. [...]

Comencé a entender la importancia de las palabras, pensamientos y acciones que, aunque sean pequeños, afectan tanto a las personas como a las cosas. No tenía ni idea del poder ni de las consecuencias de mis pensamientos, mis palabras y mis acciones. [...]

Dios me pidió que mirara de nuevo. A mi derecha [...] estaban los más increíbles estantes multidimensionales. Los estantes llegaban hasta el cielo de modo que ya no podía ver la parte superior de ellos. [...] Sobre los estantes aparecieron obsequios, presentes, como los que damos y recibimos en Navidad. Había tantos regalos en todos los estantes que llenaban todos los espacios disponibles. Además, ninguno de los regalos se parecía al otro. [...]

—Cuando nacen, a cada uno le doy regalos. Cuando tú naciste, Erica, te di el regalo de la paciencia y el regalo de la belleza —dijo Dios.

De inmediato pensé: *¡Oh no, Dios, eso no es cierto!* Recordé a los niños de la escuela. *Si en verdad fuera hermosa, no hubiera sido juzgada.* [...]

Con amor me corrigió y me dijo telepáticamente:

—Erica, te di el regalo de la paciencia y te di el regalo de la belleza —y añadió—, en la vida tengo más regalos para todos y cada uno de ustedes. Todo lo que tienes que hacer es pedir y, luego, estar preparada para permanecer callada y escuchar, de modo que puedas recibir estos regalos.

A veces es difícil ver los regalos que tenemos. Pensé en mi regalo de belleza y me di cuenta de lo imposible que había sido verlo en mí misma porque buscaba la aprobación de los seres humanos en lugar de buscar mi valor en Dios. [...] Hizo falta que muriera para que me diera cuenta de que mi singularidad era mi valor, y que mi valor era mi contribución en este viaje terrenal. Mientras estábamos juntos en silencio, Dios me llenó con el conocimiento de que era importante compartir estas enseñanzas con los demás. [...] Entendí que no se trata de que una persona use sus regalos o singularidad sola. Por el contrario, el plan de Dios es que aceptemos nuestra singularidad individualmente y que luego nos unamos para aceptar juntos nuestra singularidad y empoderarnos mutuamente[10].

El Espíritu Santo nos guía a usar nuestras palabras para edificar y empoderar los dones de cada uno, trabajando juntos por el bien común.* Dave utilizó sus palabras y el don de comunicación para desarrollar mis dones potenciales de hablar y enseñar. Erica se dio cuenta en su ECM de que las palabras y las acciones de los demás habían sembrado mentiras en su corazón y que casi habían anulado sus dones y su crecimiento. Esa es la razón por la cual debemos prestar cuidadosa atención a los pensamientos que llevamos en el corazón.

CRECIENDO PENSAMIENTO A PENSAMIENTO

Si confiaste en Cristo para salvación, el Espíritu Santo mora en tu espíritu. Eso sucede de una vez y para siempre cuando crees, o confías, en Jesús (Efesios 1:13-14).† Aun así, podemos decidir escuchar y responder voluntariamente a su Espíritu paso a paso o decidir *no* escuchar ni responder. Pablo señala que podemos entristecer al Espíritu Santo cuando ignoramos su llamado y, de todos modos, hacemos nuestra propia voluntad (Efesios 4:30-31). Todo tiene lugar primero en nuestros pensamientos y, basándonos en ellos, actuamos; por lo tanto, debemos prestar atención a nuestros pensamientos.

Las Escrituras hacen una diferencia entre ser controlados por el alcohol y ser controlados por el Espíritu: «No se emborrachen con vino, porque eso les arruinará la vida. En cambio, sean llenos [sigan siendo llenos] del Espíritu Santo» (Efesios 5:18). Así como puedes entregar tu mente a la ebriedad trago a trago, puedes entregar tu mente a seguir al Espíritu Santo pensamiento a pensamiento. El Espíritu de Dios no obliga a nadie a comportarse de una cierta manera, sino que guía y empodera, en la medida que lo dejamos. El diablo trata de obligar y controlar, por el contrario, el Espíritu de Dios siempre respeta tu libre albedrío.

Para andar en el Espíritu, ser llenos del Espíritu, primero debemos prestar atención a nuestros pensamientos. Como Dios les dijo a Penny y a Erica, los pensamientos tienen una cierta energía o poder

---

* Este siempre fue el plan de Dios para su comunidad llamada «la iglesia» (ver 1 Corintios 12–13).

† Cuando creemos, somos sellados y recibimos el Espíritu Santo (Efesios 1:13), pero podemos ser «bautizados» o «llenos» del Espíritu posteriormente de maneras que muestren plenamente la presencia, el poder y los dones del Espíritu.

que afecta a las personas, las palabras tienen aún más y las acciones incluso más. Todo comienza con nuestros pensamientos; los pensamientos llevan a las palabras y a las acciones. Por eso, el apóstol Pablo nos enseña: «llevamos cautivo todo pensamiento para que obedezca a Cristo» (2 Corintios 10:5, NVI).

Pablo explica que el hecho de que Jesús haya pagado por nuestros errores no solo nos lleva al cielo, sino también nos libera del temor al juicio, entonces nos sentiremos seguros de permitir que el Espíritu esté en nuestros pensamientos todo el tiempo:

> Por lo tanto, ya no hay ninguna condenación para los que están en Cristo Jesús [...] a fin de que la justa demanda de la Ley se cumplieran en nosotros, que no vivimos según la carne, sino según el Espíritu. Los que viven conforme a la carne *fijan la mente* en los deseos de la carne; en cambio, los que viven conforme al Espíritu *fijan la mente* en los deseos del Espíritu.
>
> ROMANOS 8:1, 4-5, NVI, ÉNFASIS AÑADIDO

Tengo una pregunta clave para ti: ¿En qué fijas tu mente? Durante el día, ¿permites que el Espíritu de Dios esté en tus pensamientos? ¿Hablas sobre tus pensamientos con el Espíritu de Dios? O ¿pones la atención en tu vieja manera de pensar como, por ejemplo, en las mentiras y palabras negativas que condenan, las cuales, tal vez, te formaron en el pasado o te están formando ahora?

Cuando Kevin Zadai estaba bajo anestesia durante la cirugía dental, algo salió pésimamente mal. De repente, Kevin estaba observando la cirugía desde arriba mientras Jesús le enseñaba sobre su actitud y sobre las palabras que lo habían moldeado. «Kevin, este mundo en el cual vivimos es limitado —Jesús le explicó—. Sin embargo, tus palabras son muy, pero muy, poderosas». Kevin recuerda:

> [Jesús] comenzó a enseñarme sobre las palabras. Tenía puesta una túnica lisa y aun así tenía la presencia de un Rey. Me habló acerca de su reino y de que yo era parte de él. [...] Y comenzó

a decirme que había sido poco cuidadoso con las palabras. [...]
Jesús me dijo:

—Deberías estar hablando en el lugar dónde te envío de
regreso. —Fue muy incómodo al principio porque me dijo
que no estaba siendo cuidadoso con mis palabras [...] [pero] se
preocupaba por mí y me mostró que mi vida, hasta ese punto,
había carecido de rumbo. [...]

Entonces dijo:

—Cuando naciste de nuevo, Kevin, el Espíritu de Dios
que está dentro de ti te hizo de nuevo. Eres una criatura
completamente nueva. Ahora que tu espíritu es nuevo, debes
hablar desde tu espíritu. [...] Kevin, cuando oras en el Espíritu,
cuando dices las palabras correctas, los demonios tienen que
escucharte.

Y me di cuenta, *Claro, esto es lo que ha estado mal en mi
vida. No estuve diciendo las palabras correctas. [...]*
Jesús me dijo:

—Kevin, hay una parte de ti que se llama alma que te está
estorbando.

Y me mostró mi espíritu. Mi espíritu estaba iluminado [con
luz], tenía este manto de justicia sobre mí, aunque también vi
esta parte negra de mi ser. Jesús me dijo:

—Kevin, ¿ves cómo eso está oscureciendo tu belleza?

—Sí —le respondí.

—Esa es tu alma. Mira con cuidado —me dijo.

Y cuando miré con cuidado, vi todas estas palabras, estas
frases y declaraciones que habían sido dichas. Y recuerdo
que me las dijeron a mí cuando era un niño. Las personas
decían cosas, y esas palabras en realidad me maldijeron, y
dijeron cosas sobre mí que no eran ciertas. Y cambiaron la
forma en que percibía a Dios, y toda mi percepción de esta
vida fue contaminada por el enemigo, porque las personas
habían hablado palabras equivocadas [mentiras] sobre mí. Las
personas decían cosas como: «Nunca vas a llegar a ser nada»[11].

Kevin recuerda haber crecido sintiéndose culpable por todo. Creía en las palabras que decían acerca de él y siempre sentía que el mundo estaba en su contra. Esto moldeó su forma de pensar. Kevin observa: «Por eso tener nuestra mente en el Espíritu es tan fundamental, para que podamos vivir los deseos del Espíritu». Mientras Kevin estaba inconsciente sobre la mesa de operaciones durante cuarenta y cinco minutos, Jesús le mostró su espíritu y su alma y le dijo que su alma necesitaba ser renovada, ser transformada. «[Jesús] dijo: "Debemos solucionar esto. [...] Necesitas reconstruirte, orando en el Espíritu Santo y permaneciendo en el amor de Dios. Necesitas meditar siempre en la Palabra de Dios y debes permitir que tu mente sea cambiada"»[12].

El apóstol Pablo dice que permitir que Dios cambie nuestra manera de pensar es clave: «No imiten las conductas ni las costumbres de este mundo, más bien dejen que Dios los transforme en personas nuevas al cambiarles *la manera de pensar*. Entonces aprenderán a conocer la voluntad de Dios para ustedes, la cual es buena, agradable y perfecta» (Romanos 12:2, énfasis añadido). Andas en el Espíritu cuando invitas al Espíritu Santo a cada uno de tus pensamientos, a cada decisión, a cada acción de manera habitual todos los días, paso a paso. Luego escuchas el llamado apacible del Espíritu, y le permites que sintonice tus pensamientos con las verdades de las Escrituras, para que puedas conocer la verdad. Entonces, puedes seguir su guía cuando te impulse a permanecer callado, a hablar o a actuar.

El Espíritu Santo es el Dios trino viviendo en ti. Desea guiarte, consolarte, aconsejarte y enseñarte para que día a día te conviertas en la mejor versión de ti mismo, activando los dones que te dio, creciendo en los frutos de Espíritu. Lo más importante que debes hacer es mantenerte conectado, andando en el Espíritu. Si actúas en fe cada vez que el Espíritu te lo pide, podrás mirar hacia atrás y ver que Dios estuvo trabajando en tu vida. Por supuesto, esto también demanda el desarrollo del hábito de escuchar a Dios en oración y de entender cómo funciona la oración en la tierra y en el cielo. Esto es lo que abordaremos a continuación, cómo nuestras oraciones pueden conmover el corazón de Dios y acercarnos más a él.

VIVIENDO LA VIDA CON DIOS HOY

CÓMO FUNCIONA
LA ORACIÓN CON DIOS

LORRAINE WOODFORD LE SUPLICABA a su cuñado por teléfono:

—David, necesito que tú y Shelley oren; Jim no volvió a casa anoche, y siento que algo está horriblemente mal.

David respondió confirmando la seriedad de su preocupación:

—Shelley se despertó en medio de la noche varias veces con un impulso de orar. Ahora sabemos por qué.

La otra hermana de Lorraine más tarde dijo que ella también se había despertado con un impulso urgente de orar. Las tres hermanas creían en Jesús, pero Jim, el esposo de Lorraine, había ignorado obstinadamente a Dios durante años. No tenía ningún interés en Dios, aun después de contraer el síndrome de Guillain-Barré, una enfermedad autoinmune grave que atacó su sistema nervioso y le causaba un dolor insoportable. La enfermedad también lo privó de manera permanente de la pasión de su vida que era volar.

Jim Woodford había volado cuarenta y dos tipos diferentes de aviones, incluyendo un 737, el cual piloteó alrededor del mundo. Volar era su pasión, cubrió miles de horas de vuelo como piloto de aerolíneas comerciales. Aunque creció en una familia católica en Newfoundland, nunca oró. Jim reconoce: «Mi única meta en la vida era tener cosas. Tenía un yate, un avión y diecinueve autos deportivos británicos que guardaba en el garaje de mi rancho de caballos. Disfrutaba de las cosas, nunca ni siquiera una vez tuve necesidad de hablar con Dios. Mi única meta era la acumulación de riquezas y lo hacía muy bien»[1].

Aun así, a medida que la intensidad del dolor de su enfermedad crecía, también crecía la necesidad de alivio. Esa noche Jim manejó hasta su campo, en el cual criaba caballos, para revisar una cerca rota. Mientras estaba sentado en su camioneta contemplando la puesta del sol, se tomó las dos últimas pastillas del frasco. Había perdido la cuenta de cuántos opioides había tomado ese día; demasiado, según como resultaron las cosas. La cabeza de Jim golpeó contra el volante mientras fallecía. Posteriormente el informe médico documentó: «Once horas sin señal de actividad cerebral»[2].

Nunca le había pedido nada a Dios, pero mientras veía la puesta del sol y mis manos temblaban con violencia, desde algún lugar profundo dentro de mí provenía este sentimiento: *Reconoce a Dios. Agradécele por la vida que pensabas que era algo que tú hiciste y pídele perdón.* Dije: «Jesús perdóname». Y a continuación colapsé.

Me desperté, me senté de nuevo y, de inmediato, me sentí increíblemente bien. Salí de la camioneta y caminé como cinco metros; fue como si me hubiera sacado de encima un sobretodo pesado lleno de agua y todo el dolor con él. Miré hacia abajo, vi el suelo a través de mis pies, ignoré ese hecho porque pensé que era el efecto de la droga. Sentí como que tenía veinte años de nuevo. Y pensé: *Hice bien; tenía que tomar todo el frasco.*

Miré hacia donde estaba la camioneta y me sentí indignado porque alguien estaba sentado en mi camioneta, ¡durmiendo sobre el volante! Cuando miré al cuerpo en la camioneta, y en ese momento vi la sangre que salía a borbotones de la boca, me di cuenta: *¡Ese cuerpo que está sobre el volante es mi cuerpo! De repente, comencé a subir*[3].

Mientras tanto, la mañana siguiente, Lorraine y sus tres hermanas, su cuñado y su hijo estaban reunidos con ella en la cocina de su casa. Dos oficiales de la Policía Montada de Canadá recogían información sobre el lugar donde podían buscar a Jim. Después, los seis miembros de la familia se tomaron de las manos y oraron, nunca se imaginaron que Jim podía en realidad *ver* sus oraciones.

Después de viajar con rapidez a través de un túnel de luz, Jim aterrizó suavemente sobre hierba hermosamente cuidada. A su derecha, vio una atmósfera celestial. A su izquierda, vio lo que describió como una eternidad sin Dios y, delante de él, estaba lo que parecía ser una decisión final:

Supe que el túnel detrás de mí se estaba cerrando y que tenía que salir del túnel. Salí y sentí algo sólido. El túnel se cerró, y vi la hierba, la hierba más hermosa que uno se pudiera imaginar. Cada brizna se iluminaba cuando caminaba sobre ella. Miré y vi la escena más hermosa que nunca había visto. Había estado en Hawái, la sabana, Arizona, nada se comparaba con esto. Como piloto, traté de ubicar al sol para orientarme, pero no había sol. Nunca antes había leído la Biblia, por lo tanto, no sabía que dice que no hay sol en el cielo. Aun así, las colinas y las montañas ondulantes estaban cubiertas de flores, con colores que no se pueden describir. Me quedé sin aliento contemplando tanta belleza. Mientras miraba hacia la izquierda, la belleza iba cambiando poco a poco de verde a marrón, a quemado y, finalmente, a una roca negra horrible que terminaba en una grieta profunda probablemente de unos trescientos metros. Era como una dicotomía visual. Estaba confundido por la diferencia entre la belleza a la derecha y el vacío hacia la izquierda, entonces caminé hacia la grieta por la curiosidad. Llegué hasta el borde y miré hacia abajo, y lo que vi fue como una fogata lejana en un valle profundo, oscuro en la noche.

Estoy espantado y fascinado al mismo tiempo cuando noto
esta cosa, esta criatura, la cual tiene quince metros de altura,
obeso, olfateando al fondo del hoyo, con su cuerpo en llamas.
La criatura se da vuelta y mira hacia arriba por encima de su
cuello rechoncho, entonces la miro a los ojos. Las palabras no
son suficientes para describir el odio puro que percibí en sus
ojos. Se parecía al rostro de una hiena en un cuerpo en llamas.
Gruñó y trepó con facilidad las paredes del despeñadero, con la
intención de atraparme. Olí la podredumbre de la muerte.
La peor parte es que sientes el dolor de todo el daño que
hiciste. Sentí ese dolor. Era despiadado en los negocios. Creaba
falsas expectativas en las jóvenes. Era la personificación del éxito
y no tenía ninguna consideración por los sentimientos de los
demás. Esta criatura me llamaba por mi nombre. Escuchar a este
demonio llamarme por mi nombre fue lo último que necesitaba
para abrir los ojos. Sé que suena como una película barata de
Hollywood y eso es exactamente lo que Satanás quiere que
pensemos. Cuando el demonio me habló dijo: «Jim, vinimos a
buscarte. Este es tu tiempo. Perteneces aquí. Ven, Jim, únete a
nosotros. Vinimos por ti». Me di la vuelta y caí sobre mis rodillas.
Sentía su aliento en mi nuca. En la camioneta había clamado:
«Dios perdóname» y cuando sentí que su garra se clavaba en mi
espalda, rogué: «Dios, ayúdame, ayúdame». No esperaba nada.
Había ignorado a Dios toda mi vida. No merecía nada[4].

Tan pronto como Jim clamó a Dios por ayuda, vio aparecer tres puntos
de luz en la distancia, los cuales se acercaban con rapidez. Las tres luces se
unieron, bombardeando la cabeza de Jim como tres aviones de guerra que
hacían un vuelo de reconocimiento. Dio vuelta la cabeza, justo a tiempo
para ver la convergencia de las tres luces que golpeaba a la horrenda criatura, la cual lanzó un alarido y descendió a toda velocidad por la grieta.

Me doy vuelta, y me encuentro mirando a tres de las criaturas
más magníficas que alguien pudiera imaginarse. La primera
medía tres metros de alto. Descubrí que lo habían asignado a

mí desde mi concepción. Otra tenía cuatro metros de altura, y la otra casi cinco metros de altura. Dije «él», pero para mí eran una combinación de la fortaleza de un hombre con la gentileza y la sabiduría de una mujer. Imagínate estos seres hermosos de luz, con túnicas que fluían y titilaban cuando caminaban. Vinieron directamente hacia mí, sonriéndome. Tenían cabello plateado claro y dos capiteles de luz que eran los hombros de las alas plegadas. Los capiteles salían de sus omóplatos y producían una refracción dorada [que] vemos como aureola. Tenían los ojos del color violeta más increíble. No pestañeaban nunca, aun así, su mirada era una mirada de amor y protección absolutos.

Levanté la vista y miré los ojos violetas de [uno de] los ángeles, y me di cuenta de que estaba por hablar, pero sus labios no se movían. Sentí las palabras:

—No temas, James, porque somos tus amigos fieles.

Entonces sonrió. Más tarde, me enteré de que el que medía tres metros había sido mi guardián. Me dijo que yo era el alma número 2031 que había protegido. El ángel de cuatro metros se veía muy aplicado, con una especie de papeles y una pluma, más tarde me enteré que era un escriba. El de cuatro metros y medio era un ángel guerrero, inconfundible porque tenía puesta una armadura.

El alto ángel guerrero, con una voz mucho más profunda que la de los otros dos, expresó:

—James, ¿caminarías con nosotros?

Cuando se dio vuelta, se abrió un camino de ripio que atravesaba un campo cubierto de flores, y comenzamos a caminar. Mientras caminaba, era como si tuviera una visión universal, de 360 grados. Veía a los lejos las montañas del cielo y, también, los pétalos de una flor en las montañas, simultáneamente, también veía otras cosas. Al mismo tiempo, hacía preguntas a los ángeles con mi pensamiento y, mientras estaba pensando en las preguntas, sentía sus respuestas. Miré a mi alrededor y vi el paraíso; era como la tierra, pero diez mil veces más hermoso.

—Las flores son tan hermosas —dije, y me detuve. El guardián señaló hacia las flores, me arrodillé y las miré con mucho cuidado. Cuando mi rodilla tocó el suelo, salió luz de mi rodilla. Escuché algo que venía de las flores, como el tintineo de campanillas, entonces para mi asombro, vi una melodía que era como un soplido suave que se levantaba de las flores. En el cielo, el color tiene sonido y el sonido tiene color.

—¿Eso es música? —pregunté.

Una gran sonrisa se dibujó en el rostro del guardián mientras decía:

—James, las flores del cielo están tan felices de que estés aquí que están cantando para ti.

Estaba boquiabierto. Miré hacia el cielo, y estaba color azul cerúleo; era un cielo sin sol, azul profundo, profundo, y detecté algo así como manchas de luz brillantes que subían directamente hacia arriba. [Para mí] como piloto, se veían como las estelas blancas de hielo que deja atrás el turbo de los aviones. Pensé, *¿Son estelas?* Estaba estupefacto, contemplando seis estelas que atravesaban el cielo.

Le pregunté al guardián:

—¿Qué son esas cosas?

—James esas son las oraciones que en este momento tu familia eleva por tu alma —me respondió.

Cuando regresé, me enteré de que toda mi familia había venido a mi casa y que seis de ellos oraron: «Si es la voluntad de Jesús, por favor envía a Jim de regreso». Yo estaba en el cielo viendo esas oraciones.

—¿Las oraciones son por mí? —pregunté.

El ángel guardián continuó:

—Tristemente, los seres humanos están perdiendo la voluntad de orar. Tus abuelos se hacían el tiempo para orar después que terminaba el día, tristemente, de nuevo, los seres humanos se han vuelto una cultura de gratificación inmediata. Con sus aparatos, miran todo al instante. Las personas van a la iglesia, oran a Dios los domingos, [y] si no reciben respuesta hasta el martes, dicen: «A Dios no le importa». Todas las oraciones que fueron elevadas por los seres humanos, todas están grabadas en el cielo, Jim. Tus oraciones son grabadas para mostrarte durante el repaso de tu vida todas las cosas por las cuales oraste que nunca pasaron. Dios un día te mostrará que cuando una oración no es respondida, es porque Dios sabe que no es bueno para ti. Y, aun así, puedes intentar que suceda con tus propias fuerzas porque tienes libre albedrío.

El guardián me explicó que Dios tiene respeto absoluto por nuestro libre albedrío porque el amor nunca debe ser tomado, solo puede ser dado. Dios nunca violará nuestro libre albedrío porque el libre albedrío es necesario para el amor.

El guardián dijo:

—James, toca mi túnica. Lo hice y, al instante, estábamos en el cielo, y me pregunté si hacía esto por mí porque era piloto. Miré hacia abajo, hacia esta cuidad dorada y, de manera instantánea, supe que estaba mirando hacia el hogar celestial de Dios.

Vi círculos concéntricos de calles de oro impecablemente ordenadas, con cinturones verdes entre ellas; las calles se cruzaban para formar cruces. Calles de oro, pero no como el oro que nosotros pensamos. Había oro translúcido en el cual te podías mirar como si fuera un espejo, pero con un tinte dorado. Todo fluía hacia una luz brillante que parecía ser el trono de Dios. A medida que las calles doradas se acercaban al trono, su color se volvía más transparente, como una especie de cristal. Los edificios que vi eran estilo grecorromano, pero no labrados en piedra, labrados en bloques de luz.* Veía estos edificios en toda su gloria. Los edificios eran magníficos en rango y tamaño y, a su vez, eran cálidos; sentía como que había llegado a casa.

---

* Me fascina la forma en que los casos de ECM describen de qué está hecha la cuidad. La Dra. Mary Neal me dijo que la cuidad estaba hecha de «arcos de bloques romano antiguos [...] aparentemente sólidos, pero no. En realidad, estaban entretejidos con amor, lo cual no tiene sentido». Jim dijo que estaba hecha de luz, pero recuerda: describió la luz que vio como amor. Santosh dijo que la ciudad estaba hecha de «materiales de construcción de otro mundo». Y Juan, en Apocalipsis, dice que está hecha de «oro puro», pero «tan cristalina como el vidrio» (Apocalipsis 21:18).

Luego, dirigí mi mirada hacia esta población de gente de todas las tribus y nacionalidades, eran seres de luz, pero tenían los rasgos de hombres, de mujeres y de niños. Actuaban como personas normales, y se veía a familias que acababan de ser reunidas en la ciudad santa, y estaban caminando por los alrededores describiendo cosas a los recién llegados; era todo tan familiar y deslumbrante.

—¿Estoy viendo correctamente? —le pregunté al guardián—. Parece que nadie tiene más de treinta años o incluso son más jóvenes.

—Sí, James, estás en lo cierto. Nadie en el cielo es mayor que lo que Jesús era cuando murió —me respondió.

También me explicó que las personas podían mostrarse a sus seres queridos como ellos los recordaban por última vez. Si deseas recordar a tu hijo más joven, así es como lo verás.

Comencé a señalar los edificios. El guardián describió las salas de aprendizaje y las salas de música[5].

Nos encontramos con un edifico hermoso hecho con el mismo material titilante que los demás. Pregunté al ángel:

—¿Qué es este edifico tan magnífico?

—James, esta es la sala del conocimiento. Es el depósito de todas las oraciones y peticiones que la gente eleva al cielo, al trono de Dios. Me aseguró de nuevo que nunca nada pasa desapercibido para Dios. Por lo tanto, el conocimiento del que te hablo es el conocimiento que Dios tiene del corazón del hombre y de sus anhelos más profundos, los cuales están registrados aquí. Junto con las oraciones había registro de las obras de la gente, tanto buenas como malas. De nuevo, Dios no ignora nada. Las salas del conocimiento son donde están guardados los libros de la vida de cada uno[6].

De manera milagrosa, Jim resucitó y de ser un agnóstico pasó a ser un seguidor ferviente de Jesús. Fue testigo ocular del poder de nuestras oraciones y, si queremos vivir nuestra vida con Dios, lo primero que debemos entender es cómo funciona la oración y por qué es tan importante para Dios.

TUS ORACIONES SON IMPORTANTES PARA DIOS

«¿Cómo es posible que Dios pueda oír miles de millones de oraciones todas juntas? ¡Imposible!».

«Mis oraciones caen en saco roto, no funcionan».

«Dios solo escucha las oraciones de personas como la Madre Teresa, personas santas, no las mías».

Estas son algunas de las muchas ideas erradas que impiden que las personas oren, razón por la cual estoy deseoso de que nos imaginemos cómo funciona la oración con Dios. Los casos de ECM arrojan luz a lo que las Escrituras nos enseñaron todo este tiempo.

Tus oraciones le importan a Dios. Como espero que puedas imaginarte ahora, Dios está contigo siempre. Él es Espíritu infinito, por lo tanto, ni el tiempo ni la distancia limitan a Dios como sí lo hacen con la humanidad. Los casos de ECM testifican sobre esto. Dios no solo atiende cada oración de cada persona; Dios responde nuestras oraciones de tal manera que el resultado obra para nuestro bien y para el bien de todos aquellos que lo aman. Las Escrituras nos aseguran y los casos de ECM testifican que, en la presencia de Dios, todas las cosas trabajan juntas y que todo tiene sentido.

Me resulta de mucho ánimo saber que ni siquiera tenemos que «hacerlo bien» para que Dios escuche o responda nuestras oraciones. La oración no es un rompecabezas ni una fórmula, algo que tengamos que resolver con precisión para que Dios nos escuche o para que nos dé lo que le estamos pidiendo. La oración es simplemente comunicarse con Dios, silenciosamente en nuestro corazón o en voz alta. A través de la oración, tenemos una conversación con Dios, nuestro Creador, quien nos ama y quiere guiarnos en la vida por medio de su Espíritu Santo. ¡No tenemos que ser habilidosos para orar, solo tenemos que estar dispuestos a orar! Dios promete que su Espíritu Santo nos ayudará, alineando nuestra voluntad con su voluntad mientras hace que todas las cosas obren para nuestro bien.

Así mismo, en nuestra debilidad el Espíritu acude a ayudarnos. No sabemos qué pedir, pero el Espíritu mismo intercede por nosotros con gemidos que no pueden expresarse con palabras. Y Dios, que examina los corazones, sabe cuál es la intención del Espíritu, porque el Espíritu intercede por los creyentes conforme a la voluntad de Dios. Ahora bien, sabemos que Dios dispone todas las cosas para el bien de quienes lo aman, los que han sido llamados de acuerdo con su propósito.

ROMANOS 8:26-28, NVI

En el cielo, todas las oraciones sinceras llegan al trono de Dios el Padre. Esto significa que Dios escucha cada una de tus oraciones y, al parecer, sus ángeles registran todas las oraciones.* ¿Por qué son registradas todas nuestras oraciones? Quizás para que tanto los seres humanos como los ángeles recuerden para siempre la función de la oración en la tierra, y la razón por la cual todas las oraciones son tan valiosas para Dios. O tal vez, como el ángel le dijo a Jim, Dios un día nos revelará en el repaso de nuestra vida que todas sus respuestas obraron para nuestro bien, incluso si no nos parecían buenas en ese momento. Nunca dudes de que tus oraciones son importantes para Dios, lo mismo que tus sufrimientos.

Ninguna lágrima, desafío, pregunta o angustia que se lleva a Dios en oración pasa desapercibida para él. De hecho, la promesa de las Escrituras es esta: «Tú llevas la cuenta de todas mis angustias y has juntado todas mis lágrimas en tu frasco; has registrado cada una de ellas en tu libro» (Salmo 56:8). Dios guarda nuestras lágrimas como tesoros cuando clamamos a él en oración a través de los valles de la vida.

El Dr. Gary Wood fue testigo ocular de esta promesa cuando murió como resultado de haber colisionado de frente contra otro vehículo. En el cielo John, su difunto amigo de la niñez, lo condujo hasta el trono de Dios:

Vi ángeles que llevaban tazones dorados llenos con una sustancia líquida. Le pregunté a John qué era aquello, y me

---

* Ver Apocalipsis 8:4, 20:12.

respondió que eran las lágrimas de los santos de la tierra. Todas las veces que un hijo de Dios ora con tanta sinceridad que le caen lágrimas, un ángel atrapa las lágrimas y las entrega a Dios. Las lágrimas son guardadas en tazones dorados en la base del trono de Dios. Vi a otros ángeles que llevaban viales llenos con una sustancia como vapor. Le pregunté a los ángeles qué era, y me respondieron: «Son las alabanzas de la gente de la tierra que llegan a Dios como un incienso de olor agradable»[7].

Mientras están en el cielo, los casos de ECM ven de primera mano que nuestras oraciones no solo son *importantes* para Dios, sino *importantes* y *efectivas*; ponen en movimiento las cosas, incluyendo a los ángeles de Dios. Cuando oramos a favor de otros, quizás no siempre veamos el resultado de nuestras intercesiones porque Dios trabaja con el libre albedrío de cada persona. Aun así, nuestras oraciones sin lugar a dudas tienen un efecto.

Steve Kang, un exbudista, comenzó a consumir drogas en la universidad. Fumaba una «mezcla de la muerte», la cual estaba constituida por marihuana mezclada con muchas drogas psicodélicas poderosas. Como resultado, intentó suicidarse cortándose el cuello y el estómago. Steve cree que Jesús lo rescató del infierno porque su madre budista llamó a su amiga cristiana, quien trajo a ocho personas a la UCI para orar por Steve. En la actualidad, la madre de Steve es seguidora de Jesús y Steve es pastor[8].

Así mismo, Dios honró las oraciones de la madre de Ian McCormack. Mientras Ian estaba a miles de kilómetros de su hogar muriendo de múltiples picaduras de una cubomedusa, Dios despertó a su madre en el medio de la noche para que orara por Ian y, simultáneamente, le dio a Ian una visión de su madre en la cual ella le decía que orara el Padrenuestro[9]. Las oraciones de las madres y de los padres tampoco pasan desapercibidas para Dios.

Ivan Tuttle, ahora ministro, garantiza que fue la oración de su madre la cual le salvó la vida. Cuando tenía veintiséis años, Ivan se encontró en una ECM infernal después de estar de fiesta durante días hasta que las drogas lo mataron. Más tarde dijo: «Escuché una voz como el rugido poderoso de un trueno que dijo: "¡No es su tiempo todavía! Su madre ha estado orando por él desde que era un pequeño. Debes soltarlo ahora; hice una promesa"». Ivan me contó: «La voz dijo que mi madre había orado más de veintiocho mil veces por mí, y que fueron sus oraciones fieles las que me salvaron»[10]. Dios nunca olvida las oraciones de los padres y de las madres. Aunque son poderosas y pueden mover la mano de Dios, solas no pueden cambiar el corazón del ser humano. Ivan recibió una segunda oportunidad y, como Steve e Ian, tuvo que escoger seguir a Dios o no. Pase lo que pase, nuestras oraciones por los demás son poderosas.

Dean Braxton me contó que en su ECM, estaba viajando con mucha rapidez hacia el cielo: «No obstante, las oraciones de las personas que estaban orando por mí se movían más rápido que yo [...] eran como estrellas fugaces que me pasaban». Dean sabía que las oraciones que pasaban más cerca de él eran oraciones por él y que las «estrellas fugaces» (o «estelas», como Jim Woodford las describió) que pasaban más lejos eran oraciones por otras personas. Cuando Dean se presentó ante el trono de Dios, se dio cuenta de algo más:

Las oraciones iban derecho al trono y al Padre. No solo iban al Padre Dios, sino que iban adentro de él. Para tratar de entender esto, tendrás que tener en cuenta que el trono de Dios no es un sillón, sino un lugar. ¡Dios es el trono! Había millones y millones de oraciones que entraban en el Padre. Vi estas luces de oraciones como estrellas fugaces que entraban en el Padre. Llegué a entender que el Padre responde nuestras oraciones consigo mismo.

Jesús descargó en mí información sobre las oraciones. Vi ángeles guerreros poderosos y supe que la oración es lo que los movía. Dios escucha nuestras oraciones y, en respuesta, pone en marcha a los ángeles.* Entendí que nuestras oraciones deben salir del corazón. Nuestro Dios es un Dios de corazón y busca que hablemos con él desde el corazón. Nos escucha si oramos desde nuestro corazón. Escucha tu corazón. Entiende tu corazón. Solo escucha oraciones que salen del corazón[11].

---

* En Daniel 10:12 Dios envió a un ángel como resultado de la oración de Daniel.

ORACIONES DEL CORAZÓN

¿Qué significa que Dios «solo escucha oraciones que salen del corazón»? Mientras reflexionaba sobre esto a la luz de lo que Jesús enseña en las Escrituras, me di cuenta de que todo se remonta al hecho que Dios es un Dios relacional. Lo explicaré con una ilustración.

Sophie, mi nieta de tres años de edad, y yo tuvimos un «campamento de abuelo y nieta» hace varios meses atrás. Pasó dos días conmigo mientras mi esposa, Kathy, estaba con nuestra hija quien estaba dando a luz a nuestra segunda nieta, Bella. Cerca del final de nuestro primer día juntos, inesperadamente, Sophie me dio un gran abrazo y dijo: «Te amo, abuelito». Luego me besó. El corazón se me derritió, como podrás imaginarte. El «te amo» de Sophie salió verdaderamente de su corazón. Esa es la razón por la cual tuvo tanto valor para mí. Si su mamá le hubiera dicho: «Ve a decirle al abuelito que lo amas», y Sophie simplemente hubiera repetido las palabras, esas palabras no hubieran salido de su corazón. Lo mismo sucede cuando hablamos con Dios. Nuestra autenticidad importa, y la oración del corazón es la que más valor tiene para él.

Lo que espero que puedas imaginarte a esta altura es que Dios de verdad desea tener una relación contigo y desea que esa relación salga del corazón o que no salga en absoluto. La oración es comunicación de corazón a corazón. Entonces, ¿cuál es la diferencia entre la oración del corazón y las otras oraciones? La oración del corazón es honesta y sincera; que sea del corazón no significa que la oración debe ser emocional o siempre positiva, solo tiene que ser genuina. Esto es parte de lo que Jesús trató de enseñarnos cuando dijo: «Cuando ores, no hagas como los hipócritas a quienes les encanta orar en público [...] donde todos pueden verlos. Les digo la verdad, no recibirán otra recompensa más que esa» (Mateo 6:5).

Decir oraciones floridas o hermosas podría impresionar a algunas personas, pero no a Dios. Él desea honestidad, como le dijo a Santosh en su ECM: «Deseo ver lo auténtico, honesto y sincero que eres conmigo [...] esa es la clase de relación que deseo»[12]. Cuéntale a Dios lo que hay en tu corazón y en tu mente. Eso es lo que a Dios le importa, Jesús incluso señala que Dios recompensa esa clase de comunicación sincera.

En contraste con los hipócritas que buscaban el reconocimiento de quienes los veían orar, Jesús nos enseñó a buscar solo el reconocimiento de Dios cuando oramos: «Pero tú, cuando ores, apártate a solas, cierra la puerta detrás de ti y ora a tu Padre en privado. Entonces, tu Padre, quien todo lo ve, te recompensará» (Mateo 6:6). ¿Esto significa que nunca debemos orar en público ni en grupo con otras personas? De ninguna manera. Jesús dijo que cuando dos o tres se ponen de acuerdo para orar es incluso más poderoso, como cuando los seis miembros de la familia de Jim Woodford se reunieron para orar por él (Mateo 18:19-20). Aun así, Dios anhela tener intimidad contigo, y cuando separas un tiempo para estar en quietud y solo hablar con Dios desde el corazón, sobre todas tus dificultades, sobre todas las cosas que te producen gozo y gratitud, sobre tus anhelos y deseos, sobre las necesidades y preocupaciones de los demás, Dios promete recompensarte.

Jesús también explicó la diferencia que hay entre las oraciones del corazón y las palabras vacías, las cuales son solo ruido para Dios: «Cuando ores, no parlotees de manera interminable como hacen los gentiles. Piensan que sus oraciones recibirán respuesta solo por repetir las mismas palabras una y otra vez. No seas como ellos, porque tu Padre sabe exactamente lo que necesitas, incluso antes de que se lo pidas» (Mateo 6:7-8). En otras palabras, orar no es tratar de manipular a Dios para que nos de lo que queremos; sino alinear nuestro corazón con el corazón de Dios.

Si solo estamos lanzando palabras que no tienen conexión con nuestro corazón, eso no es lo que el Padre desea. Sin embargo, esto no significa que las oraciones memorizadas o escritas no puedan también ser oradas desde el corazón. De hecho, Jesús enseñó a sus seguidores a orar desde el corazón usando una oración a la cual hoy en día nos referimos como el «Padrenuestro» o la «Oración del Señor» (Mateo 6:9-13). Para Karina Martínez, esta oración fue poderosa.

EL PADRENUESTRO

Karina creció como católica en Colombia. Aunque había memorizado el Padrenuestro desde chica, la oración era solo palabras sin sentido para ella, hasta el día en que su corazón dejó de funcionar. En la actualidad Karina tiene más de cuarenta años, está casada y tiene hijos; los médicos le habían diagnosticado erróneamente un problema cardíaco y le habían instalado un marcapasos. Un año después, durante la pandemia de COVID-19, fue al hospital con presión alta. Le dieron medicina nueva y la enviaron a su casa a descansar. Cuando ella estaba recostada en un sillón en el patio trasero de su casa, supo que su corazón estaba funcionando mal. Llamó a su esposo y a sus tres hijos y comenzó a disculparse abundantemente por los errores que había cometido. «Les dije, me voy al cielo». Karina recuerda: «Aun así, temía que me estaba yendo al infierno por todas las cosas malas que había hecho en el pasado. Parecía como que el cielo y el infierno estuvieran peleando por mí».

El padre y la madrastra de Karina se habían mudado de Colombia a Nueva York y la habían dejado con su abuela y su tía cuando ella tenía dieciséis años. Sintió que no la querían, estaba llena de ira y siempre trataba de demostrar cuánto valía. Había sido cantante de una banda, seguidora de la moda, modelo de trajes de baño; cualquier cosa para llegar a ser famosa y sentir que valía algo. Las fiestas y la promiscuidad desembocaron en un embarazo cuando tenía diecinueve años. Quería quedarse con el bebé, pero la prima con quien vivía le dijo: «Hazte un aborto o te echo a la calle». Llamó a sus padres y ellos, también, rehusaron permitirle vivir con ellos si estaba embarazada. Desconsolada, se hizo el aborto. Se sentía completamente perdida.

Durante los años que siguieron, Karina asistió a varias iglesias, buscando redención y sanidad, pero nunca se sintió bienvenida. Se sentía como una paria. Aun así, Dios escucha la oración del corazón y, cuando el corazón de Karina dejó de funcionar, Dios escuchó su oración sincera por perdón y ayuda. Esta es la forma en que Karina describe lo que sucedió después de que su corazón se detuvo y su espíritu se elevó por encima de su cuerpo.

En un abrir y cerrar de ojos, comencé a caer en este lugar más oscuro que la oscuridad, de cabeza, viajando rápido en este túnel negro. Y era realmente muy frío. Tenía temor y sabía que estaba yendo al infierno. Comencé a orar en español: «Lo siento, Dios, por favor perdóname». Y seguía repitiendo en español: «Padre nuestro que estás en el cielo, santificado sea tu nombre, venga tu reino, hágase tu voluntad. Perdónanos nuestros pecados». Y decía: «Lo siento tanto, lo siento tanto por esas cosas que sabía que estaban mal». Me estaba arrepintiendo, a pesar de que no sabía lo que significaba *arrepentirse*[13].

Con esa oración del corazón, una luz doraba resplandeció en las tinieblas. Karina sintió que su espíritu daba vuelta en el aire y comenzaba a ascender hacia la luz. Cuenta que tan pronto como la luz la tocó:

Una lluvia de amor cayó sobre mí, algo que nunca antes había sentido inundó mi ser. Este amor intenso, no solo amor, sino todo lo que venía con él, paz, sin dolor, [sin] ira, nada. Incluso ahora mismo, solo deseo volver a él.

Supe que esto era el cielo, pero me sentía tan indigna. Pensaba: *Esto no es bueno; no pertenezco a este lugar.* Sentía que Dios debía enviarme de regreso al lugar oscuro porque era una persona muy mala. Su voz simplemente dijo: «Ven, ven, estás en casa».

Veía a todas estas personas en la luz que estaban diciéndome: «Ven, ven». Y estaban celebrando, ¡celebrándome! Me sentía abrumada.

Entonces la voz me dijo: «Estás en casa». Estaba tan llena de gozo que entré sin dudar. Estaba tan feliz.

Antes de enviarme de regreso, Jesús me dijo: «¡Eres impresionante!»[14].

Debido a que tenía el corazón herido, Karina había pasado mucho tiempo de su vida tratando de encontrar su valor ante los ojos de los demás. Jesús le mostró que no necesitaba la aprobación de la gente. ¡Para Dios, ella ya era increíble! Karina regresó a su cuerpo después de haber tenido una vivencia completa de toda la belleza del cielo, incluyendo la cuidad de Dios y el trono de Dios. En la actualidad, dice de sí misma que es «una guerrera de oración para Jesús». Todo comenzó con la primera oración de corazón durante su ECM, a partir de ahí, Dios estuvo sanándola de sus heridas y de las mentiras que la llevaron a toda clase de comportamientos autodestructivos. Por eso la oración importa. Jesús nos dio el Padrenuestro como un bosquejo de lo que debemos orar desde el corazón.

APRENDIENDO A ORAR EL PADRENUESTRO

Esta es la oración que Jesús les enseñó a sus seguidores:

> Padre nuestro que estás en el cielo,
> que sea siempre santo tu nombre.
> Que tu reino venga pronto.
> Que se cumpla tu voluntad en la tierra
> como se cumple en el cielo.
> Danos hoy el alimento que necesitamos,
> y perdónanos nuestros pecados,
> así como hemos perdonado a los que pecan contra nosotros.
> No permitas que cedamos ante la tentación,
> sino rescátanos del maligno.

MATEO 6:9-13

Creo que la intención de Jesús fue que el Padrenuestro fuera un modelo de oración, un bosquejo que pudiéramos seguir para aprender a comunicarnos con Dios de corazón a corazón.

Padre nuestro que estás en el cielo, que sea siempre santo tu nombre. Cuando ores, dice Jesús, primero honra a Dios y adora a Dios por quién él es: Tu Padre celestial. Pon a Dios en el lugar que corresponde en tu mente, él es santo, debe ser amado, respetado y honrado. Díselo.

Que tu reino venga pronto. Que se cumpla tu voluntad en la tierra como se cumple en el cielo. Rinde tu voluntad a la voluntad de Dios. En el cielo, hay gozo y armonía porque la voluntad de Dios se hace de manera perfecta allí. Eso no sucede en la tierra. En nuestro mundo caído, la voluntad de Dios viene a la tierra solo a través de ti y de mí, siempre y cuando estemos dispuestos. Ora para que la voluntad de Dios se haga a través de ti hoy.

Danos hoy el alimento que necesitamos. Ora por las cosas que necesitas. En el caso de la audiencia de Jesús del siglo primero, muchos vivían en pobreza y dependían de Dios para tener alimentos todos los días. Tú puedes pedirle cualquier cosa a Dios. Recuerda, Dios no es tacaño. No está tratando de hacer que te las arregles como puedas; él es un buen Padre. Jesús dijo: «Pues todo el que pide, recibe [...]. Así que si ustedes, gente pecadora, saben dar buenos regalos a sus hijos, cuánto más su Padre celestial dará buenos regalos a quienes le pidan» (Mateo 7:8, 11). Entonces, ¡pide!

Y perdónanos nuestros pecados, así como hemos perdonado a los que pecan contra nosotros. Reconoce tus pecados, o errores ante Dios, quien te perdona eternamente en Cristo. Debemos confesar nuestros pecados para no seguir alejándonos de Dios. También debemos perdonar a quienes nos ofendieron, aunque haya sido años atrás. Si rehusamos perdonar, Dios no nos quita el regalo de la salvación, pero no experimentaremos el perdón de Dios, ni intimidad con él en el presente. Dios nos perdonó todos los males que hicimos cuando Jesús murió en la cruz, como resultado espera que perdonemos a los demás.

Douglas había vivido una vida de crímenes, la cual lo hizo rico y famoso. Sin embargo, descubrió que nada de esto importaba cuando su auto chocó con un camión estacionado al costado de la autopista y murió. En su ECM vio su nombre, el cual había sido escrito en el libro de la vida cuando había aceptado a Jesús en su niñez; también vio el libro de sus obras, las cuales no eran agradables para Dios. Cuando regresó a su vida terrenal, cambió de vida y comenzó a seguir a Jesús. Sin embargo, descubrió que seguir la voluntad de Dios no siempre era fácil, incluso después de tener una ECM. Era una lucha para Douglas, tal como lo es para cada uno de nosotros. En el caso de Douglas, sus pensamientos estaban dominados por la ira y el deseo de venganza contra aquellos que lo habían traicionado.

Intentaba cambiar lo que era y en lo que me había convertido con desesperación, pero no importaba cuánto lo intentara, no podía escapar de mí mismo. [...] Mi esperanza de perdonar a los demás [por lo que me habían hecho] era otra

cosa imposible y la palabra *perdón* quedaba atrapada en mi garganta cuando trataba de recitar el Padrenuestro, ni siquiera podía terminar la oración. Mi «caminar» hacía Dios se había encontrado con una barricada. [...]
Comencé a orar a Dios pidiéndole que me ayudara a ser capaz de perdonar a quienes me habían hecho daño. [...] Lo que Dios en realidad me mostró era que, aunque yo mismo (el viejo hombre) nunca perdonaría, Jesucristo vivía en mí porque yo era una nueva persona y que él había perdonado todo lo que hacía falta perdonar. Sin embargo, también me estaba diciendo que debía permitirle a él convertirse en mí[15].

Dios nos perdonó todo el mal que hicimos cuando Jesús murió en la cruz y espera que perdonemos a los demás. Podemos pedirle a Dios que nos ayude a perdonar cuando nos cuesta hacerlo. *No permitas que cedamos ante la tentación, sino rescátanos del maligno.* No todos los pensamientos que tienes se originan en ti, algunos pensamientos son tuyos, algunos vienen de Dios, tal como los llamados del Espíritu Santo, y algunos pensamientos vienen del maligno como tentaciones. No debes sentirte mal por tener pensamientos de tentación; para empezar, no son tuyos. Como acostumbro decir: «El primer pensamiento es gratis, el segundo te costará». El pecado entra al escenario cuando escoges *seguir pensando* sobre algo que va en contra de la voluntad de Dios. Cuando te das cuenta de que estas cediendo a la tentación o alimentando pensamientos que van en contra de la voluntad de Dios, pídele a Dios que te ayude a pensar en otra cosa.

Jesús respondió al pedido de sus discípulos, «enséñanos a orar», con el Padrenuestro como un bosquejo. Podemos orar por todas estas cosas desde el corazón. Pero no te olvides de que la oración es solo una conversación, y que la conversación en una relación de amor es continua.

LA ORACIÓN COMO UNA CONVERSACIÓN SIN CESAR

La oración puede tomar muchas formas, aunque creo que una de las formas de oración más importante y, a la vez, más ignorada es la que el apóstol Pablo describe como oración continua o sin cesar: «Estén siempre alegres, oren sin cesar, den gracias a Dios en toda situación, porque esta es su voluntad para ustedes en Cristo Jesús» (1 Tesalonicenses 5:16-18, NVI).

La oración sin cesar es el medio que tenemos para caminar por la vida con el Espíritu Santo paso a paso, día a día. Comenzamos cuando nos despertamos a la mañana y continuamos hasta que nos vamos a la cama a la noche, compartiendo con Dios cada pensamiento, cada decisión, cada evento y cada junta o encuentro que surja. Ese es el deseo de Dios: que hablemos todo con él, que le agradezcamos sobre la marcha y que le prestemos atención a su guía a través de los llamados del Espíritu Santo. La oración sin cesar es la forma de mantenerse conectado con Dios.

Como analizamos en el capítulo anterior, esta es *la cosa* que Jesús dijo que debemos hacer y es, en realidad, la *única cosa* que tenemos que hacer para llegar a ser todo lo que Dios quiere que seamos. Cuando practicamos la oración sin cesar y nos mantenemos conectados al Espíritu de Dios con la disposición de obedecer todos sus llamados, Jesús dice que daremos «mucho fruto» (Juan 15:5, NVI). El desafío es que la mayoría de nosotros hemos desarrollado la costumbre de ignorar a Dios la mayor parte del día. Desde el momento en que nos despertamos, todo lo que pensamos es: «¿Qué *tengo* que hacer hoy?». «¿Cómo *lograré* que *mi voluntad* sea hecha en todas las cosas?». Por lo tanto, debemos desarrollar nuevos hábitos que nos ayuden a mantenernos en una conexión permanente con el Espíritu de Dios, dispuestos a hacer su voluntad.

¡Nuestra disposición es clave! El Espíritu de Dios no invade nuestros pensamientos y voluntad. Espera con humildad que estemos dispuestos. Cuánto más dispuestos estamos a hablar de las cosas, a permitirle ser parte de nuestros momentos, a prestar atención a su guía y a actuar en fe, con mayor claridad experimentaremos la guía del Espíritu en la vida cotidiana. Y como resultado, Jesús dice: «[Desbordaremos] de gozo» (Juan 15:11).

Jesús le dijo a Randy Kay, el director ejecutivo, que debía regresar a la tierra para cumplir con su propósito. Jesús le dio a Randy entendimiento respecto a mantenerse conectado al Espíritu Santo en oración constante.

Recuerdo que no tuve que decirle: «No me dejes». [Jesús] sabía. Sabía que estaba pensando en eso.

—No lo haré. No lo haré. Nunca. Nunca —me dijo.

—¿Por qué tengo que regresar? —le pregunté. Sabía que mis hijos estarían cuidados. Sabía que Jesús los amaba más que yo. Sabía que todo estaba bien.

Jesús me respondió:

—Debido a tu propósito.

—Entonces, dime cuál es mi propósito. Deseo saber cuál es.

—No te diré cuál es tu propósito. Voy a enviarte de regreso, y tu propósito te será revelado un día a la vez porque si te revelara tu propósito de una vez, no dependerías de mí. Debes confiar en mí y buscar mi guía de manera constante.

—Por favor dime, por favor. Estoy por irme del paraíso. No quiero irme.

—Te amo —me respondió Jesús y, luego, añadió—, confía en mí. Tu propósito es la razón por la cual estás regresando, y hay otros que están orando por ti.

El Señor me estaba diciendo que necesitaba estar en quietud y silencio en su presencia para mantenerme en mi propósito. Si guardaba silencio y escuchaba y si me empapaba de su presencia en la tierra, entonces la sabiduría sería mi guía[16].

Lo que Jesús le dijo a Randy también se aplica a nosotros. Podemos cumplir con el propósito por el cual Dios nos tiene en la tierra si nos mantenemos atentos y prestamos atención a la guía del Espíritu de Dios en oración continua. En mi caso, aprendí la misma lección de una manera diferente.

EL EXPERIMENTO 60:60

Cuando mi esposa Kathy y yo comenzamos la iglesia Gateway en Austin, Texas, hace más de veinte años atrás, nada estaba saliendo de la manera que lo había planeado. Los primeros dos años fueron especialmente difíciles porque no teníamos nuestras propias instalaciones. Teníamos que alquilar y nos echaban constantemente de todos los lugares de reunión;

seis lugares diferentes en dos años. Las personas asistían, encontraban la fe y, entonces, nos mudábamos y las perdíamos. Para ser honesto, estaba muy frustrado con Dios y me preguntaba por qué no respondía mis oraciones por un lugar donde reunirnos. Sentía que Dios me había decepcionado. Cuando guardaba silencio y escuchaba mientras oraba, la misma pregunta del Espíritu de Dios invadía mi mente: *¿Soy suficiente? ¿Soy suficiente para ti, John?*

Después de varios meses de procesar esto en oración, me di cuenta de que lo que Dios me estaba preguntando era esto: «John, ¿es suficiente que me ames, que ames a tu familia y que ames y sirvas a las personas que *están viniendo*? ¿Soy suficiente para ti o las cosas tienen que salir como tú quieres?». Fue entonces que me di cuenta de que no me gustaba que las cosas no estuvieran saliendo a mi manera. Era adicto a «mí mismo» y a «que se hiciera mi voluntad».

Durante este tiempo, comencé a orar esta oración cuando me despertaba cada mañana: *Dios, hoy quiero vivir la vida paso a paso contigo, dispuesto a hacer tu voluntad conforme a cómo me guíes.* Y a lo largo del día, trataba de mantenerme conectado al Espíritu de Dios haciendo una pausa de manera continua para preguntar: «¿Es esto lo que quieres que haga? ¿Es esto lo que quieres que piense?». O, cuando estaba interactuando con una persona: «Señor, ¿hay algo que quieres que le diga a esta persona o haga por ella?». Y cuando sentía que Dios me estaba impulsando a hacer o a decir algo, trataba de obedecer radicalmente el impulso.

Después de casi un año de estar haciendo esto, quedé deslumbrado. ¡Tenía *gozo*! Aun cuando ninguna de mis «malas circunstancias» había cambiado, comencé a experimentar un gozo que borboteaba desde adentro en los momentos más extraños, a menudo, sin razón alguna. Era lo que Jesús prometió para quienes se mantuvieran conectados: ¡que su gozo estaría en mí, y que mi gozo desbordaría! (Juan 15:11).

Un día mientras estaba cortando el césped y hablando con Dios sobre lo fantástica que había sido la experiencia del gozo, compartí con él mi deseo de que todos los que venían a la iglesia lo experimentaran. Entonces, un pensamiento fuerte entró a mi mente: *Haz un experimento. Haz un experimento para impulsar a las personas a tratar de mantenerse conectadas por un periodo de sesenta días y que puedan ver por ellas mismas lo bueno que es.*

¡Y así hicimos! Lo llamamos el experimento 60:60; nuestra iglesia estuvo haciendo el experimento 60:60 cada varios años por más de veinte años. Seguimos haciéndolo porque las personas quedan fascinadas cuando experimentan el gozo de mantenerse conectadas al Espíritu de Dios. Experimentan su guía personal, única y relacional paso a paso a lo largo del día. Te animo a que lo intentes.

Escribí un libro llamado *Revolución del alma* para enseñar e ilustrar el experimento; en realidad es bastante sencillo. Para hacer el experimento 60:60, dedica sesenta días a mantenerte conectado, paso a paso, en una conversación incesante con el Espíritu de Dios. Para ayudarte a no abandonar y a formar un hábito nuevo, pon la alarma o un recordatorio en tu teléfono que suene cada sesenta minutos durante las horas del día por sesenta días (o descarga nuestra aplicación*). El recordatorio no es una «llamada a orar» a cada hora, sino un recordatorio de hacer un breve inventario y a procesar con Dios lo que observaste sobre la práctica. «Señor, ¿cómo me fue al mantenerme conectado contigo esta última hora? ¿Cómo puedo permanecer en tu amor en este mismo momento? ¿Te di lugar fácilmente en mis pensamientos, decisiones e interacciones? ¿Hay algo que quisieras que hiciera en este momento?».

Advertencia: En esto tendrás más *fracasos* que éxitos. Sin embargo, así como un bebé al principio se cae muchas veces antes de aprender a caminar, te fortalecerás a medida que tropieces por el camino. Cuánto más camines con Dios, menos te costará mantenerte conectado con él. Tienes que estar dispuesto a fracasar para avanzar. Lo que descubrirás es lo mismo que descubrieron miles de personas que hicieron el experimento antes que tú: A Dios realmente le importan todos los detalles de tus días. Desea ayudarte con tu trabajo, con tus hijos, cuando pierdes la paciencia, cuando estás peleando con la persona que amas, y cuando luchas con las tentaciones. Y cada vez que escoges permanecer en él, con amor te guía de un momento de tu vida a otro.

---

* Desarrollamos una aplicación gratuita para celulares inteligentes que se llama «Soul Revolution 60:60» que envía alertas cada hora con un versículo que te ayuda a recordar que te mantengas conectado al Espíritu Santo a través del día.

Cuando practiques el mantenerte conectado con el Espíritu de Dios, descubrirás que Dios se hace cargo de muchas cosas que nunca podrías haber hecho que sucedieran por tus propios medios. Serás guiado por la sabiduría, el amor, el gozo, la paz de Dios y por muchos otros «guiños» de Dios a lo largo del día.

Espero que experimentes con esta oración que consiste en conversar de manera constante con Dios. Y que uses la oración modelo de Jesús como una guía de cosas por las cuales orar. Y, por encima de todo, recuerda: Dios está locamente enamorado de ti, y ¡orar no es más que comunicarse con aquel que más te ama!

LOS PLANES PERFECTOS DE DIOS

EL DR. MARK MCDONOUGH ES UN CIRUJANO PLÁSTICO que tiene pasión por ayudar a víctimas de quemaduras, en especial a los niños. Mark tiene una comprensión única de lo que esos niños deben soportar, y muy pocas personas pasaron por sufrimientos confusos en este mundo con la certeza de que los planes de Dios son perfectos como Mark lo hizo.

Eran altas horas de la madrugada del martes 3 de agosto de 1976, cuando Mark, quien en ese entonces tenía dieciséis años de edad, se despertó de repente porque sentía un calor intenso y un rugido como si fueran tornados afuera de la puerta de su habitación. Debido a que Mark era el mayor de los cinco muchachos, su padre le había dicho ese día: «Cuida de tu madre y hermanos mientras no estoy en casa», antes de irse a un viaje de negocios.

Mark salió disparado de su habitación hacia el pasillo, y el calor abrazador y la masa de humo negro que subía por las escaleras lo hicieron retroceder. Mark les gritó a sus tres hermanos menores para que salieran y observó mientras cada uno de ellos saltaba de una de las tres ventanas del segundo piso. Su madre y su hermano menor, Toby, estaban en habitaciones opuestas a las escaleras envueltas en llamas, por lo cual la distancia y el ruido impedían que escucharan los gritos de Mark.

¡Tengo que sacarlos! Mark pensó al instante. Gritó en medio del infierno de fuego: «¡Fuego! ¡Salgan!». Corrió por los alrededores, buscando un camino que lo llevara hasta la habitación de su mamá. Ahora el fuego le había cerrado la vía de escape, entonces, se lanzó por las escaleras, sintiendo que su piel se achicharraba y se llenaba de ampollas por causa de las llamas cercanas. Con la esperanza de trepar por fuera al balcón de su mamá, agarró el picaporte de bronce de la puerta del frente y tiró con todas sus fuerzas, pero la puerta de metal se había hinchado y estaba atascada. Su única opción era correr agachado a través de la cocina hacia una puerta que salía al garaje. Se cubrió la cara y corrió enfocado solo en la necesidad de sacar a su mamá y a Toby. Justo cuando Mark llegaba a la puerta de atrás, sus pulmones se llenaron de humo y cayó al piso.

Los bomberos encontraron a Mark inconsciente con quemaduras en el 65% de su cuerpo. Estaba consciente de los paramédicos que luchaban para reanimarlo mientras perdía el conocimiento y lo volvía a recuperar camino al hospital. Vencido por el dolor, rogó: «Dios, por favor llévame. Solo llévame». El dolor era más de lo que Mark podía resistir. «Esto es absolutamente insoportable; no toleraré otro segundo de esto. Llévame», el joven Mark suplicaba a Dios. Entonces pasaba otro segundo, luego otro y otro y otro. Mark seguía preguntándoles a los paramédicos: «¿Salieron mi mamá y Toby?». Nadie le respondía; el trauma de saber que su mamá y su hermanito estaban muertos hubiera sido más de lo que este jovencito hubiera podido soportar en aquel momento.

Los primeros diez días el cuerpo de Mark estaba fisiológicamente inestable y lo mantenían en un respirador. Cuando su padre regresó, apenas podía reconocer a su hijo mayor porque las quemaduras habían ampollado e hinchado demasiado su rostro. Mark permanecía acostado clamando por alivio para el dolor inexplicable, debido a que cada nervio bajo cada centímetro de piel hacía sonar su alarma tortuosa. Al final, después de diez días, Mark se estabilizó lo suficiente como para ser operado.

Durante la cirugía, Mark sufrió lo que los médicos llaman «consciencia intraoperatoria». Es decir, en realidad estaba despierto y podía sentir un dolor severo con cada corte. Aun así, los medicamentos que le dieron paralizaron su cuerpo de modo que ni siquiera podía pestañar, mucho menos gritar. Entonces fue cuando el corazón de Mark se detuvo.

De repente, tuve esta sensación de que todo estaba bien. Estaba en completa paz y serenidad. Como si estuviera en un sillón reclinable simplemente flotando y sobrevolando sobre mi cuerpo. Sentí la presencia de Dios; un amor que es tan difícil de expresar con palabras, una sensación de amor y seguridad que es casi indescriptible. Todo está bien. Siempre lo estuvo, lo está ahora y siempre lo estará, no hay nada que temer[1].

Parecía como si el tiempo se hubiera detenido. No quería que el tiempo comenzara. [...] Solo deseaba permanecer en este estado de dicha. [...] Todas las cosas, pasadas, presentes y que habrían de ser tenían un propósito y una razón específicos. [...] Todo era perfecto, tal y cual fue diseñado desde el principio de los tiempos y permanecería así para siempre. Todo esto era tan obvio que sentía ganas de reírse ante tanta sencillez y perfección. *Oh [...] ¡Dios! ¡Por supuesto! ¿Quién más?* Era maravilloso no sentir ningún dolor, incluso el que había tenido ya no importaba más. Era difícil categorizarlo como malo. [...] *Ningún sufrimiento es jamás en vano. Todo dolor tiene un propósito y es parte del plan*[2].

La euforia, la felicidad, la risa; tan pronto como podía pensar en una pregunta, tenía la respuesta. La respuesta era tan sencilla, tan alegre, tan clara. Pensé, *Oh, sí, por supuesto, eso tiene mucho sentido. Todo encaja y tiene mucho sentido. Estoy exactamente donde debo estar, y las cosas son como deberían ser. Todo va a solucionarse; todo estará bien*[3].

Mark sintió la presencia de ángeles y de personas a su alrededor. Se dejó llevar hacia arriba hacia un «túnel cuadrado que ascendía una cuesta ligera», hacia la luz, entonces percibió un borde o límite.

De alguna forma, supe [...] que seguir adelante era cruzar al otro lado, y no era mi tiempo. Sentí la presencia de mi mamá, mi hermano y mi abuelo, quien había fallecido cuando yo tenía un año de edad. Sentí su presencia como si estuviéramos cómodamente acurrucados en el sillón, envueltos en frazadas mirando televisión. Éramos completamente conscientes de los pensamientos del otro. Y supe que Dios estaba diciendo: «Este es un desafío difícil, pero lo podemos hacer juntos, y estoy contigo. No te dejaré».

[Con] la provisión del Padre y de mi amigo, Jesús, íbamos a lograrlo. No sería fácil, pero lo íbamos a hacer juntos[4].

Cuando el joven Mark salió de la cirugía, le dijo a su papá: «Creo que me encontré con Jesús; todo va a estar bien».

Mark sobrevivió y estudió para ser cirujano plástico; ayudó a mucha gente de todas las edades que sobrevivieron a quemaduras y a traumas. Aunque experimentó la perfección del plan de Dios mientras estuvo en su presencia, también tuvo que sobrellevar la verdad confusa de las palabras de Dios cuando le dijo: «No va a ser fácil».

EL PLAN SOBERANO DE DIOS

Quizás tú también luchas con preguntas como estas: ¿Dios tiene un plan para mi vida? Si es así, ¿por qué estoy pasando por todo este sufrimiento y dolor? ¿Estoy en el camino correcto? Y si me pierdo su plan porque tomo malas decisiones, ¿tendré que contentarme con estar «fuera de la carretera» toda mi vida? ¿Es posible tomar decisiones que me ayuden a volver al camino correcto, de nuevo a su camino y propósito? Espera un momento, si Dios conoce el futuro y tiene un plan diseñado para mí, entonces, ¿qué diferencia hace lo que escoja? ¿Todo esta predeterminado? ¿Soy solo un robot? Y si las personas pueden escoger el bien o el mal, y Dios no las controla, entonces, ¿cómo puede Dios estar en control de todo y conocer el futuro?

Estas son preguntas confusas que muchos de nosotros nos hacemos sobre la *soberanía* de Dios (el gobierno todopoderoso, omnisciente de Dios sobre todo lo que creó) y sobre el *libre albedrío* de los seres humanos (nuestra capacidad para decidir y escoger con libertad). Por más de quinientos años, el debate sobre la soberanía y el libre albedrío ha sido intenso, por lo general, entre la teología calvinista (que tiende a enfatizar el control soberano de Dios) y la teología arminiana (que tiende a enfatizar el libre albedrío) y, ahora, el teísmo abierto (que dice que Dios determina una parte del futuro y que deja otra parte del futuro abierta a la elección de cada uno). Y solo para que sepas, no resolveremos este debate de tanto tiempo en un solo capítulo. Aun así, tal vez las experiencias de los casos de ECM puedan aportar algo sobre por qué todavía es un debate y sobre cómo podríamos vivir en la tensión del debate en lugar de ser descarrilados por ella.

Tal vez estás pensando, *¿A quién le importa? ¿Qué diferencia hay de todos modos?* En realidad, ¡marca toda la diferencia del mundo! No en el debate mismo, sino en la forma en que percibimos a Dios. Por ejemplo, quizás te alejaste de Dios porque las personas hacen cosas malas y Dios no las detiene, lo cual causó que creyeras que no se puede confiar en Dios. O, tal vez, oraste y oraste y, sin embargo, las cosas no salieron como esperabas, entonces llegaste a la conclusión de que orar es inútil porque a Dios no le importa. Aun así, considera lo que Dios le declaró al profeta Isaías:

> Yo soy Dios y no hay ningún otro, yo soy Dios y no hay nadie
> igual a mí. Yo anuncio el fin desde el principio; desde los
> tiempos antiguos, lo que está por venir. Yo digo: Mi propósito
> se cumplirá, y haré todo lo que deseo. Del oriente llamo al
> ave de rapiña; de tierra distante, al hombre que cumplirá mi
> propósito. Lo que he dicho, haré que se cumpla; lo que he
> planeado, lo realizaré.
> ISAÍAS 46:9-11, NVI

Dios deja en claro que tiene un plan y propósito y que lo que planeó sucederá. Conociendo el carácter amoroso de Dios, eso debería darnos mucha seguridad sobre el futuro si somos sus seguidores. Personalmente, nada me convence más sobre la *soberanía* de Dios que la forma en la cual predijo los eventos de Israel y la venida del Mesías miles de años antes, como hemos visto.

Estás seguro en Cristo porque nada puede desbaratar su voluntad o sus planes y propósitos definitivos. De hecho, incluso cuando alguien está empecinado en oponerse a él, Dios usa lo que esa persona hace para mal con el fin de lograr que se cumpla su plan para bien. La historia de José del Antiguo Testamento provee una ilustración perfecta de esto. Los hermanos de José lo traicionaron y lo vendieron como esclavo en Egipto, pero Dios al final eleva a José a una posición de gran poder, segundo en mando después del faraón, para salvar muchas vidas del hambre. Cuando sus hermanos vinieron a Egipto rogando por comida durante la hambruna, no sabían que José estaba vivo, mucho menos que estaba en el poder. Aun así, José les dijo: «Ustedes se propusieron hacerme mal, pero Dios dispuso todo para bien. Él me puso en este cargo para que yo pudiera salvar la vida de muchas personas» (Génesis 50:20).

Cuando estás decidido a seguir a Dios, historias como la de José deberían darte gran consuelo y paz. Nada ni nadie puede estropear los planes que Dios tiene para ti, y los planes de Dios son buenos; se cumplirán de manera inexorable. Dios dijo a través del profeta Jeremías: «Porque yo conozco los planes que tengo para ustedes [...] planes de bienestar y no de calamidad, a fin de darles un futuro y una esperanza» (Jeremías 29:11, NVI).

Dios tiene un plan para todos aquellos que acuden a él, que lo buscan e invocan su nombre, y su plan es darnos bienestar, darnos un futuro y una esperanza. Sin embargo, eso no significa que todas las circunstancias serán favorables. Con frecuencia se cita la promesa que Dios le dijo a Jeremías para animarnos respecto a que él tiene un buen plan, pero a veces dejamos de lado el contexto más amplio. Dios le dice a su pueblo que estarán en Babilonia como exiliados por setenta años. Aunque estas son circunstancias por las cuales el pueblo no quiere pasar, Dios les asegura que su plan para ellos es bueno aun a través de las dificultades.

Posiblemente pasemos por tiempos difíciles, como le pasó a José, pero no tienen el propósito de hacernos daño. Dios quiere beneficiarnos, aunque no solo a nosotros; sus planes son para el bien de los demás también. Y sus planes de darnos bienestar no solo se refieren a cosas materiales en la tierra, sino también, al plano espiritual y eterno. En su tiempo, Dios cumplirá su plan supremo para bien en nuestra vida y en la vida de los demás, a pesar de las circunstancias que tengamos que soportar.

El apóstol Pablo reitera esta verdad, diciendo: «Ahora bien, sabemos que Dios dispone todas las cosas para el bien de quienes lo aman, los que han sido llamados de acuerdo con su propósito. Porque a los que Dios conoció de antemano, también los predestinó a ser transformados según la imagen de su Hijo» (Romanos 8:28-29, NVI). Incluso cuando nuestras circunstancias son confusas y las cosas no nos salen como esperábamos, podemos tener por seguro que el plan de Dios para nosotros es bueno y que, finalmente, tiene el propósito de ayudarnos a ser más como Jesús. Por lo tanto, debemos prestar atención a lo que Dios está haciendo *en* nosotros, no solo *alrededor* de nosotros.

Cuando entrevisté a la Dra. Mary Neal, me explicó que Jesús le mostró esta verdad en el repaso de su vida.

Mary Neal:

—Todo lo bueno y todo lo malo de mi vida fue expuesto. Y una de las cosas que hicimos fue mirar muchos, muchos, muchos eventos a lo largo de mi vida que, de otra manera, hubiera llamado terribles u horribles o tristes o malos o trágicos. Y, en lugar de mirar a un evento aislado o mirar la forma en que impactó mi vida y mi pequeño mundo, tuve la experiencia más excepcional de ver el efecto en cadena del evento cuando lo ves veinticinco, treinta, treinta y cinco veces a la distancia.

John Burke:

—¿Qué quieres decir? ¿El impacto de una vida en la otra?

Mary Neal:

—No, el impacto que un evento tuvo sobre mí, sobre mi pequeño mundo; también sobre otras personas del mundo. Ver cómo un evento que hubiera considerado malo me cambió y cambió a otros semejantes una y otra vez. Me mostraron que en efecto es verdad que sale belleza de todas las cosas. En verdad fue una experiencia que cambia vidas.

John Burke:

—Sabes, hay un versículo que la gente siempre cita cuando pasan cosas malas: «Dios dispone todas las cosas para el bien de quienes lo aman» [Romanos 8:28, NVI]. ¿Fue como ver eso?

Mary Neal:

—Sí. Es lo que vi de manera muy concreta una y otra vez. [...] Tenía la sensación absoluta de entender el orden divino de todo. Y también tuve , para mí, una comprensión muy profunda de que puede ser verdad que Dios en realidad nos conoce a todos y cada uno de nosotros, los miles de millones en el planeta, y nos ama a todos y cada uno de nosotros como si fuéramos únicos y que tiene un plan para la vida de cada uno, un plan de esperanza. Los planes de Dios para nosotros son siempre más grandes de lo que podemos imaginarnos[5].

A través de todas nuestras interacciones con los demás, Dios está trabajando su plan maravilloso para que cada uno de nosotros logremos sacar lo mejor de todas las personas. Está usando su plan para moldear a todos los que estén dispuestos hasta lograr la obra maestra que siempre quiso que fuéramos.

Dios le dice con claridad al profeta Jeremías que sus planes no son solo para los eventos globales, sino que son muy personales, para cada individuo: «Vino, pues, palabra de Jehová a mí, diciendo: Antes que te formase en el vientre te conocí, y antes que nacieses te santifiqué, te di por profeta a las naciones» (Jeremías 1:4-5, RVR60). Aun así, que sigamos el plan perfecto de Dios no significa que las acciones de los demás no nos afectarán. Las personas se oponen a la voluntad de Dios y hacen cosas dañinas que nos causan sufrimientos, Jeremías fue llamado el «profeta llorón» por una razón. Personas con corazón de piedra le causaron a Jeremías mucha aflicción. Todavía vivimos en un mundo donde los planes de Dios y las decisiones de las personas con libre albedrío parecen colisionar. Y es ahí donde todo se vuelve tan confuso.

LA SOBERANÍA INCLUYE AL LIBRE ALBEDRÍO

Nuestras elecciones importan. Dios declara a través de Moisés: «Hoy te he dado a elegir entre la vida y la muerte, entre bendiciones y maldiciones. Ahora pongo al cielo y a la tierra como testigos de la decisión que tomes. ¡Ay, si eligieras la vida, para que tú y tus descendientes puedan vivir!» (Deuteronomio 30:19). Jesús también enseñó que tenemos libre albedrío y que este tiene consecuencias reales: «El que esté dispuesto a hacer la voluntad de Dios reconocerá si mi enseñanza proviene de Dios» (Juan 7:17, NVI). Muchos casos de ECM ven un libro en el cielo donde están escritas todas nuestras elecciones y acciones, lo mismo que revelan las Escrituras: «Tus ojos vieron mi cuerpo en gestación: todo estaba ya escrito en tu libro; todos mis días se estaban diseñando, aunque no existía uno solo de ellos» (Salmo 139:16, NVI). El apóstol Juan escribe: «Vi también a los muertos, grandes y pequeños, de pie delante del trono. Se abrieron unos libros, y luego otro que es el libro de la vida. Los muertos fueron juzgados según lo que habían hecho, conforme a lo que estaba escrito en los libros» (Apocalipsis 20:12, NVI). Es muy claro que la soberanía de Dios *incluye* nuestras elecciones, y somos responsables ante Dios por las elecciones que hacemos. La confusión viene cuando tratamos de entender cómo nuestras elecciones basadas en el libre albedrío, y los planes soberanos de Dios trabajan juntos.

Mientras estaba con Dios en su ECM, el Dr. Mark McDonough no tenía dudas de que el plan de Dios era perfecto. Sin embargo, lo que todavía tenía que vivir cuando volviera a la tierra haría dudar a cualquiera: Treinta cirugías, dolor constante, vivir una adolescencia como víctima de quemaduras y sin su madre. «Estaba enojado —reconoce Mark—. Cuestionaba a Dios: "Sé que existes. Sé que estás ahí. Pero ¿por qué yo? ¿Por qué me escogiste para esto? ¿Por qué tiene que ser con esta herida de quemadura? ¿Por qué tuvo que morir mi mamá?". Y tan pronto como entraba en los "por qué", me frustraba y me deprimía con facilidad»[6].

Y ese no fue el fin de su sufrimiento. Después del incendio, su padre se sumergió en el alcoholismo. No pasó mucho tiempo hasta que Mark lo siguió porque, como descubrió con posterioridad, la cerveza tenía efectos adormecedores en el TEPT (trastorno de estrés postraumático).

Diez años después de la ECM, Mark reconoció que era alcohólico durante el tiempo que trabajó como fisioterapeuta. Después de pasar por el periodo de recuperación, Mark se dio cuenta de que con la ayuda de Dios tenía la disciplina y el deseo de hacer más. Eso lo llevó a la facultad de medicina donde estudió para ser un cirujano reconstructor. ¿Estuvo Mark, de alguna manera, predestinado a volverse adicto al alcohol para que su recuperación lo llevara a estudiar Medicina? O ¿eligió cosas contra la voluntad de Dios a causa de sus luchas, las cuales Dios usó para bien, para que Mark acudiera a él? Y ¿cómo podemos entender las decisiones dolorosas de los demás y el sufrimiento causado por la vida caótica que Mark vivió?

Tres años antes de que Mark empezara a estudiar Medicina, su hermano, Packy, se quitó la vida. Cuando Mark tenía apenas treinta años, tuvo un derrame cerebral en el aniversario de la muerte de su madre. Años más tarde, una falla cardíaca congestiva llevó a que le hicieran una operación a corazón abierto que puso fin al trabajo de Mark como cirujano a tiempo completo. En el 2016, Mark y su esposa, Joan, estaban en un concierto donde tocaban sus tres talentosos hijos en el cual la cantante de apertura, una amiga de la familia, fue baleada por un fanático obsesionado. Mark intentó salvarle la vida con RCP, pero falleció después de que llegó el servicio médico de emergencia. ¿Cómo podría alguien en las circunstancias de Mark no estar confundido o no cuestionar los planes de Dios? Sin embargo, así es como Mark resume su perspectiva sobre todo lo que vivió:

> Dios quiere que sepamos que podemos hacer cualquier cosa con su ayuda. Él nos ayudará en todas las circunstancias que nos toquen vivir, pero no nos tira cosas encima para que demostremos cuán fuertes somos. Lo hace para que seamos esculpidos, moldeados y forjados en el ser y el carácter conforme a su voluntad. [...] Quisiera que la gente se diera cuenta de que el gozo supera en gran medida al dolor, y que vale la pena. [...] Tuve una vida muy buena[7].

¿Cómo puede alguien que sufrió tanto decir: «Tuve una vida muy buena»? ¿Podría ser que ese fuera el objetivo de todo lo que pasamos? ¿Que Dios nos ayuda a crecer espiritualmente hasta el punto que absolutamente nada, ni siquiera el peor sufrimiento ni las peores circunstancias, pueden robarnos el gozo, el amor y la paz de Dios cuando tenemos una relación íntima con él? Creo que eso es lo que significa ser conformado a la imagen de su Hijo.

Incluso si ese fuera el caso, todavía nos queda una disonancia interna y preguntas sin respuestas. Si Dios sabe todo lo que sucederá, entonces ¿no es Dios *responsable* por todo lo que sucede, incluyendo el mal? ¿Dios «causa» o «predetermina» el sufrimiento o el mal? O ¿Dios permite en su soberanía que otros poderes dominen la tierra por un tiempo para enseñarnos nuestra necesidad del gobierno de Dios? Jesús les dijo a sus seguidores que Satanás gobierna el mundo por ahora (Juan 12:31). Vivimos detrás de las líneas enemigas. Por un tiempo, Dios permite que el mal reine en la tierra; si no entendemos esto, vamos a interpretar mal muchas de las cosas que nos sucedan.

Kevin Zadai regresó de su ECM con este recordatorio de Jesús:

Me mostró todas las cosas que les están sucediendo a las personas en la tierra.

—Señor, tú sabes, es difícil allí abajo —le dije.

—Sí, pero no se trata de ti, Kevin. Se trata de la gente a la cual te envío. Si les cuentas a las personas lo que viste, eso las va ayudar y podrán redirigir su vida —me respondió—. Te enviaré de regreso, y quiero que cuentes tu historia, y quiero que comiences a redirigir la vida de la gente para que termine bien. [...].

Jesús quería mostrarme que, si caminamos en el Espíritu, si caminamos en amor, terminaremos bien. [...]

Jesús compartió conmigo:

—El Padre y yo amamos a todos. Nosotros no estamos haciendo ninguna de esas cosas horribles que le están pasando a la gente en la tierra. Es el diablo quien está haciendo eso. Regresa y cuéntale a la gente que es el dios de este mundo quien está haciendo todas estas cosas[8].

Los testimonios de ECM tales como el de Kevin resaltan por qué la soberanía de Dios y el libre albedrío de la gente pueden sentirse como

una contradicción: Dios está revelando dos verdades desde dos perspectivas diferentes, una que está más allá del tiempo que conocemos
(la precognición de Dios) y una que está dentro del tiempo (el libre
albedrío humano). Dios es *soberano* (en control de todas las cosas) y
Dios es *inmutable* (que no cambia). A través del profeta Malaquías,
Dios le dijo a su pueblo: «Yo, el SEÑOR, no cambio. [...] Vuélvanse a mí
y yo me volveré a ustedes» (Malaquías 3:6-7, NVI). La *inmutabilidad* y
la *soberanía* de Dios nos permiten ejercer el libre albedrío: «Vuélvanse a
mí» es una invitación a tomar una decisión. El misterio es que, aunque
somos libres para tomar decisiones porque no están predeterminadas,
el plan perfecto y soberano de Dios prevalecerá.

Tal vez, en lugar de tratar de resolver la tensión, deberíamos aceptar
ambas verdades reveladas: Dios es soberano y tenemos libre albedrío. Sin
embargo, entender el tiempo multidimensional de Dios comparado con
nuestro tiempo unidimensional nos puede dar una nueva perspectiva
sobre la tensión.

LA LÍNEA DE TIEMPO BIDIMENSIONAL DE DIOS

El astrofísico Hugh Ross nos ayuda a imaginarnos el tiempo bidimensional y tridimensional[9]. Señala que el tiempo de la tierra es unidimensional y secuencial. Imagínatelo moviéndose en una dirección a lo largo
de una línea. Si supieras con absoluta certeza lo que voy a hacer mañana,
no puedo tener opciones. O mi opción fue predeterminada y no tengo
libre albedrío o puedo escoger, lo cual significa que no podrías saber con
certeza cuál es mi elección. Esa es nuestra experiencia unidimensional
de tiempo. Si viviéramos en más de una dimensión de tiempo, ¡todo
eso cambiaría!

Si Dios, quien está más allá del tiempo, funcionara en dos dimensiones de tiempo, entonces en cada «momento» en nuestra línea de tiempo,
habría una cantidad infinita de tiempo para experimentar ese momento.
Imagínate una línea horizontal numerada del 1 al 100 por los años de
tu vida (tiempo unidimensional). Una segunda dimensión de tiempo
se vería como una línea perpendicular que intersecta cada momento y
extiende cada momento infinitamente hacia arriba sobre otra línea de
tiempo (ver Imagen X).

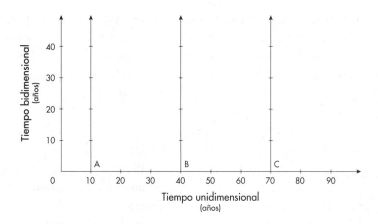

Tal como lo indican los casos de ECM, cada momento del tiempo unidimensional se siente como una cantidad infinita de tiempo vivido o nada de tiempo en absoluto. El padre Cedric Pisegna comentó: «No estoy seguro de cuánto tiempo estuve ante Dios y ante Jesús. [...] Cuando te presentas ante Dios, el tiempo se detiene»[10]. Otros casos de ECM compartieron que estaban conscientes de que el tiempo se movía, pero no había prisa alguna.

Creo que la Biblia se refiere al tiempo bidimensional cuando dice: «Para el Señor, un día es como mil años y mil años son como un día» (2 Pedro 3:8). Obtuve algunas perspectivas únicas sobre este concepto cuando Gregg Rickert me contactó para contarme sobre su experiencia cercana a la muerte.

Gregg había crecido como católico y todavía creía en Jesús cuando era adulto, aunque también sentía que a su vida le faltaba dirección. Construía casas de lujo a medida para personas extremadamente ricas y tenía todos los signos del éxito; aun así, sentía que le faltaba algo. Gregg había orado para que Dios lo ayudara a dirigir su vida en una dirección mejor.

Una noche, mientras regresaba a su casa de un evento decepcionante para solteros en un bar, dio la vuelta en una curva y se encontró con un auto que se había cruzado de carril y se dirigía hacia él. Viró bruscamente tratando de esquivarlo, pero el auto lo chocó de frente. El rostro y el tobillo de Gregg fueron destrozados en la colisión y tuvieron que trasladarlo en ambulancia aérea al hospital. Los médicos les dijeron a los padres de Gregg: «Su hijo va a morir. Si sobrevive, quedará con serias complicaciones neurológicas y ciego. Nos gustaría sacarle los órganos». Después de prohibir en repetidas ocasiones que le extrajeran los órganos, sus padres dijeron que querían que lo operaran, entonces pusieron a Gregg en coma farmacológico.

Mientras estaba en coma, Gregg dice que «se despertó»: salió flotando de su cuerpo hacia «las puertas hermosas de vidrio que estaban frente a [él] con la madera veteada más preciosa que había visto». Así es como Dios hace las cosas, con su toque personal, hace una entrada al cielo que un constructor personalizado puede apreciar. Gregg miró hacia atrás y vio su cuerpo en la cama del hospital. Notó la pelota de fútbol y el póster que decía: «Te amo Gregg», escrito de puño y letra por su hermana. Ahí fue cuando Gregg se dio cuenta de que su alma estaba viva y que, en realidad, estaba viendo su cuerpo en la habitación del hospital.

Salí flotando por la puerta y, de repente, me encuentro en una sala de vidrio inmensa, como un domo de vidrio con piso de vidrio, y debajo del piso veo las estrellas. Pienso, *¡Esto es increíble!* Veo dos personas frente a mí. Una es Jesús y la otra es mi ángel de la guarda. Siempre pensé que creer que uno tiene un ángel de la guarda eran cosas de niños; lo tenía. Tenía tres metros y medio de alto o algo así; grande, inmenso. Por alguna razón supe que la otra persona era Jesús. No había dudas. Cuando estás frente a Dios, tienes comprensión y entendimiento absolutos. No hay preguntas ni razonamientos; es puro conocimiento.

Jesús era una persona, tenía la forma de un ser humano. Señaló hacia un círculo de casi dos metros que estaba a su lado, como una ventana redonda, aunque parecía un portal de tiempo interdimensional. Me di cuenta de que, de alguna manera, estábamos fuera del tiempo y del espacio. Un libro de un metro se abrió debajo del portal, y comencé a ver el libro de mi vida desplegarse en el portal.

Repasamos las cosas escritas en el libro de mi vida. Me mostró las cosas buenas y las cosas malas. Noté que había estado esmerándome por las cosas equivocadas: La perfección terrenal, la casa más linda, el auto más fantástico o la esposa más hermosa. Ninguna de estas cosas tiene ningún peso ni significado cuando estás en el cielo. Percibí sentimientos de bienvenida, cariño y amor de parte de él. Comprendí cabalmente mi vida y me di cuenta de lo importante que son las pequeñas cosas. Lo que realmente importa. En ese momento estás siendo juzgado al recibir permiso para ver la trascendencia de lo que hacemos, de cómo vivimos, y que nuestras elecciones importan. Ver la vida con tanta claridad te enseña humildad[11].

A continuación, Jesús llevó a Gregg al cielo, donde vio el tiempo bidimensional en funcionamiento.

De repente, estaba en el cielo, contemplando mi nuevo cuerpo, mis brazos y piernas. Mi cuerpo era translúcido, brillaba con una luz dorada* y vibraba por el gozo que salía de todo lo que me rodeaba. ¡Era la adoración a Dios! Todo era brillante. A la distancia, había una cascada que fluía, aunque más bien era como un río de perfección dorada que fluía. Todo era dorado, increíble, precioso. Solía construir casas a medida para personas multimillonarias y para algunas celebridades donde todo tenía que ser perfecto. Pero nada en esta tierra se compara en lo absoluto con la belleza que vi allí, con el gozo que sentí allí; nada en lo más mínimo. [...]
Me mostraron una línea de tiempo bidimensional. Vi el principio y el fin, pero yo estaba fuera de él. En el cielo te permiten ver a través de estos portales, y vi una especie de batalla. Parecía ser en Egipto, donde dos ejércitos luchaban entre sí y las pirámides estaban en el trasfondo, y la estaba viendo en realidad. De verdad estaba experimentando lo que estaba sucediendo en ese punto en el tiempo. No sé la importancia que tenía ese momento, solo sé que lo

---

* Ver Mateo 13:43.

experimenté. Lo viví como si estuviera mirando una película, aunque era mucho más real, incluso sentía lo que las personas estaban sintiendo o pensando. Mientras estaba observando esa línea de tiempo enfocada en un punto en el tiempo, de alguna manera supe que no se te permite atravesar el portal para ir al pasado, pero aun así me permitieron verlo. Cuando estás en el cielo, lo vives como realmente está sucediendo.

A través de otro portal vi a un ángel que me hacía señas para que mirara, y vi a una persona de cabello rubio, delgada, con un corte de cabello extraño, y a una muchacha. Exclamé: «Oh, qué bonita es la muchacha», entonces, vi esta esfera, este balón brillante de treinta centímetros que vibraba de entusiasmo y energía.

Entonces, me dijeron: «Este es el bebé de ellos». [...] Era impresionante. Era gozo y entusiasmo; simplemente increíble. Después de ver al bebé [con] sus padres, me encontré en la sala del trono de Dios. Veía una luz blanca brillante, inexplicablemente poderosa, resplandeciente, la cual irradiaba de su rostro. Toda la música es para él; es gozo, paz, perfección, sabes que es Dios el Padre[12].

Jesús envió a Gregg de regreso a su cuerpo en la tierra. Gregg comentó: «Por lo menos ocho médicos me dijeron: "eres un milagro"». Aunque no se esperaba que pudiera volver a ver, hablar, caminar o correr, ahora hace todas esas cosas. Y un giro nuevo de la experiencia fue la confirmación que Gregg recibió más tarde de que, de hecho, había visto la historia en tiempo bidimensional.

Dos años y medio después, conocí a este muchacho y a esta joven que eran amigos de la familia, a quienes nunca antes había visto. Tenían esta pequeña niña rubia, de aproximadamente dos años y medio, quien me miraba con emoción y alegría. La mamá dijo: «No sé porque está tan embelesada contigo». De repente, me di cuenta, esta es la mamá. Esta es la mujer que vi con el muchacho delgado, y esta debe ser la bebé que todavía no había nacido y que vi en el portal[13].

¿Recuerdas lo que Dios le dijo al profeta Jeremías? «Te conocía aun antes de haberte formado en el vientre de tu madre; antes de que nacieras, te aparté» (Jeremías 1:5). Dios tiene un plan, y su plan incluye las elecciones, basadas en el libre albedrío, de las personas y de los ángeles. Para los seres humanos limitados por el tiempo, es posible que esto siempre parezca una contradicción. Dios, sin embargo, revela estas verdades más como una paradoja, ambas equitativamente verdaderas en el tiempo multidimensional de Dios[14]. Aun así, hay otro giro para considerar. ¿Y si Dios trabaja no solo en tiempo bidimensional, sino en tiempo *tri-dimensional*? Creo que esto resolvería la aparente contradicción o paradoja entre la soberanía de Dios y el libre albedrío de los seres humanos.

RESOLVIENDO LA PARADOJA DEL TIEMPO

Imagínate la ilustración del tiempo bidimensional envuelto alrededor del tiempo tridimensional. Hugh Ross lo describe como una esfera, donde cada momento de nuestra línea de tiempo se mueve de manera horizontal a lo largo del ecuador.

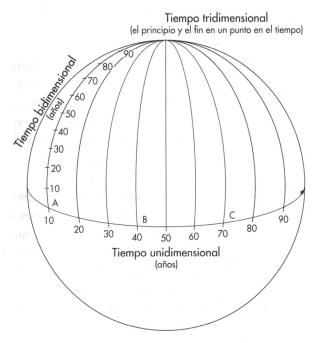

Dios experimenta cada momento de nuestra línea de tiempo latitudinal (horizontal, tiempo unidimensional) en una línea de tiempo longitudinal (vertical, bidimensional), la cual se extiende hasta un punto en particular (similar al Polo Norte). Esa es la forma como Dios escucha miles de millones de oraciones que se oran al mismo tiempo; cada momento de nuestro tiempo extiende su experiencia de ese momento en una segunda dimensión de tiempo, como Gregg lo describió.

En el tiempo tridimensional, Dios experimenta cada momento en líneas de tiempo longitudinales de norte a sur y todos los momentos convergen en un punto de tiempo tridimensional (donde el Polo Norte está sobre una esfera). Dios experimenta el principio y el final de nuestra línea de tiempo en el *ahora* eterno de un punto en particular en el tiempo tridimensional.

Creo que esto es exactamente lo que Dios le reveló al profeta Isaías: «Yo soy Dios y no hay ningún otro, yo soy Dios y no hay nadie igual a mí. Yo anuncio el fin desde el principio; desde los tiempos antiguos, lo que está por venir. Yo digo: Mi propósito se cumplirá» (Isaías 46:9-10, NVI). Y Jesús afirma esto cuando declara: «Yo soy el Alfa y la Omega, el Primero y el Último, el Principio y el Fin» (Apocalipsis 22:13, NVI).

La razón por la cual hay tanto debate sobre la soberanía de Dios y el libre albedrío de los seres humanos es nuestro rechazo a aceptar la tensión que hay entre vivir en tiempo unidimensional mientras Dios vive en dimensiones de tiempo múltiples. El plan y la precognición soberanos de Dios son una verdad revelada desde la *dimensión de tiempo de Dios*. Nuestro libre albedrío es una verdad que Dios nos asegura que poseemos y debemos usar en *nuestra dimensión de tiempo*. Ambas verdades pueden existir a la vez porque Dios existe más allá de los límites de nuestra línea de tiempo.

FUERA DE RUTA Y RECALCULANDO

¿Te puedes perder el plan y propósito de Dios para tu vida? No, no si caminas con el Espíritu de Dios como ya hemos hablado. El problema es que las personas pueden escoger en contra de los propósitos que Dios tiene planeados. A través de los profetas del Antiguo Testamento, Dios predijo que Jesús, el Mesías, moriría por nuestros pecados. Los fariseos (gobernantes religiosos) incitaron la muerte de Jesús. Sin embargo, las

Escrituras dicen: «Mas los fariseos y los intérpretes de la ley desecharon los designios de Dios respecto de sí mismos» (Lucas 7:30, RVR60).

No fue el propósito de Dios que cada uno de los fariseos endureciera su corazón y exigiera la crucifixión de Jesús (no todos los fariseos lo hicieron). En otras palabras, Dios no los obligó a escoger el mal y a ir en contra de su voluntad. Aun así, el plan perfecto de Dios (la voluntad soberana de Dios) se cumplió a través de sus elecciones en pleno uso del libre albedrío. ¿Podría uno o más fariseos haber tomado una decisión diferente sin desbaratar el plan de Dios de salvar a la humanidad a través del sacrificio de Jesús? Creo que sí. ¿Podría haber sido otro y no Judas quien traicionaba a Jesús para que se cumpliera la profecía? Creo que sí. La *providencia* de Dios, la forma ardua como Dios trabaja para que su plan se cumpla a través de la historia, es tan excelente y magnífica que puede adaptarse de manera perfecta a las interminables alteraciones de las decisiones de los seres humanos.

Diana Shepherd comprendió esto después de que tuvo un ataque de pánico muy fuerte en el gimnasio de la Universidad del Sur de California; posteriormente, los médicos le dijeron que el corazón se le había detenido. Al instante Diana se encontró en otro mundo.

Esto era real, más real que cualquier cosa en la tierra a la millonésima potencia. Caminé por un camino de tierra por una colina con una leve inclinación, claro que la tierra del camino era dorada con hierba verde corta que fluía a su alrededor. Los colores no se parecían a nada que hubiera visto antes. Aquí tenemos [resolución] 4k; allí era 10k. Había millones de colores que ni siquiera existen aquí. Arriba de la colina, un hombre me estaba esperando. Medía aproximadamente un metro ochenta de alto, [tenía] cabello castaño suelto que le llegaba hasta el hombro y barba, una apariencia saludable, piel color aceituna del Mediterráneo, vestido con una túnica blanca. Se parecía mucho a mi papá, quien también es del Medio Oriente.

Me puso la mano sobre el hombro, insinuando suavemente que lo mirara. Cuando mis ojos se encontraron con los suyos, eran increíbles. Como el mar Mediterráneo, verdes, azules, como estar nadando en sus ojos, y todo el resto del cielo se esfumó. Como pasa cuando fijas tu mirada en los ojos de quien amas, nada más importa, todo lo demás desaparece[15].

Jesús envió a Diana de regreso, pero más tarde, en un tiempo de oración, sintió que Jesús compartía con ella una analogía sobre la soberanía de Dios y nuestras elecciones:

Cuando escogemos a Jesús, también tenemos que tomar decisiones dentro de su plan. Él trabaja con nosotros pero lo guía todo. Como una aplicación de navegación móvil: La aplicación de navegación sería el Espíritu Santo, la cual decidimos descargar. Jesús decide los destinos, pero te da opciones de rutas. Aunque todas las opciones de ruta terminan en el mismo lugar, verás diferentes cosas a lo largo del camino. Diferentes obstáculos y diferentes caminos: todos llevan al destino. Tú eliges por cuál ruta ir.

Piensa en todas las decisiones que tomamos a lo largo del día. Jesús conoce las rutas y los planes alternativos para todas ellas, dependiendo de tu elección. Ahora multiplica eso por miles de millones de personas. ¡Ese es el panorama de lo increíble, inteligente y magnífico que nuestro Dios realmente es![16]

Espero que esta analogía nos dé seguridad cuando se trata de nuestros errores. Así como el GPS puede redirigirnos a nuestro destino cuando nos equivocamos de camino durante el viaje, el Espíritu de Dios tiene infinitas maneras para redirigirnos cuando estamos perdidos o llegamos a un callejón sin salida en la vida. En ambos casos, siempre y cuando no tires el «GPS», sino que sigas hacia donde te guía, llegarás a tu destino.

Todos podemos tomar un camino equivocado en la vida, como le sucedió al Dr. Mark McDonough, quien escogió ahogar su dolor en el alcohol. Esa no era la voluntad de Dios para la vida de Mark (ver Efesios 5:17-18). Sin embargo, Mark estuvo dispuesto a cambiar de camino cuando entró en un programa de recuperación y reconoció que necesitaba la ayuda y la guía de Dios. El Señor utilizó la disciplina que Mark adquirió en el programa de recuperación para redirigirlo a los estudios de Medicina. Esto permitió que Mark fuera un canal de la sanidad de Dios para las víctimas de quemaduras y que mostrara compasión por haber pasado por lo mismo.

Nunca es demasiado tarde para redirigirse en la vida. Si te desviaste o llegaste a un callejón sin salida porque escogiste ir en contra de la voluntad de Dios, reconócelo. Luego, busca la guía de Dios y permítele que te ponga de nuevo en la ruta correcta para cumplir con tu propósito. Quizás te pierdas algunas de las vistas hermosas que Dios había planeado originalmente. Tal vez tengas que esforzarte más en algún camino rocoso en la nueva ruta, pero el plan de Dios para tu vida se cumplirá sin lugar a dudas y será para un futuro bueno y lleno de esperanza. Y no te olvides, los planes de Dios giran en torno a las relaciones.

LOS PLANES DE DIOS SON RELACIONALES

El Dr. Colin Perry, profesor de la universidad de Melbourne, Australia, entendió lo importante que es mantenerse conectado con Jesús porque los planes de Dios para nosotros son relacionales en su esencia. Un día, mientras Colin estaba trabajando en su jardín, sintió que le fallaba el corazón. Llamó una ambulancia, pero camino al hospital murió. Al principio, se encontró en un vacío oscuro, caía sin rumbo. Se atemorizó y clamó a Jesús por ayuda.

Sentí que algo me sujetaba fuertemente del antebrazo y comenzaba a tirarme hacia arriba. Y me dijo:
—No tienes que ir en esa dirección.
Entonces comenzó a llevarme hacia arriba; estábamos viajando a gran velocidad, recorriendo una enorme distancia. Llegamos a un lugar que tenía un brillo tenue, y, mientras me adaptaba al lugar, me di cuenta de que estaba rodeado por media docena de ángeles, más Aquel que me había tirado hacia arriba. [...]
—¿Quién eres? —le pregunté.
—Soy aquel a quien llamas Señor —me respondió.

Recién entonces me di cuenta dónde estaba realmente; fue una experiencia tan hermosa. Ninguna experiencia puede siquiera compararse con esta. [...] Observé muy bien el rostro de Jesús. Un rostro levemente delgado con barba. Tenía el pelo largo y estaba vestido con una túnica. Se veía como un hombre típico del Medio Oriente. No tenía ningún rasgo particularmente excepcional; eso no es lo excepcional. [...] Lo excepcional es su corazón y quién él es. Es la forma como se comunican y lo que sientes; la conexión alma a alma es lo que en verdad me impresionó. Esta calidez tremendamente poderosa, como si el poder del amor me estuviera explotando dentro del pecho.

En ese momento me dijo

—No estás en el cielo, no estás en el paraíso, vinimos a tu encuentro. Voy a darte la opción de escoger venir al paraíso con nosotros o de volver a tu vida en la tierra. Tú decides[17].

Colin pensó en su vida. Había crecido como cristiano, pero más tarde se había alejado de Dios mientras estaba de gira con una banda de rock, había fumado marihuana y, en ocasiones, había consumido drogas duras. Con el tiempo, dejó ese estilo de vida atrás, se casó y sentó cabeza; incluso obtuvo un doctorado. No obstante, también vivió muchas adversidades. Su primera esposa lo abandonó, y tres años después, su hijita de siete años fue atropellada por un auto y quedó con daños cerebrales, y como resultado no puede hablar ni caminar.

Estaba allí pensando en mi vida y en mi hija en su silla de ruedas. Tenía además dos hermosas hijas [más], un hijo pequeño, y un hijo mayor. Mi hijo más pequeño tenía ocho años en ese momento, y pensé: *Caramba, no me siento bien dejando a mis hijos*, además sentía que todavía tenía cosas que hacer en la vida.

Jesús me dijo:

—Está bien, haremos eso. —Luego, miró a uno de los ángeles y expresó—: Ve a revisar la vasija —con lo cual, se refirió a mi cuerpo. Uno de los ángeles salió disparado hacia abajo, podía ver, a lo lejos, al chofer de la ambulancia haciendo lo que podía para ayudarme, y vi a este ángel flotando allí abajo. Volví la mirada hacia Jesús porque no podía quitar mis ojos ni mi atención de él. Deseaba saber más, Jesús me dijo:

—Necesito trabajar en ti, necesito sanarte. Pasaste por muchas cosas traumáticas.

Entonces comenzó a [...] No sé cómo explicar esto [...] era como si todo el ser de Jesús hubiera entrado en mí y comenzara a mover las cosas, a derribar barreras, a reacomodar las cosas dentro de mí. Sentí, literalmente *sentí*, cómo las cosas en mi alma eran restauradas y sanadas. Fue una sensación hermosa y asombrosa.

Mientras él hacía eso, tuve una conexión directa con su conocimiento. No había entendido en verdad quién era Jesús hasta este momento. Jesús no estaba limitado por el tiempo. Sabía todo lo que estaba sucediendo en el universo. Entendí que estaba viendo a través del tiempo, a través del espacio; estaba viendo infinitamente a través de todas esas dimensiones. Me era posible percatarme de un insecto en una roca, del polvo en la luna. Jesús tenía conocimiento de todo el universo infinito; como si estuviera conectado a todas las cosas, y sentí por algunos segundos, probablemente, la inmensidad de quién es y del poder que tiene. Y qué clase de amor subyace a todo ese poder. La experiencia fue arrolladora, fue magnífica, tan hermosa; no viví nada parecido desde entonces y no seré realmente feliz hasta que regrese a su presencia. Y eso es algo que nunca olvidaré, [algo] que me ayudó a entender todas esas palabras como *omnisciente, omnipotente y soberano*; todas esas palabras importantes que usamos para describir a Dios, por eso sentir realmente, aunque sea, un pequeño aspecto de todo eso fue algo asombroso.

El ángel regresó y dijo:

—La vasija está en buen estado. —O sea, mi cuerpo estaba bien.

En ese momento, Jesús comenzó a describir un par de cosas que quizás encontraría cuando regresara. Y el hecho de que tenía que ser cuidadoso, que tenía que tomar decisiones que me mantuvieran conectado a él, porque había un riesgo potencial de que me alejara.

Lo interesante es que me llevó a un costado y me permitió mirar a través del velo; era como estar viendo un video del futuro. Era bastante increíble, Jesús estaba hablando con los ángeles sobre cosas que sucederían en el futuro, personas que iba a conocer y diferentes aspectos de mi vida que iban a desarrollarse. Era como si les estuviera informando cómo iban a resultar las cosas y cómo afectarían mi vida, lo cual era increíble. Hubo momentos en los cuales Jesús dijo: «No, no le permitas ver eso» y hubo momentos en los cuales dijo: «Ven y ve esto». Todo era sobre distintas personas que iba a conocer, personas que todavía no conocía, pero que conocí después[18].

Cuando pensamos en los planes o propósitos de Dios para nuestra vida, generalmente, pensamos acerca de trabajos y logros que nos parecen importantes u honorables. Estoy convencido de que, aunque eso es importante, no es la parte esencial del plan de Dios para tu vida. Como descubrió Colin, la mayor parte del plan de Dios parecía estar relacionado con las *personas* que conocería *a lo largo del camino*.

Los casos de ECM confirman lo que enseñan las Escrituras: El plan de Dios parece centrarse primeramente en lo que llegarás a ser en relación con Dios y cómo impactarás a quienes te rodean. Segundo, el plan de Dios se enfoca en lo que haces para servir a la humanidad por medio de tus dones, tiempo y recursos. En su ECM, Erica McKenzie escuchó que Dios le decía que le daría dones nuevos y dones viejos, y que era necesario que ella se mantuviera conectada con él para que la guiara a cumplir con su misión relacional.

Dios dejó en claro que tiene un plan para todos y que no debemos juzgar lo que le corresponde a los demás. [...] Estamos aquí para ayudarnos mutuamente. Nuestras experiencias, incluso las más trágicas y dolorosas, son oportunidades para permanecer en el estado del amor, para que nuestra compasión y bondad crezcan y para mantenernos conectados con Dios. Sentí que Dios sonreía y entonces manifestó: «No te quedarás aquí, hija. Te envío de regreso porque tu misión acaba de comenzar. Trabajas para mí ahora, ¿recuerdas? Y cuando regreses, debes guardar silencio y escuchar a las personas que ponga en tu vida. Entonces, cuando lo hagas, sacarás [mis dones de] paciencia, belleza y ahora conocimiento y sabiduría, y cuando hables cambiarás millones de vidas»[19].

Dios tiene un plan para tu vida. Es un plan tan único como tú. Sigue la guía del Espíritu Santo día a día, y no te lo perderás; un día, te mostrará el efecto en cadena que tu fidelidad tuvo en millones de vidas. Recuerda que no importa la circunstancia, situación o desafío, el plan de Dios para ti es un buen plan; un plan de esperanza, de un futuro próspero e, indudablemente, de gozo. ¡Gozo que supera todo entendimiento!

14

EL GOZO Y LA RISA
DE DIOS

REBECCA SPRINGER VIVIÓ A FINES DE 1800, mucho antes de que las ECM fueran reconocidas globalmente. Había viajado cientos de kilómetros desde su casa cuando se enfermó, posiblemente de neumonía. Sola, únicamente con una ayudante que la cuidaba, le pidió a Jesús que estuviera con ella si en efecto estaba muriendo. En 1898, después de resucitar milagrosamente, Rebecca escribió que dejó su cuerpo atrás mientras Frank, su cuñado fallecido, venía a acompañarla al cielo.

Volví mi cabeza y miré de nuevo a mi habitación. [...] La ayudante estaba sentada cerca de la estufa en el otro extremo de la habitación, leyendo el diario cómodamente; y sobre la cama, mirando hacia la ventana, yacía una forma blanca inmóvil, con la sombra de una sonrisa en el rostro enfermo y agotado. Mi cuñado me dio la mano y yo me dejé llevar, pasando a través de la ventana con él, afuera a la galería, desde allí, de una manera incomprensible, bajamos por la calle. [...] «Estás tan débil que creo que es mejor que yo te cargue»; y sin esperar respuesta, se inclinó y me levantó en sus brazos. [...] De repente, estaba sentada en un rincón protegido, compuesto por arbustos florecientes, sobre un terreno cubierto con la hierba más suave y hermosa, adornada densamente con flores perfumadas, muchas de las cuales eran flores que conocía y había amado en la tierra[1].

La experiencia de Rebecca de más de un siglo atrás confirma muchas de las experiencias comunes del cielo que escuché contar a muchos casos de ECM en la actualidad[2]. Lo que distingue la ECM de Rebecca es la variedad de gozo del cielo que experimentó, lo cual nos recuerda que Dios es el Dios del gozo. Aunque el lenguaje de Rebecca del siglo diecinueve se puede sentir diferente, considera las similitudes de gozo que ella experimentó en la presencia de Dios:

Lejos, lejos; mucho más allá de los límites de mi visión, supe muy bien, se extendía este maravilloso espacio de hierba perfecta [...] ni siquiera una de las briznas tenía otro color que no fuera el verde más brillante. El aire era suave y cargado de aromas agradables, aunque estimulante; y en lugar de luz solar había una gloria dorada y rosada por todos lados. [...] Y [de la hierba] crecían árboles tan maravillosos como ella, cuyas ramas vencidas estaban cargadas de flores exquisitas y frutas de muchas clases. Me encontré pensando en [...] «el árbol de la vida» que crecía en el medio del jardín. [...]
Debajo de los árboles, en muchos grupos, había niños felices, riéndose y jugando, corriendo de aquí para allá con gozo y atrapando en sus manos los pájaros pequeños con alas brillantes que revoloteaban de un lado al otro en medio de ellos, como si estuvieran compartiendo su juego, lo que

sin duda estaban haciendo. Por todo el campo, caminaban personas mayores, a veces, en grupos, a veces, de a dos, a veces, solas, pero todas tenían un aire de paz y felicidad. [...] Donde fuera que mirara, veía, medio escondidas por lo árboles, casas hermosas y elegantes con una arquitectura extrañamente atractiva, que sentía debían ser los hogares de los habitantes felices de este lugar encantado. Entreví fuentes destellantes en muchas direcciones, y cerca de mi rincón fluía un río[3].

Rebecca se sentía abrumada por el asombro y la maravilla y se sintió indigna de estar en un lugar tan puro y santo, entonces Frank la llevó hasta el río que estaba cerca, donde rápidamente se encontró con nuevas sorpresas. Podía respirar y comunicarse bajo el agua, y no estaba mojada cuando salió del agua mística.

—Frank, ¿qué me hizo el agua? —le pregunté—. Siento como que puedo volar.

Me miró con ojos sinceros y tiernos mientras respondía suavemente:

—Se llevó lo último que quedaba de tu vida terrenal, y te hizo digna para la nueva vida a la cual entraste.

—¡Es algo divino! —susurré.

—Sí, es divino —me respondió. [...]

Las galerías y las escalinatas de las casas que pasábamos estaban llenas de moradores felices; voces alegres se escuchaban constantemente, y muchas carcajadas alegres también. [...]

—Frank, ¿hacia dónde estamos yendo? —pregunté después de un tiempo.

—A casa, hermanita —me respondió suavemente.

—¿A casa? ¿Tenemos un hogar [...]?

—Ven y ve —fue su única respuesta mientras giraba en un camino secundario que conducía hacia una casa exquisitamente hermosa[4].

Después de que Frank le mostrara a Rebecca esta casa preciosa hecha exclusivamente para ella, decorada a su gusto y con encantadoras nuevas maravillas, otra sorpresa llena de alegría la esperaba.

Acercándose por la larga habitación para recibirme, vi a mis amados padre y madre y, con ellos, a mi hermana menor. Con un grito de gozo, volé a los brazos extendidos de mi padre y oí, con emocionante gozo, su amado y conocido: «¡Mi preciosa hijita!».

—¡Al fin! ¡Al fin! —grité, aferrándome a él—. ¡Al fin te tengo de nuevo!

—¡Al fin! —respondió como un eco, con un suspiro de gozo profundo. Entonces dio lugar a mi amada madre, y rápidamente estuvimos fundidas en un abrazo. [...] Ah, ¡qué momento que fue ese! Nunca había soñado que incluso el cielo tuviera tanto gozo[5].

Rebecca explicó: «No había medida de tiempo como lo medimos aquí, aunque muchos todavía hablaban usando el vocabulario antiguo de "meses", "días" y "años". No tengo manera de describirlo como yo lo percibí entonces. Había períodos [...] para deberes felices, horas para placeres alegres y horas para alabanza santa. Yo solo sabía que todo era armonioso, todo era gozo»[6]. Así que fue otro «día» cuando Mae, la sobrina de Rebecca que había fallecido antes que ella, vino a mostrarle más de las maravillas del cielo.

Ante nosotras se extendía un lago tan suave como el cristal, bañado por la gloria dorada del cielo que quedaba atrapada, la cual hacía que se viera como un mar de oro fundido. Los árboles cargados de flores y frutos llegaban hasta el mismo límite en muchos lugares, y lejos, muy lejos, más allá de sus aguas resplandecientes, se elevaban los domos y capiteles de lo que parecía ser una cuidad poderosa. Muchas personas estaban descansando en sus riberas floridas, y sobre la superficie del agua había barcos con estructuras maravillosas, llenos de almas felices, impulsados por un poder que no se veía. Niños y adultos flotaban sobre las aguas o nadaban en ellas. [...]

[Mae y yo] nos sumergimos en el agua, descendimos y descendimos hacia sus profundidades cristalinas, y cuando a mí me pareció que estábamos a cientos de metros debajo de la superficie, se postró y me invitó a hacer lo mismo. Lo hice y, de inmediato, comenzamos a elevarnos lentamente. Luego descubrí que ya no subíamos, sino que estábamos flotando lentamente en medio de la corriente, muchos metros todavía debajo de la superficie. Entonces se me apareció algo maravilloso. Donde fuera que mirara, rayos prismáticos perfectos me rodeaban. Parecía estar descansando en el corazón de un prisma con colores tan vívidos y delicados sobre los cuales los ojos mortales nunca se posaron. En lugar de los siete colores, como nosotros los vemos aquí, los colores se mezclaban en una graduación tan rara de matices que hacían que los rayos parecieran casi infinitos. [...] Mientras flotaba observando este panorama maravilloso de colores que se intensificaban y desaparecían como las luces de la aurora boreal, el sonido de una música distante atrajo mi atención[7].

Rebecca reconoció la canción. Varias veces había estado divinamente sorprendida de escuchar canciones que conocía y amaba en la tierra. Mientras nadaba en el agua, disfrutando tanto de las nuevas como de las viejas sorpresas, reflexionaba sobre lo que Frank le había dicho acerca del cielo:

Uno de los deleites de esta vida excepcional es que nunca se pierde la oportunidad de reproducir aquí los placeres puros de nuestra vida mortal. El Padre se complace en hacer que nos demos cuenta de que esta vida es nada más que la continuación de la vida pasada, sin las imperfecciones y preocupaciones[8].

Justo antes de que salieran del agua, secas, Rebecca notó una «sensación extraña de vigor y fortaleza [...] diferente a lo que había experimentado cuando se bañó en el río».

Mae le explicó: «Uno quita lo que queda de la vida terrenal y nos prepara para la vida a la cual entramos; el otro nos llena hasta rebalsar con una ráfaga que viene de la vida celestial misma»[9] (ver Apocalipsis 7:17; 22:1-2). Se quedaron mirando mientras los niños «trepaban los árboles cuyas ramas se extendían por encima de las aguas, con la agilidad de las ardillas, y se dejaban caer al lago con carcajadas de felicidad». Rebecca se dio cuenta de lo equivocadas que son las ideas que tenemos acerca de la vida de Dios. ¡Es la vida que disfrutamos y mucho más!

No lejos de nuestro hogar vimos a un grupo de niños que jugaban en la hierba y, en medio de ellos, había un perro grande y hermoso, sobre el cual rodaban y se tiraban con la mayor libertad. Mientras nos acercábamos, se apartó de ellos y vino brincando a nuestro encuentro. [...]

—¿Lo conoces, tía? —Mae me preguntó alegremente.

—¡Es el amado viejo Sport! —grité, agachándome y poniendo los brazos alrededor de su cuello—. [...] ¡Querido viejo amigo! ¡Qué feliz estoy de tenerte aquí! [...]

—Entiende todas las palabras que decimos —aclaró Mae.

—Por supuesto que sí; solo le falta hablar para ser perfecto. Esperaba que de alguna manera aprendiera a hablar aquí.

—No sería ni la mitad de interesante si pudiera hablar —respondió Mae[10].

Después de regresar del lago, Rebecca fue a visitar a una amiga. Mientras estaba allí, llegó un invitado.

Era alto y tenía un aspecto dominante, qué rostro de dulzura y belleza indescriptibles. ¿Dónde lo había visto antes? [...] Pensé [...] *es san Juan, el discípulo amado*. Me lo habían señalado una mañana cuando estábamos a la orilla del río.

—Paz sea a esta casa. —Fue su saludo mientras entraba—. [...] Siéntate durante un rato a mi lado —continuó—. [...] ¿Has llegado recientemente?

—Sí, he estado apenas un corto tiempo. Tan corto que no sé calcular el tiempo como ustedes lo hacen aquí, —respondí.

—Ah, eso importa muy poco —respondió con una sonrisa amable—. Muchos se aferran a la forma antigua de calcularlo y al vocabulario de la tierra. Es un vínculo entre las dos vidas; no lo haríamos de otra manera. ¿Qué te parece el cambio? ¿Qué te parece la vida aquí?

—Ah —exclamé—, ¡si ellos tan solo supieran! Nunca entendí hasta ahora el significado de ese pasaje sublime: «Cosas que ojo no vio, ni oído oyó, Ni han subido en corazón de hombre, son las que Dios ha preparado para los que le aman» (1 Corintios 2:9, RVR60). Es ciertamente más de lo que el ser humano puede concebir —dije con un sentimiento profundo.

—¿«Para los que le aman»? ¿Crees que todos los cristianos en verdad lo aman? —me preguntó—. ¿Crees que aman al Padre por el regalo del Hijo y al Hijo por el amor y la misericordia del Padre? O ¿su adoración es a menudo más por obligación que por amor? —dijo reflexivamente y con mansedumbre.

—Ah —le dije— ¿cómo puedes dudar del amor que él debe inspirar en todos los corazones que buscan conocerlo?

Un resplandor radiante se extendió por su rostro maravilloso, el cual levantó para mirarme directamente; la neblina se disipó de delante de mis ojos, y ¡lo conocí! Con un llanto sordo de gozo y adoración, me lancé a sus pies, bañándolos con lágrimas de felicidad. Con dulzura me acarició la cabeza, luego, poniéndose de pie, me levantó a su lado.

—¡Mi Salvador, mi Rey! —susurré, aferrándome fuertemente a él.

—Sí, un Hermano Mayor y un Amigo —añadió, limpiando tiernamente las lágrimas que se escabullían por debajo de mis párpados cerrados[11].

Rebecca posteriormente reflexionó que, comparado con el gozo de la tierra, «hay una profundidad, un misterio en todo lo que atañe a la vida divina, la cual no me atrevo a describir. [...] Es suficiente decir que el gozo que conocemos en la tierra, aunque sea excepcional, aunque sea sagrado, no puede ser más que la más leve sombra del gozo que encontramos allí»[12].

EL GOZO ES TU DERECHO DE NACIMIENTO

Hay un atributo de Dios que los teólogos a menudo pasan por alto, que la mayoría de la gente juzga erróneamente y que, sin embargo, está revelado en las Escrituras: ¡El gozo eterno de Dios! No poder percibir a Dios como la fuente de todo nuestro gozo y risa, diversiones y juegos, placeres y disfrutes de la vida causó que muchas personas se alejaran de Dios. ¡Por el contrario deberíamos estar corriendo hacia Dios si deseamos disfrutar la vida plenamente! Como C. S. Lewis, uno de mis autores favoritos, declaró: «El cielo se toma el gozo en serio»[13]. ¡Los que tuvieron ECM están de acuerdo!

Cuando Jesús le preguntó al Dr. Colin Perry si quería seguir hacia el cielo o regresar, Colin sintió que el temor y la ansiedad se apoderaban de él. Las reacciones de los ángeles lo impactaron:

La respuesta era en realidad bastante asombrosa. Todos los ángeles se acercaron a mí y comenzaron a calmarme, diciendo: «No estamos acostumbrados a esa emoción [temor/ansiedad] aquí, está fuera de lugar [aquí], por favor, cálmate, tranquilízate y no temas». Me estaban ayudando a salir del temor y a entrar a un estado de paz y gozo, lo cual para ellos es lo normal. Escuchaba sus pensamientos directamente en mis pensamientos, por lo tanto, era una conexión muy directa. Sentía que el temor disminuía. Sentía esa sensación hermosa de paz y gozo brotar dentro de mí y supe que Jesús y los ángeles eran la fuente de ese sentimiento festivo; estaba tan feliz de estar aquí. Eso era lo normal para ellos[14].

Si eres un seguidor de Jesús, el gozo es tu derecho de nacimiento. ¡Eres un hijo del Rey del gozo! Te diriges hacia el gozo, el gozo es lo que heredarás, el gozo es la norma, y el gozo de Dios está disponible para ti, incluso ahora. Es más, puedes experimentar el ahora eterno del gozo de Dios a pesar de las pruebas, a través de las tribulaciones, sin importar las circunstancias que te rodeen. Como hijo de Dios, el gozo está disponible porque Dios está contigo y Dios *es* gozo.

Durante su última noche en la tierra, Jesús les prometió gozo a sus discípulos. Después de explicarles lo sencillo que es mantenerse conectado a él como las ramas a la vid, Jesús les dijo: «Les he dicho estas cosas para que se llenen de mi gozo; así es, desbordarán de gozo» (Juan 15:11). Dios desea que tengamos su gozo desbordante, *ahora*. Y, aun así, mientras estamos en la tierra, el gozo también es una elección.

La felicidad viene de los acontecimientos, cuando las circunstancias nos salen bien, pero el gozo viene de Dios cuando buscamos hacer su voluntad. ¿Te das cuenta de que puedes escoger buscar el gozo de Dios, incluso cuando las circunstancias a tu alrededor sean cualquier cosa, menos propicias? El profeta Habacuc escribió: «Aunque las higueras no florezcan y no haya uvas en las vides, aunque se pierda la cosecha de oliva y los campos queden vacíos y no den fruto, aunque los rebaños mueran en los campos y los establos estén vacíos, ¡aun así *me alegraré* en el Señor! ¡*Me gozaré* en el Dios de mi salvación!» (Habacuc 3:17-18, énfasis añadido). Aunque su vida externa se desmoronaba, Habacuc tomó la decisión de buscar el gozo que viene de Dios. Nosotros podemos hacer lo mismo. Dios nos da un gozo que fluye desde adentro, una felicidad genuina que ninguna circunstancia nos puede quitar. Quizás nunca percibiste a Dios como un Dios alegre y por eso no acudes a Dios en busca de gozo. Los casos de ECM revelan una verdad alentadora.

Derry de Finlandia recuerda estar sentada con Jesús en un jardín celestial mientras Jesús la miraba profundamente a los ojos. «El gozo que irradiaban sus ojos llenaba mi corazón de gozo, y el solo recuerdo de eso llena mi mente de felicidad mientras escribo esto»[15]. Cuando Randy Kay caminaba con Jesús en su ECM, sintió el gozo de Jesús:

> Vi una rambla con columnas más altas de lo que mis ojos alcanzaban a ver. De una columna a la otra colgaban prendas lujosas hechas con tela blanca más fina que la seda. La misma

paz impregnaba todo el espacio a mi alrededor, y aquí sentía un gozo enorme. Figuras brincaban a través de los pétalos suaves de lino que amortiguaban sus pasos mientras caminaban. Seres angélicos armonizaban con la música de adoración más grandiosa, más majestuosa del mundo. Los sonidos encantadores excedían las veinte sinfonías. [...] El gozo brotaba de todo lo que veía y de cada sonido, lo cual causaba que mi corazón saltara de alegría. [...] «¿Ves mi gozo?», preguntó Jesús. Supuse que cuánto más sirves desinteresadamente a los demás en el mundo, mayor es el gozo en el cielo[16].

Las danzas, los festejos, la música y el canto de los ángeles y de las personas son *su gozo*. Como Jesús le dijo a Randy: «¿Ves *mi* gozo?». Dios es el ser más alegre de toda la creación. Sin embargo, el gozo es una característica de Dios que no nos imaginamos a menudo. ¿Cómo se nos pudo pasar por alto? Todos nuestros disfrutes y placeres son en realidad *su obra*. Y Dios quiere que lo incluyamos en los disfrutes de la vida que él nos proveyó. Una de las mentiras más grandes del diablo es la idea tergiversada de que la risa y la alegría, el placer y las emociones, y las fiestas divertidas se encuentran fuera de Dios. Debemos llenar nuestra imaginación con la verdad de que nadie disfruta la vida con sus hijos más que Dios.

¿Dios también sufre y se apena con quienes sufren y se enojan ante las injusticias? ¡Sí! Aun así, todas esas son reacciones temporales frente a un mundo malvado. ¡El gozo de Dios es su estado eterno por defecto! Dios nos dice: «Alégrense más bien, y regocíjense por siempre, por lo que estoy a punto de crear: Estoy por crear una Jerusalén feliz [la nueva Jerusalén celestial], un pueblo lleno de alegría. Me regocijaré por Jerusalén y me alegraré en mi pueblo; no volverán a oírse en ella voces de llanto ni gritos de clamor» (Isaías 65:18-19, NVI).

LA RISA DE DIOS

Dios no solo tiene gozo, sino que, además, tal vez te sorprenda enterarte esto: Dios se ríe. De hecho, Jim Woodford descubrió en su ECM que el gozo y la risa están relacionados. «El alto ángel guerrero describió el gozo

como vivir al borde de una gran carcajada motivada por la percepción
constante de la presencia de Dios. [...] Revivo ese sentimiento, incluso
hoy, al recordar lo que viví en el cielo», dice Jim[17].

Cuando Jesús y Heidi Barr repasaron su vida, compartieron un
momento divertido, como parece suceder con frecuencia en los repasos
de vida. Recuerda, Heidi tenía apenas dieciséis años en ese momento.

Vi toda mi vida de una vez. [...] Lo vi allí, enseñándome.
Sentado a mi lado, hablando conmigo, cuando era una bebé en
mi corralito. De hecho, en un determinado punto, «detuvo la
cinta» en una escena tonta. Todos los eventos todavía estaban
siendo reproducidos a mi alrededor, pero él se había enfocado
en este evento.
Allí estaba yo, una niña pequeña de cuatro o cinco meses.
Ya podía sentarme sola. Estaba en mi corralito, agitando un
sonajero de plástico, en ese momento alguien golpeó la puerta
y mi madre fue a abrirla. Con mis ojos de bebé y con mis ojos
de dieciséis años de edad, observaba a una pareja entrar. La
mujer llevaba un bebé en sus brazos, el cual tenía mi edad. La
madre lo puso directamente en el corralito, justo donde Jesús
estaba sentado. Lo primero que hizo ese bebé fue arrancar el
sonajero de mi mano y usarlo para golpearme en el puente de
la nariz. Abrí la boca y lloré a gritos hasta que mi madre vino
me levantó y me sacó del corralito.
Mirando esta escena de nuevo, Jesús y yo comenzamos a
reírnos a carcajadas. Pude ver que él había soltado una risita
incluso cuando sucedió originalmente. Mi yo bebé no estaba
herida, solo indignada. No, Jesús no quiere que nadie se
lastime. Para ser honesta, esto fue simplemente gracioso. Mi
rostro de bebé estaba rojo como una manzana por la ira y la
indignación. Jesús y yo flotábamos uno al lado del otro en el
aire, mirando esta escena y desternillándonos de risa[18].

Gregg Rickert me contó que, durante el repaso de su vida: «Hubo
momentos en los que Jesús se reía por las cosas graciosas que hice o

que sucedieron. No burlándose de mí, sino riéndose conmigo ante una situación graciosa»[19]. Leonard, otro caso de ECM, declaró: «Dios tiene un sentido del humor fantástico; ¡nunca antes en mi vida me había reído tanto!»[20].

¿Dios *se ríe*? ¿Hay risa en el cielo? ¿Los chistes o las cosas graciosas que decimos también son graciosas para Dios? Muchos casos de ECM así lo confirman. ¿Te resulta difícil creer esto? Si es así, ¿quién crees que nos creó con la capacidad de reírnos y de ver lo gracioso en las cosas? El Dr. Ron Smothermon describió el humor como una característica de Dios que explotó en su entendimiento: «El humor era un atributo que se transmitía de manera instantánea con la luz, además de todos los otros atributos —bondad, compasión, amor, gozo— como la alegría que se siente después de doblarte de risa por un chiste. Aun así, ¡no hay chistes, solo esta característica de humor encantador!»[21].

Somos hechos a la imagen de Dios. ¡Por supuesto que Dios se ríe! Nosotros somos las vasijas; él es el alfarero. Los psicólogos dicen que el humor es una forma compleja de comunicación que une a las personas y mejora la salud, algo que la Biblia reconoció hace tres mil años atrás: «El corazón alegre es una buena medicina, pero el espíritu quebrantado consume las fuerzas» (Proverbios 17:22).

Vale la pena tener en cuenta que, a menudo, cuando la Biblia se refiere a la risa de Dios, Dios se ríe de la ridiculez de los seres humanos. Dios se ríe cuando la gente piensa que pueden despreciarlo o fingir que él no está donde hacen el mal para poder salirse con la suya. El Salmo 2 describe la respuesta de Dios ante los futuros gobernantes (Caifás, Pilato, Herodes), quienes un día conspirarían contra el Mesías de Dios: «Pero el que gobierna en el cielo se ríe; el Señor se burla de ellos» (Salmo 2:4). Nadie podía desbaratar los planes de Dios para Jesús. El salmista continúa, y habla proféticamente acerca del Mesías que vendría: «El Señor me dijo: "Tú eres mi hijo. Hoy he llegado a ser tu Padre. Tan solo pídelo, y te daré como herencia las naciones, toda la tierra como posesión tuya"» (Salmo 2:7-8). El hecho de que Dios se ría de la ridiculez del comportamiento de los seres humanos es una señal para quienes aman a Dios de que el mal *será* destruido: «¡Pero qué alegría para todos los que se refugian en él!» (Salmo 2:12).

Jesús nos recuerda que la risa es una bendición de Dios: «Dios los bendice a ustedes, que ahora lloran, porque a su debido tiempo reirán» (Lucas 6:21). Tenemos la tendencia a subestimar lo comprensivo y «normal» que es Dios respecto a entender y disfrutar los matices de la vida, incluyendo la risa. ¿Por qué Dios no se reiría ni disfrutaría de la vida? Él inventó absolutamente todo.

¿DIOS SE DIVIERTE?

Después de repasar su vida con Jesús, Heidi experimentó la emoción de su vida. Me contó que le encantaban las aventuras y galopar en su caballo. Recuerda:

[Jesús] me miró a los ojos, y sentí su amor de manera palpable. Sabía todo sobre mí y, aun así, me amaba. Yo también lo amaba, éramos mejores amigos. También era mi hermano y mi papá. Era todas esas cosas al mismo tiempo. Es difícil de explicar, pero sus ojos están llenos de humor, risa, alegría y gozo. No podía apartar mis ojos de los suyos.

Jesús me tomó de la mano derecha, y estuvimos tomados de las manos como Supermán y Lois Lane. Entonces, veo una sonrisa grande y traviesa en su rostro. Y levantamos vuelo. No era volar en sí, aunque estiré mi brazo izquierdo como si fuera el ala de un ave. ¡Jesús me llevó a surfear en una ola de luz! Surfeamos. Fue como surfear con el cuerpo en esta ola de luz. ¡Fue la experiencia más divertida en la historia del mundo! Miré hacia abajo, y vi una ola de luz levantándose debajo de nuestros pies descalzos, empujándonos hacia adelante cada vez más rápido. La luz estaba compuesta por todos los colores. Me reía cuando sentía que me hacía cosquillas en la planta de los pies. Miraba hacia abajo y veía nuestros pies descalzos con esta ola de luz debajo de ellos. Jesús tenía una sonrisa de oreja a oreja. Mientras estiraba el brazo, sentía la luz fluir a través de mis dedos como si fuera agua. Esto era maravilloso. Jesús es maravilloso. Él y yo nos reíamos a carcajadas mientras surfeábamos.

Su sonrisa era muy amplia y había un destello de travesura en sus ojos. ¡Su sentido del humor era contagioso! Jesús amaba el hecho de poder regalarme esta experiencia, de compartir esta experiencia conmigo. Estaba asombrada por su poder y su risa y su gozo mientras viajábamos juntos. Me dijo en mi mente: «Esto es muy divertido, ¿no?».

Era la cosa más maravillosa que había hecho en mi vida.

La ola de luz nos empujaba cada vez más rápido, aun así, podía ver las cosas individualmente mientras viajábamos. Al principio, árboles, edificios, montañas, cosas de la tierra que pasaban. Pero después, salimos de la tierra y vi las estrellas y las galaxias que pasaban por detrás de Jesús, a pesar de eso, seguía enfocada en él; embelesada con él. Jesús era todo lo que me importaba. Nunca antes había sentido tanto gozo y felicidad y amor[22].

Al final, Jesús llevó a Heidi de regreso a la tierra. Heidi siempre creyó en Jesús, incluso como mujer judía. Muchos años después de su ECM, cuando estaba estudiando en la universidad, Heidi tomó un curso de astronomía con el famoso Dr. James Van Allen, quien descubrió los cinturones de Van Allen. Una noche, la clase visitó un observatorio donde pudieron mirar detenidamente la luna, luego, Júpiter y Saturno a través del inmenso telescopio. Finalmente, el profesor apuntó el telescopio gigante hacia la próxima galaxia espiral, la galaxia Andrómeda. Heidi dio un paso adelante porque le tocaba mirar:

Cuando me tocó mirar, lo hice y quedé pasmada. Estaba tan estupefacta que casi me desmayo. El profesor corrió para acercarme una silla, me hizo sentar en ella y empujó mi cabeza entre mis rodillas. La habitación daba vueltas y por un momento, no sabía dónde estaba. Jesús y yo habíamos pasado por esa galaxia en nuestro viaje, y recordé el asombro que sentí en ese momento, pensando en voz alta: *Esto es lo que Dios ve cuando se despierta cada mañana.* Jesús me había sonreído.

¡Estaba tan feliz por el hecho de que había reconocido la inmensidad de Dios![23]

Cuando Heidi me contó por primera vez que había surfeado con Jesús, tuve una reacción escéptica. Pensé: *No puede ser. Ni siquiera parece apropiado, Dios no «juega».* Entonces comencé a razonar, *¿Por qué no?* Las Escrituras están llenas de exhortaciones respecto al gozo, promesas de cosas buenas y alegría para siempre. El rey David le declaró a Dios: «Me has dado a conocer el camino de la vida; me llenarás de alegría en tu presencia y de *dicha eterna* a tu derecha» (Salmo 16:11, NVI, énfasis añadido). Jesús les dijo a sus discípulos: «Dejen que los niños vengan a mí. ¡No los detengan! Pues el reino de Dios pertenece a los que son como estos niños» (Lucas 18:16). Quizás el autor G. K. Chesterton tenía razón en su reflexión: «Tal vez [Dios] tiene un apetito eterno por la niñez; porque hemos pecado y envejecido, y nuestro Padre es más joven que nosotros»[24].

BÉISBOL EN EL CIELO

Luke Siegel era un niño atlético, saludable, activo de nueve años que amaba jugar al béisbol. Con su papá, Tim, solían jugar a atrapar la pelota por horas. Tim me contó que el béisbol era el primer amor de Luke, que lo único que lo superaba era sentarse en el sofá a mirar a los New Orleans Saints jugar fútbol americano. Todo eso cambió ese año, cuando Luke estaba en un carro de golf que se dio vuelta, lo cual le causó un traumatismo en la cabeza y en el pecho. Durante siete años, Luke luchó arduamente a través de rehabilitación para volver a tener movilidad y poder hablar. Sin embargo, en agosto del 2021, contrajo COVID-19. Su cuerpo no lo pudo soportar. Un domingo, Tim se acercó a mí después del culto para contarme lo mucho que mi libro *Imagina el cielo* lo había ayudado en su dolor, y compartió su historia de esperanza.

Ty Marshall un joven de veintiún años con síndrome de Down hacía rehabilitación en las mismas instalaciones donde hacía Luke. Aunque Ty y Luke nunca se conocieron, sus padres sí lo hicieron y conversaron en algunas ocasiones tres meses antes de que Luke contrajera COVID-19. Un mes después del fallecimiento de Luke, Ty tuvo una cirugía de cerebro que duró nueve horas. Después de la cirugía, cuando su mamá, Darcy, vino a verlo, Ty le dijo: «Mamá, estuve llorando por ti». Entonces las palabras seguían saliendo de su boca, lo cual era inusual. «Mamá, vi a Hannah cantando y bailando». Hannah Grace era la amiga de Ty que había fallecido en el año 2015, seis años antes. «Y vi a Luke Siegel con una pelota de béisbol en su mano». Darcy estaba estupefacta mientras Ty continuaba: «Los tres jugamos a tirar la pelota».

Tim me explicó ese domingo: «Ty Marshall no conocía a Luke. Nunca habló con él. ¡Ty no sabía que Luke amaba el béisbol!». Para Tim es de gran consuelo saber que no hay nada que se pierda en la tierra que Dios no restaure en el cielo. Como dijo Jesús, bendito son los niños porque el reino del cielo pertenece a los que son como estos niños (ver Mateo 19:14). ¡Entonces tiene mucho sentido creer que el padre y el hijo jugarán al béisbol de nuevo porque Dios nos creó para jugar como niños para siempre!

Y ¿si Dios quisiera mucho más para nosotros de lo que nos imaginamos? Quizás Dios quiere que seamos mucho más desenfadados, confiados, juguetones, relajados, como sus niños pequeños que viven en la tierra dentro de la perspectiva de un reino más grande. Sí, debemos trabajar, ser responsables, enfrentar los desafíos de la vida. Pero al final, el gozo, la risa y la alegría perdurarán por la eternidad. Y ¿si Dios quisiera enseñarnos a vivir más con el gozo del cielo para que llegue a la tierra a través de nosotros en este momento? Podemos clamar a Dios como el salmista: «Sácianos cada mañana con tu amor inagotable, para que cantemos de alegría hasta el final de nuestra vida» (Salmo 90:14). ¿Le pedirías eso a Dios?

LOS DESEOS DE TU CORAZÓN

Todo lo que amamos aquí en la tierra y todo lo que imaginamos que disfrutaremos en el cielo viene de Dios. ¡Esta vida y la otra son una continuidad! En el cielo, Rebecca Springer, quien vivió en 1800, jugó con su perro, escuchó música y vio el juego de los niños, así como también voló, buceó sin tanque de oxígeno a cientos de metros de profundidad en un lago e, incluso, vio barcos «autopropulsados», los cuales no eran comunes en su época.

En el cielo, viviremos los viejos placeres y alegrías, así como también los nuevos, explorando las maravillas más profundas del universo de Dios, emociones y aventuras que solo nos atrevimos a imaginar en nuestras novelas de ciencia ficción, cuentos de hadas o fantasías más osados. ¿Tal vez todos esos deseos de la imaginación sean en realidad señales que nos apuntan el camino al cielo?

La promesa de las Escrituras es que Dios quiere darnos lo que más anhelamos: «Deléitate en el SEÑOR y él te concederá los deseos de tu corazón. Encomienda al SEÑOR tu camino; confía en él y él actuará. Hará que tu justicia resplandezca como el alba» (Salmo 37:4-6, NVI). Muchos casos de ECM dan testimonio de que los que están en el cielo literalmente «resplandecen como el alba» con la luz y el amor de Dios y que Dios sí cumple sus deseos más profundos. De hecho, quizás recuerdas del capítulo 10 que Dios le dijo al Dr. Richard Eby: «Solo les concedo los deseos del corazón»[25].

Jim Woodford, el piloto de aerolínea, comentó: «Estaba mirando hacia esta ciudad dorada que estaba abajo y, al instante, supe que estaba mirando al hogar celestial de Dios [...], y me pregunté si lo hacía por mí porque era piloto». Dios sabía que a Jim le encantaría experimentar el cielo de la manera que amaba experimentar la tierra, desde la perspectiva de un piloto. Jim vio el diseño de la ciudad, círculos concéntricos inmensos de bulevares dorados separados por franjas verdes. «Intercaladas aquí y allí [había] cascadas de agua cristalina destellante con canales que serpenteaban suavemente», dijo Jim[26].

¿No te parece fascinante que tanto Jim Woodford como Dale Black, dos pilotos de aerolíneas comerciales, hayan tenido una «vista aérea» de la ciudad de Dios? Esto nos muestra que el Padre se deleita en deleitarnos. Dios conoce todos nuestros deseos más profundos y disfruta haciéndolos realidad; tanto en el cielo como así también en la tierra. Cuando Jim caminaba con los ángeles, sentía el aroma del budín de tapioca, un olor que le recordaba su lugar favorito de la niñez: el acogedor hogar de su abuela. Luego, para su sorpresa, se encontró con uno de sus amores terrenales más grandes:

Caminábamos por el camino, y veía pájaros y venados,
árboles de tamaño y belleza increíbles; de todos ellos salía

la luz de Dios. Llegamos a una cerca de vallas, parecidas a las que se ven aquí en la tierra. El ángel me tocó el codo e hizo una seña, diciendo: «James, mira». Por el pasto trotaban tres de los caballos más hermosos que había visto en mi vida, la hierba se iluminaba debajo de sus patas a medida que trotaban hacia mí. Así como el olor de la tapioca había llegado a mí y me había hecho sentir en casa al instante, ahora estaba viendo mi amor terrenal, los caballos. Me encantan los caballos árabes. Había un caballo árabe magnífico que parecía ser más grande que un caballo árabe normal, era blanco. Nunca antes había estudiado la Biblia, y no sabía que Jesús regresará montado en un caballo blanco. Pasé la mano a través de las vallas para acariciar sus crines, y era como si me estuviera agradeciendo con sus ojos por la bondad que había mostrado hacia los caballos en la tierra. La cerca y los caballos tuvieron el propósito de que encontrara algo parecido a las cosas que amaba en la tierra[27].

Karina Martínez de Colombia también tuvo una vivencia en la cual Jesús le concedía los deseos de su corazón, y aún más. Al principio, se sentía indigna de entrar al cielo. Jesús le dijo que *era* digna (acababa de orar a Jesús por perdón, mediante el cual *él* nos hace dignos). Jesús le dijo: «¡Mira!»:

Vi a mi Max, mi hermoso perro Max, quien había perdido el día antes de que me pusieran el marcapasos. También vi a mi otra perra, Tasha, la cual había muerto. Abrí los ojos por completo y estaba tan llena de gozo que entré directamente. Estaba tan feliz. Corrí detrás de mi perro y, luego, simplemente comencé a volar. Cuando estuve allí, estaba volando, volando y volando. Y vi este árbol, este árbol hermoso, hermoso con flores púrpuras, con esta luz blanca radiante que atravesaba sus raíces. Estaba al lado de un río. Volé por encima de este jardín hermoso, y vi calles doradas, la luz salía de ellas, de modo que parecían casi cristal resplandeciente. Y había una ciudad con edificios; preciosa. Estaba en casa. Sabía que este era mi verdadero hogar y llenaba mi corazón de gozo[28].

El apóstol Pablo les dijo a los griegos en Listra: Dios es quien llena «de sustento y de alegría nuestros corazones» (Hechos 14:17, RVR60). Santiago dijo: «Toda buena dádiva y todo don perfecto desciende de lo alto, del Padre de las luces» (Santiago 1:17, RVR60). Piensa en el gozo, las alegrías y placeres de la vida, en todo lo que llamaríamos bueno o divertido, encantador o placentero. ¿Quién crees que hizo lo placentero de la vida de esa manera? Dios ideó cada experiencia agradable, divertida y alegre y nos creó con la capacidad de disfrutarlas a todas.

¿Podemos hacer mal uso de las buenas dádivas de Dios? Absolutamente. Podemos escoger usarlas en maneras o por razones que van en contra de la voluntad de Dios. Sin embargo, también podemos aprender a disfrutarlas plenamente en relación con Dios. Y ¿sabes qué?: Dios disfruta cuando disfrutas de sus buenas dádivas.

Me gusta jugar al fútbol y me encanta la competencia. Aprendí que puedo permitir que el ser competitivo me venza y decir o hacer cosas que después lamentaré o puedo disfrutar de la adrenalina de la competencia amigable (sin tomarme las cosas tan en serio), disfrutar trabajar en equipo y tener una actitud de agradecimiento a Dios por la diversión.

Lo mismo es válido para cualquier cosa que disfrutes. Siempre y cuando no viole el propósito original de Dios, cuando lo invitas a disfrutar de la vida contigo y le agradeces, tu gozo aumenta. No tengo dudas de que sonríe y disfruta que disfrutes su regalo. ¡Inténtalo! Invítalo a hacer contigo las cosas que amas, agradécele, imagínate su sonrisa, disfruta saber que Dios se goza por ti. Dios le dijo al profeta Sofonías: «Pues el SEÑOR tu Dios vive en medio de ti. Él es un poderoso salvador. Se deleitará en ti con alegría. [...] Se gozará por ti con cantos de alegría» (Sofonías 3:17).

LA FIESTA ETERNA DE DIOS

Dios es *el Alma* de la fiesta. Literalmente. Cada vez que las personas se juntan para disfrutar de la compañía mutua, lo que estamos disfrutando es la vida misma que Dios creó. De hecho, Dios le ordenó a Moisés y a todo el pueblo que hicieran celebraciones, fiestas gigantes en las calles, tres veces al año. «Y te *alegrarás* en presencia del SEÑOR tu Dios, en el lugar que él escoja [...] *celebrarás* durante siete días la fiesta de las Enramadas. Te *alegrarás* en la fiesta [...]. *Durante siete días celebrarás* esta fiesta en honor al SEÑOR tu Dios [...]. Y tu alegría será completa» (Deuteronomio 16:11, 13-15, NVI, énfasis añadido).

Dios disfruta cuando nos reunimos y celebramos, nos reímos y profundizamos nuestras relaciones. Dios creó las fiestas para su pueblo porque quiere que nos regocijemos, celebremos y estemos alegres juntos a medida que reconocemos que Dios está en medio de nosotros. Los casos de ECM dicen que así es el reino de Dios. Recuerda lo que Rebecca Springer dijo cuando pasaba por las casas en el cielo: «Se escuchaban voces alegres constantemente y muchas carcajadas alegres»[29]. La Dra. Mary Neal comentó: «Mi llegada fue celebrada con gozo y se podía palpar un sentimiento de amor absoluto mientras nos abrazábamos y bailábamos y nos saludábamos unos a otros»[30]. Durante su ECM, Linda tuvo un repaso de vida con Dios y, entonces: «Aparecieron todas estas personas, cientos de ellas, como si estuvieran teniendo una fiesta. [...] Estábamos tan felices de estar allí»[31].

La gran mentira del diablo es que Dios frunce el ceño cuando estamos alegres. La verdad es que Dios nos creó con la capacidad de disfrutar la vida y de ser felices. Por supuesto, podemos abusar del alcohol, consumir drogas o usarnos sexualmente unos a otros. Podemos exagerar con las bromas pesadas y hacernos pedazos mutuamente cuando nos reunimos o podemos usar el libre albedrío para destruir el propósito de Dios. O podemos aprender a invitar a Dios a nuestras reuniones, incrementando nuestra alegría y su alegría. Dios desea que lo invites a tu fiesta. Después de todo, estás invitado a su fiesta por la eternidad. ¡Lo mínimo que tú y yo podríamos hacer es devolverle el favor!

La otra noche, mi vecino hizo una fiesta a la cual vinieron aproximadamente cincuenta personas de la cuadra. Se parecía a una reunión de las Naciones Unidas porque había vecinos de India, Pakistán, Israel, Corea, China y de algunos lugares de los Estados Unidos. Fue un tiempo maravilloso, comida exquisita, diversión y risas. Nadie se emborrachó (en lo que a mí respecta), y mi esposa y yo tuvimos algunas conversaciones estupendas, incluso compartimos sobre escribir este libro y que Dios es mejor que lo que ninguno de nosotros podría siquiera comenzar a imaginarse. ¿Todos invitaron a Dios a la fiesta? No, pero Kathy y yo lo hicimos. Tú puedes hacerlo también. Me imagino que a Dios le alegra que nuestros vecinos lleguen a conocerse, que aprendan a interesarse más en el otro y que alguien les cuente sobre el inmenso amor de Dios por ellos. Mi oración desde esa fiesta ha sido: *¡Dios, traslada la fiesta el cielo! Deseo que todos mis vecinos asistan a tu fiesta eterna.* ¿Invitarás a Dios a tus reuniones, agradeciéndole, amando a quienes ponga en tu camino, contándoles sobre lo mucho que Dios los ama? ¡Invítalos a su fiesta!

La última noche que Jesús estuvo en la tierra, les dijo a sus amigos más cercanos que celebrarían y tendrían un banquete juntos de nuevo, pero «no volveré a beber vino hasta el día en que lo beba nuevo con ustedes en el reino de mi Padre» (Mateo 26:29). Jesús describió el cielo como un banquete de celebración:

> El reino del cielo también puede ilustrarse mediante la historia de un rey que preparó una gran fiesta de bodas para su hijo. [...] «¡Vengan al banquete!» [declararon los sirvientes del rey]. Pero las personas a quienes había invitado no hicieron caso y siguieron su camino [...]. Y les dijo a los sirvientes: «[...] Ahora salgan a las esquinas de las calles e inviten a todos los que vean». Entonces los sirvientes llevaron a todos los que pudieron encontrar, tanto buenos como malos, y la sala del banquete se llenó de invitados.
>
> MATEO 22:2, 4-5, 8-10

El reino de Dios es una fiesta abierta; todos están invitados. A pesar de lo que hayamos hecho, bueno o malo, él nos hace dignos de participar de su fiesta eterna. Sin embargo, no todos aceptan su invitación. ¿Aceptaste su invitación a la fiesta del cielo? ¡Estás invitado!

Lo que Dios comenzó hace cuatro mil años atrás, cuando anunció su plan de bendecir a todas las naciones, lo cumplirá con una celebración de lujo y llena de alegría con personas de todas las naciones que acepten su invitación: «Miren a Abraham, su padre, y a Sara, quien los dio a luz. Cuando yo lo llamé, él era solo uno, pero lo bendije y lo multipliqué. [...] [Ahora] su corona será el gozo eterno. Se llenarán de regocijo y alegría, y se apartarán de ellos el dolor y los quejidos» (Isaías 51:2, 11, NVI). Dios es infinitamente más grandioso que lo que podemos imaginarnos, en todos los sentidos. Su gran historia de amor nunca terminará, sino que en verdad comienza con todas las naciones unidas con Dios en una celebración alegre como nunca antes se vio en la tierra.

Todas las naciones vendrán a tu luz;
   reyes poderosos vendrán para ver tu resplandor.
¡Levanta los ojos, porque todo el mundo vuelve a casa!
Tus hijos llegan desde tierras lejanas;
   tus hijas pequeñas serán traídas en brazos.
Resplandecerán tus ojos,
   y tu corazón se estremecerá de alegría [...].
Yo te haré hermosa para siempre,
   una alegría para todas las generaciones. [...]
Por fin sabrás que yo, el SEÑOR,
   soy tu Salvador y tu Redentor [...].
Ya no necesitarás que el sol brille durante el día,
   ni que la luna alumbre durante la noche,
porque el SEÑOR tu Dios será tu luz perpetua,
   y tu Dios será tu gloria.
ISAÍAS 60:3-5, 15-16, 19

Confía en Jesús, vive tu vida con el Espíritu de Dios, disfruta de los buenos regalos del Padre. ¡La promesa eterna de Dios es que su gozo y su gloria serán tuyos desde ahora y para siempre!

Una oración para orar desde el corazón

LLEGANDO AL FINAL DE ESTE LIBRO, espero que no solo hayas leído sobre Dios; espero que te hayas conectado con aquel que ama tu alma. Te dejo una oración que te va a ayudar a comenzar a hacer exactamente esto. Recuerda, Dios conoce tu corazón y tu corazón es lo que más le interesa.

Dios, gracias por las muchas formas en que demostraste que me amas. Me doy cuenta de lo que sientes por mí y veo las cosas buenas que deseas para mí. Necesito tu perdón, Dios. Deseo que lo que Jesús hizo en la cruz también se aplique a mi vida, así podré saber que soy perdonado. Gracias por traerme de regreso a tu familia para siempre. Te invito a vivir mi vida conmigo, dirigiéndome, amándome y guiándome en tus caminos para que día a día sea cada vez más la persona que me creaste para que fuera, ahora y para siempre. Amén.

Reconocimientos

Todos los libros involucran esfuerzo de equipo, pero *Imagina al Dios del cielo* fue un trabajo de amor para muchos. Muchas personas pusieron corazón y alma en este proyecto, haciendo mucho más de lo que se requiere normalmente. Hay muchas personas a quienes necesito agradecer.

Primeramente, deseo agradecer a todas las personas valientes que compartieron sus historias de ECM conmigo. Gracias por las horas que pasaron permitiéndome que las entrevistara. Me inspiraron a caminar con Dios en muchas más formas de las que podría contarles, y sé que muchos otros serán bendecidos con sus historias tanto como lo fui yo. Este libro es realmente la historia de Dios, contada a través de las Escrituras y a través de ustedes, para alentarnos a todos.

A mi esposa, Kathy, quien me ayudó con todos los libros que escribí, estuvo involucrada en todos los detalles de cada aspecto que dieron forma a este libro, desde elaborar ideas hasta las entrevistas y la edición de los borradores y la obtención de permisos. Esto no se hubiera concretado sin ella. Ella es increíblemente talentosa. Gracias por tu apoyo incansable, Kathy.

A Christine Anderson, quien hizo un trabajo heroico editando, verificando datos y ayudando a darle forma y fluidez al libro; ¡muchas gracias! Sé que este fue un proyecto muy complicado, que demandó mucho más de lo normal, y sé que lo hiciste con dedicación y servicio a Cristo.

Estoy agradecido a todo el equipo de Tyndale House, Jon Farrar y Kim Miller en especial, quienes me ayudaron a llevar adelante este proyecto enorme. Gracias también a Elizabeth Czajkowski, Deb Lew y Stephanie Brockway, quienes hicieron aportes editoriales valiosos.

Y gracias a ti, Don Gates, mi agente, quien ha sido amigo y socio en el ministerio, dedicado a todas las facetas de este proyecto. También estoy agradecido a Dom Steinmann quien creó los gráficos de la mano en el capítulo 8, a Kayla Covington por su investigación y a todos los que leyeron los primeros borradores y me dieron sus comentarios: Jack Kuhatschek, Mark Norton, Vince Antonucci, Ashley Burke Steinmann, Justin Burke, Lauren Main. Su aporte fue de valor incalculable. Estoy agradecido a todos ustedes. Y, por sobre todas las cosas, estoy agradecido a mi Padre celestial, quien, por razones que solo él conoce, me escogió para recopilar y transmitir lo que es solo un pequeño destello de las maravillas infinitas de Dios.

Apéndice

¿Qué pasa con quienes nunca han oído?

JESÚS DIJO: «YO SOY EL CAMINO, la verdad y la vida; nadie puede ir al Padre si no es por medio de mí» (Juan 14:6). ¿Qué significa eso para quienes nunca escucharon sobre Jesús? Esa es una pregunta que comúnmente nos hacemos. La preocupación real para la mayoría parece ser la imparcialidad de Dios. C. S. Lewis comenta sobre esto en *Mero cristianismo*:

> ¿No es terriblemente injusto que esta nueva vida esté confinada a personas que oyeron sobre Cristo y que pudieron creer en él? Aun así, la verdad es que Dios no nos dijo cuáles son sus planes para las otras personas. Sí sabemos que ningún hombre puede ser salvo excepto a través de Cristo; no sabemos si solo quienes lo conocen pueden ser salvos a través de él[1].

Estoy seguro de que Dios no solo es justo, sino que también se preocupa por todas las personas mucho más que nosotros. Me gustaría explayarme sobre la opinión que C. S. Lewis expresó y voy a relacionarla con los casos de ECM y con la obra de salvación de Dios a través de Jesús.

Para comenzar, creo que los casos de ECM son un regalo de Dios para nosotros, que proveen aún más evidencias de diferentes partes del mundo de la realidad, identidad y gran amor de Dios por todas las personas. No obstante, ¿por qué personas de todas las creencias y trasfondos religiosos ven a Dios o a Jesús tan a menudo? ¿Esto significa que todos seremos salvos y que todos los caminos llevan al cielo? No, no creo que sea así. Y muchos casos de ECM a quienes entrevisté dicen lo mismo. Solo porque los casos de ECM de manera breve experimenten a Dios o una muestra del cielo no significa que estén bien con Dios. Podría ser invitado a visitar el Palacio de Buckingham, pero eso no significa que el rey o la reina de Inglaterra me adoptaron para que sea miembro de la familia real de manera permanente. Los casos de ECM son visitas, no son residentes permanentes.

Por lo tanto, tener una ECM no significa que el cielo *ni* el infierno está determinado para esa persona. Recuerda, los casos de ECM no cruzan el borde o límite que separa esta vida de la vida eterna. Ellos dicen que cruzar ese límite significa que nunca podrían regresar a la tierra. Por el contrario, la ECM ocurre *entre* la vida en la tierra y la vida eterna. Entonces, las Escrituras no invalidan la ECM cuando estipulan: «Y así como cada persona está destinada a morir una sola vez y después vendrá el juicio» (Hebreos 9:27).

Como los casos de ECM no cruzaron de manera permanente a la muerte, pueden tomar decisiones temporales a favor o en contra de Dios. Vemos que algunos casos de ECM que vieron a Jesús en el cielo regresan y buscan seguirlo, pero otros no lo hacen. Otros posiblemente cambian su forma de vivir, pero no buscan realmente al Dios con quien se encontraron en su ECM. Tener una ECM no quita el libre albedrío, ni tampoco garantiza que las personas tomaran la mejor decisión espiritual cuando regresen.

Respecto a las personas que tuvieron ECM, deberíamos esperar que todas fueran salvas. No tener esa esperanza iría en contra de la voluntad de Dios. Dios «no quiere que nadie perezca, sino que todos se arrepientan» (2 Pedro 3:9, NVI). Las Escrituras son claras en lo referente a que la salvación viene solo a través de Jesús: «Pues es Jesús a quien se refieren las Escrituras [el Antiguo Testamento] cuando dicen: [...] ¡En ningún otro hay salvación! Dios no ha dado ningún otro nombre bajo el cielo, mediante el cual podamos ser salvos» (Hechos 4:11-12). ¿Esto significa que *solo* quienes escucharon acerca de Jesús recibirán la vida eterna? Estoy de acuerdo con C. S. Lewis: no sabremos la respuesta con certeza en este lado de la eternidad, pero podemos saber algunas cosas con seguridad.

Dios es imparcial y justo y no prefiere a algunas personas más que a otras. Alrededor del 1000 a. e. c., Dios declaró: «Los ojos del Señor recorren toda la tierra para fortalecer a los que tienen el corazón totalmente comprometido con él» (2 Crónicas 16:9). En el Nuevo Testamento, el Señor vio el corazón de Cornelio, un gentil que buscaba a Dios y envió a Pedro a contarle sobre Jesús. Cuando Cornelio respondió con fe, Pedro declaró: «Ahora comprendo que en realidad para Dios no hay favoritismos, sino que en toda nación él ve con agrado a los que le temen y actúan con justicia» (Hechos 10:34-35, nvi).

También sabemos, por lo que dicen las Escrituras, que la salvación siempre fue un regalo gratuito de Dios, el cual se recibe por fe. Todo lo que hace falta para ser salvo es un corazón humilde, acudir a Dios en fe e invocar su nombre. Alrededor del 500 a. e. c., el profeta Joel escribió: «Pero todo el que invoque el nombre del Señor será salvo» (Joel 2:32).

Dios perdonó a las personas de los tiempos del Antiguo Testamento que invocaron su nombre y restauró la relación con ellos. ¿Por qué? Porque, como escribió el apóstol Pablo:

> Ese sacrificio [de Jesús] muestra que Dios actuó con justicia cuando se contuvo y no castigó a los que pecaron en el pasado [antes de Jesús], porque miraba hacia el futuro y de ese modo los incluiría en lo que llevaría a cabo en el tiempo presente [a través de Jesús].
>
> ROMANOS 3:25-26

En el Antiguo Testamento hay muchos ejemplos de salvación dada a personas no judías (y, por lo tanto, no cristianas). Por ejemplo, Rahab, la prostituta gentil, es mencionada como persona de fe en el Nuevo Testamento (Hebreos 11), junto con Abraham y Moisés. La reina africana de Saba, vino a Jerusalén buscando a Dios y fue salva (1 Reyes 10) y el caso más especial es el de los ninivitas, a quienes Dios llama «perversos», quienes también son salvados (Jonás 3). Dios envió a Jonás a decirles que se arrepintieran, y respondieron con fe en el Dios todopoderoso.

Claramente, los no judíos también fueron salvos (arreglar las cuentas con Dios) cuando Dios vio su fe y su corazón arrepentido, y les acreditó lo que Jesús haría en el futuro. Aplicó su fe a la cruz que *habría de venir*, así como en la actualidad aplica nuestra fe a la cruz que *ya pasó*. Jesús mismo reconoció esto cuando les dijo a los fariseos que lo iban a crucificar:

La reina del Sur se levantará en el día del juicio y condenará a esta generación [...]. Los habitantes de Nínive se levantarán en el día del juicio contra esta generación y la condenarán; porque ellos se arrepintieron al escuchar la predicación de Jonás y aquí tienen ustedes a uno más importante que Jonás.

LUCAS 11:31-32, NVI

Como resultado, el hecho de que alguien sea religioso judío o cristiano no lo hace justo ante Dios. Dios mira el corazón para ver si la persona se arrepiente y acude a él en fe. Todos los héroes de la fe del Antiguo Testamento (Abraham, Moisés, Rahab, y otros registrados en Hebreos 11) estuvieron a cuentas con Dios por medio de la fe solo por lo que Jesús haría definitivamente en la cruz. No obstante, no conocían el nombre de Jesús. Pablo señala que esta misma salvación está disponible para la gente de todas las naciones:

¿Qué descubrió él [Abraham] acerca de llegar a ser justo ante Dios? Que, si sus buenas acciones le hubieran servido para que Dios lo aceptara, habría tenido de qué jactarse; pero esa no era la forma de actuar de Dios. Pues las Escrituras nos dicen: «Abraham le creyó a Dios, y Dios lo consideró justo debido a su fe». [...] Ahora bien, ¿es esta bendición solamente para los judíos o es también para los gentiles incircuncisos? [Todas las naciones] [...]. Es un regalo inmerecido. Y, vivamos o no de acuerdo con la ley de Moisés, todos estamos seguros de recibir esta promesa si tenemos una *fe como la de Abraham*, quien es el padre de todos los que creen. A eso se refieren las Escrituras cuando citan lo que Dios le dijo: «Te hice padre de muchas naciones».

ROMANOS 4:1-3, 9, 16-17, ÉNFASIS AÑADIDO

Entonces, ¿las personas pueden ser salvas *a través* de Jesús sin conocer hasta que estén en la eternidad *el medio* por el cual son salvas? Bueno, queda claro que así es como Dios salvó a muchos ninivitas, a Rahab la prostituta cananea y a todos los judíos y gentiles del Antiguo Testamento que tuvieron «una fe como la de Abraham».

¿Dios hace lo mismo por las personas de hoy en día que nunca escucharon el nombre de Jesús? Las Escrituras no nos dicen con certeza nada respecto a esto. Aun así, pensemos sobre este asunto de manera lógica. Hasta que Jesús vino, los judíos y los gentiles de todo el mundo podían buscar a Dios, y todos los que invocaban su nombre eran salvos (Joel 2:32). «Todos» significa que nadie es excluido geográficamente de la capacidad de invocar el nombre de Dios y ser salvo. Eso fue posible gracias a lo que Jesús iba a hacer en el futuro.

Entonces, cuando Jesús vino y pagó por todos los pecados de la humanidad (el medio por el cual todos pueden ser salvos), ¿el acceso a la salvación de repente se hizo estrecho? El día posterior a la resurrección de Jesús, ¿la salvación pasó de todos los que «tienen una fe como la de Abraham» a solo aquellos miles en Israel que conocían el nombre de Jesús y creyeron? Eso parece contradecir el corazón de Dios, quien no tiene preferencia por ninguna nación, sino que recorre «toda la tierra para fortalecer a los que tienen el corazón totalmente comprometido con él» (2 Crónicas 16:9).

Habiendo dicho todo eso, la gente sí necesita escuchar sobre Jesús. Pablo citó al profeta Isaías en lo que respecta a predicar el mensaje de Jesús: «¡Qué hermosos son los pies de los que anuncian las buenas noticias!» (Romanos 10:15, NVI). Jesús ordenó a sus seguidores que predicaran a todas las naciones (Mateo 28:18-20), y declaró: «Y se predicará la Buena Noticia acerca del reino por todo el mundo, de manera que todas las naciones la oirán» (Mateo 24:14). Entonces, queda claro que el deseo de Dios es que toda la gente escuche acerca de Jesús. También debemos saber que, si la gente escucha el mensaje y, aun así, lo rechaza con obstinación, Jesús mismo dice: «Y el que me rechaza a mí rechaza a Dios, quien me envió» (Lucas 10:16).

Jesús nos recuerda la necesidad de compartir el mensaje del evangelio para que toda la gente escuche sobre el perdón y la libertad que les ofrece.

Dios quiere que toda la gente sepa que están a cuentas con él y que tengan confianza en su relación con él. Me pasé mi vida adulta ayudando a la gente a entender este gran amor y perdón que Dios ofrece a través de Jesús. Si no escuchamos y si no confiamos en el mensaje de Jesús, seguimos encerrados en la condenación y el temor porque todos hemos pecado, y lo sabemos. Dios quiere que todos sepamos que podemos ser perdonados, que podemos estar seguros y a salvo con él, para que podamos vivir vidas abundantes y con propósito con él hoy y para siempre.

Notas

INTRODUCCIÓN: ¿POR QUÉ IMAGINARSE A DIOS?
1. En su libro *The Knowledge of the Holy*, el autor A. W. Tozer lo expresa de esta manera: «Lo que viene a nuestra mente cuando pensamos en Dios es la cosa más importante acerca de nosotros». Publicado en español como *El conocimiento del Dios santo*.
2. John Burke, *Imagine Heaven: Near-Death Experiences, God's Promises, and the Exhilarating Future That Awaits You* (Grand Rapids, MI: Baker Books, 2015). Publicado en español como *Imagina el cielo: Experiencias cercanas a la muerte, las promesas de Dios y el emocionante futuro que te espera*.
3. Esta ilustración fue inspirada por la novela satírica de Edwin A. Abbott *Flatland: A Romance of Many Dimensions*. Publicado en español como *Planilandia: Una novela de muchas dimensiones*.

CAPÍTULO 1: EL DIOS DE TODAS LAS NACIONES
1. Santosh Acharjee, entrevista telefónica con John Burke, 15 de noviembre del 2022. Usada con permiso.
2. Santosh (Sandy) Acharjee, *My Encounter with Jesus at Heaven's Gates: A Life-Changing Near Death Experience* [Mi encuentro con Jesús en las puertas del cielo: Una experiencia cercana a la muerte que cambió mi vida] (Bloomington, IN: AuthorHouse, 2016), loc. 600–650, Kindle. Usado con permiso. La última oración en este párrafo se extrajo de Acharjee, entrevista telefónica con John Burke.
3. Acharjee, entrevista telefónica con John Burke. Ver también Santosh Acharjee, «Near-Death Experience: Hindu Man Dies and Faces Gate to Heaven and Hell» [Experiencia cercana a la muerte: Hindú muere y se enfrenta con la puerta al cielo y al infierno], entrevista por videollamada de Randy Kay, Randy Kay Ministries, 24 de abril del 2022, https://www.youtube.com/watch?v=Utcf052XGx8.

4. Acharjee, *My Encounter with Jesus at Heaven's Gates* [Mi encuentro con Jesús en las puertas del cielo], loc. 600–650, Kindle.

5. Acharjee, *My Encounter with Jesus at Heaven's Gates* [Mi encuentro con Jesús en las puertas del cielo], loc. 696–700, 1256, Kindle.

6. Acharjee, «Near-Death Experience» [Experiencia cercana a la muerte], entrevista por videollamada de Randy Kay.

7. «Near-Death Experiences Illuminate Dying Itself» [Las experiencias cercanas a la muerte iluminan la muerte misma], *New York Times*, 28 de octubre de 1986, https://www.nytimes.com/1986/10/28/science/near-death-experiences-illuminate-dying-itself.html.

8. Daniel Kondziella, Jens P. Dreier y Markus Harboe Olsen, «Prevalence of Near-Death Experiences in People with and without REM Sleep Intrusion» [Prevalencia de las experiencias cercanas a la muerte en personas con o sin intrusión en la fase REM del sueño], *PeerJ* 7, (27 de agosto del 2019):7585, https://peerj.com/articles/7585/. El estudio informa que el 10% afirmó tener una ECM. Creo que el 10% es un porcentaje alto. Este estudio incluyó a personas que tenían elementos de una ECM, pero que no estaban en situaciones de riesgo de muerte. Esto no es el equivalente a los casos de ECM sobre los cuales estoy informando, quienes sí sufrieron muerte clínica. El 55% de los encuestados por ECM en el estudio estaban en una situación de riesgo de muerte; por lo tanto, un cálculo más aproximado sería cerca del 5,5%. Aun así, eso propone que hay millones y millones de personas en todo el mundo que murieron, regresaron y tuvieron ECM.

9. «René Hope Turner NDE» [La ECM de René Hope Turner], Near-Death Experience Research Foundation (NDERF) [Fundación de investigación de experiencias cercanas a la muerte], página accedida el 12 de enero del 2023, https://www.nderf.org/Experiences/1rene_hope_turner_nde.html. NDERF extractos usados con permiso de Jeffrey Long y Jody Long, fundadores y administradores de la Near Death Experience Research Foundation [Fundación de investigación de experiencias cercanas a la muerte].

10. A lo largo de mi libro *Imagina el cielo*, comparo los puntos en común de la forma en que los casos de ECM experimentan el cielo con lo que la Biblia dice acerca del cielo.

11. «Mario NDE» [La ECM de Mario], Near-Death Experience Research Foundation (NDERF) [Fundación de investigación de experiencias cercanas a la muerte], página accedida el 13 de enero del 2023, https://www.nderf.org/Experiences/1mario_nde.html.

12. Kenneth Ring y Sharon Cooper, *Mindsight: Near-Death and Out-of-Body Experiences in the Blind* [Mirar con la mente: Experiencias cercanas a la muerte y extracorpóreas en los ciegos], 2da ed. (Bloomington, IN: iUniverse, 2008), cap. 3, «Case 3: Marsha». Usado con permiso.

13. Ring y Cooper, *Mindsight* [Mirar con la mente], cap. 3, «Case 3: Marsha».

14. Ian McCormack, citado en Jenny Sharkey, *Clinically Dead: I've Seen Heaven and Hell* [Clínicamente muerta: Vi el cielo y el infierno] (autopub., CreateSpace, 2012, 2013), loc. 599–600, Kindle.

15. «Nan A NDE» [La ECM de Nan A], Near-Death Experience Research Foundation (NDERF) [Fundación de investigación de experiencias cercanas a la muerte], página accedida el 14 de enero del 2023, https://www.nderf.org /Experiences/1nan_a_nde.html. Ver también Atif Khalil, «Science, Religion, and the Challenge of Near-Death Experiences» [Ciencia, religión y los desafíos de las experiencias cercanas a la muerte], *Renovatio*, 19 de junio del 2020, https://renovatio.zaytuna.edu/article/science-religion-and-the-challenge -of-near-death-experiences.

16. «Mary NDE» [La ECM de Mary], Near-Death Experience Research Foundation (NDERF) [Fundación de investigación de experiencias cercanas a la muerte], página accedida el 14 de enero del 2023, https://www.nderf.org /Experiences/1mary_nde.html.

17. «Mary NDE» [La ECM de Mary], Near-Death Experience Research Foundation (NDERF) [Fundación de investigación de experiencias cercanas a la muerte].

18. «Mary NDE» [La ECM de Mary], Near-Death Experience Research Foundation (NDERF) [Fundación de investigación de experiencias cercanas a la muerte].

19. Howard Storm, entrevista personal con John Burke, Austin, Texas, 25 de febrero del 2016. Usada con permiso.

20. «Dr. Bell C NDE» [La ECM del Dr. Bell C], Near-Death Experience Research Foundation (NDERF) [Fundación de investigación de experiencias cercanas a la muerte], sin fecha, https://www.nderf.org/Experiences/1bell_c_nde.html.

21. Aunque algunas de las religiones actuales afirman haber existido en el tiempo de Abraham, 2000 a. e. c., sus escritos sagrados todavía no se habían escrito. El hinduismo como religión formal todavía no había sido establecido (teniendo en cuenta que las Vedas se escribieron en 1500–500 a. e. c.); ni tampoco el judaísmo (1500–1400 a. e. c.), ni el zoroastrismo (1000 a. e. c.), budismo y confucianismo (500 a. e. c.), taoísmo (300 a. e. c.), cristianismo (50–90 e. c.) o islam (600 e. c.). Ten en cuenta que todas las fechas son aproximadas. Ver Joshua J. Mark, «The Vedas» [Las vedas], *World History Encyclopedia*, 9 de junio del 2020, https://www.worldhistory.org/The_Vedas/; «Hinduism» [El hinduísmo], Internet Sacred Text Archive, https://www.sacred-texts.com/hin/; y «List of Founders of Religious Traditions» [Lista de los fundadores de las tradiciones religiosas], Wikipedia, última actualización el 29 de diciembre del 2022, https://en.wikipedia.org/wiki/List_of_founders_of_religious_tradition; y «Jewish History» [La historia de los judíos], Wikipedia, última actualización el 4 de enero del 2023, https://en.wikipedia.org/wiki/Jewish_history.

CAPÍTULO 2: CIENCIA, ESCÉPTICOS Y ECM

1. Rajiv Parti con Paul Perry, *Dying to Wake Up: A Doctor's Voyage into the Afterlife and the Wisdom He Brought Back* (Nueva York: Atria Books, 2016), 4. Publicado en español como *Aprendiendo a despertar*.

2. Parti, *Dying to Wake Up*, 5. Publicado en español como *Aprendiendo a despertar*.

3. Parti, *Dying to Wake Up*, 6. Publicado en español como *Aprendiendo a despertar*.

4. Parti, *Dying to Wake Up*, 70–71. Publicado en español como *Aprendiendo a despertar*.

5. Ver Maureen Fiedler, «Debating the Meaning of Near Death Experiences» [Debatiendo el significado de las experiencias cercanas a la muerte], 23 de marzo del 2017, *Interfaith Voices* pódcast, audio, 32:59, https://interfaithradio. org/Story_Details/Debating_the_Meaning_of_Near_Death_Experiences.

6. Jeffrey Long, MD, entrevista personal con John Burke, Austin, Texas, 2 de octubre del 2019.

7. Jeffrey Long, MD, con Paul Perry, *Evidence of the Afterlife: The Science of Near-Death Experiences* (Nueva York: HarperCollins, 2010), 44. Publicado en español como *Evidencias del más allá*.

8. Brian Duigan, «Occam's razor» [La navaja de Ockham], *Encyclopedia Britannica*, última actualización el 1 de diciembre del 2022, https://www.britannica.com /topic/Occams-razor.

9. Jeffrey Long, MD, «Near-Death Experiences: Evidence for Their Reality» [Experiencias cercanas a la muerte: Evidencia de su realidad], *Missouri Medicine* 111, n.º 5 (septiembre-octubre 2014): 373, página accedida vía NIH National Library of Medicine, https://www.ncbi.nlm.nih.gov/pmc /articles/PMC6172100/#b9-ms111_p0372.

10. J. Steve Miller, *Near-Death Experiences as Evidence for the Existence of God and Heaven: A Brief Introduction in Plain Language* [Las experiencias cercanas a la muerte como evidencia de la existencia de Dios y del cielo: Una introducción breve en lenguaje sencillo] (Acworth, GA: Wisdom Creek Press, LLC, 2012), loc. 8, Kindle.

11. Michael Shermer, «Why a Near-Death Experience Isn't Proof of Heaven» [Por qué una experiencia cercana a la muerte no es evidencia del cielo], *Scientific American*, 1 de abril del 2013, https://www.scientificamerican.com /article/why-near-death-experience-isnt-proof-heaven/.

12. Michael Sabom, MD, *Light and Death: One Doctor's Fascinating Account of Near-Death Experiences* (Grand Rapids, MI: Zondervan, 1998), 14. Publicado en español como *Recuerdos de la muerte: Investigaciones médicas*.

13. Gerald M. Woerlee, «Could Pam Reynolds Hear? A New Investigation into the Possibility of Hearing During This Famous Near-Death Experience» [¿Pudo oír Pam Reynolds? Una nueva investigación sobre la posibilidad de haber oído durante esta famosa experiencia cercana a la muerte], *Journal of Near-Death Studies* 30, n.º 1 (otoño del 2011): 3–25, https://digital.library.unt.edu/ark: /67531/metadc461684/m1/5/.

14. Pam Reynolds, «Decoding the Mystery of Near-Death Experiences» [Decodificando el misterio de las experiencias cercanas a la muerte], entrevistada por Barbara Bradley Hagerty, *All Things Considered* [Considerando todas las posibilidades], NPR, 22 de mayo del 2009, https://www.npr.org /templates/story/story.php?storyId=104397005.

15. Sabom, *Light and Death*, 39. Publicado en español como *Recuerdos de la muerte: Investigaciones médicas*.

NOTAS

16. «Pam Sees God» [Pam ve a Dios], extracto del documental «The Day I Died» [El día que fallecí], BBC, transmitido el 5 de febrero del 2003, video de YouTube, 7 de abril del 2009, https://www.youtube.com/watch?v=WNbdUEqDB-k.

17. «Pam Sees God» [Pam ve a Dios].

18. «Pam Sees God» [Pam ve a Dios].

19. «Pam Reynolds: NBC Interview about Her Near-Death Experience» [Pam Reynolds: Entrevista de la NBC sobre su experiencia cercana a la muerte], fragmento de «Back from the Dead» [Regreso de la muerte], MSNBC, transmitido el 11 de abril del 2001, video de YouTube, 19 de agosto del 2016, https://www.youtube.com/watch?v=gd3Vtn8WiVE.

20. «Pam Sees God» [Pam ve a Dios].

21. J. E. Geshwiler, «Pam Reynolds Lowery, Noted for Near-Death Experience» [Pam Reynolds Lowery, famosa por su experiencia cercana a la muerte], Atlanta Journal-Constitution, 28 de mayo del 2010, https://www.ajc.com/news/local /pam-reynolds-lowery-noted-for-near-death-episode/0pAo5DxNyyVmF09WA mN4vN/.

22. Sabom, *Light and Death*, cap. 3. Publicado en español como *Recuerdos de la muerte: Investigaciones médicas*.

23. Pim van Lommel, «Non-Local Consciousness: A Concept Based on Scientific Research on Near-Death Experiences during Cardiac Arrest» [Consciencia exterior: Un concepto basado en investigaciones científicas sobre experiencias cercanas a la muerte durante ataques cardíacos], *Journal of Consciousness Studies* 20, n.° 1-2 (1 de enero del 2013): 18, https://pimvanlommel.nl/wp-content /uploads/2017/10/Pim-van-Lommel-Nonlocal-Consciousness-article-JCS-2013 .pdf.

24. Penny Sartori, *The Near-Death Experiences of Hospitalized Intensive Care Patients: A Five-Year Clinical Study* (Lewiston, NY: Edwin Mellen Press, 2008), citado en *The Handbook of Near-Death Experiences: Thirty Years of Investigation* [El manual de las experiencias cercanas a la muerte: Treinta años de investigación], eds. Janice Miner Holden, Bruce Greyson, y Debbie James (Santa Barbara, CA: Praeger, 2009), loc. 2861, Kindle, y https://www .neardeathexperience.us/wp-content/uploads/2015/01/Rousseau_Journal _of_the_Society_for_Psychical_Research_75.1_902_47-49.pdf. Publicado en español como *ECM. Experiencias cercanas a la muerte*.

25. Janice Miner Holden, «Veridical Perception in Near-Death Experiences» [Percepción verídica en las experiencias cercanas a la muerte], en *The Handbook of Near-Death Experiences* [El manual de las experiencias cercanas a la muerte], loc. 2788, Kindle.

26. Van Lommel, «Non-Local Consciousness» [Consciencia exterior], 18. El Dr. van Lommel pidió que la última oración fuera añadida a su cita.

27. Bruce Greyson, «Varieties of Near-Death Experience» [Variedades de experiencias cercanas a la muerte], *Psychiatry* 56, n.°4 (noviembre de 1993): 390–399, https://pubmed.ncbi.nlm.nih.gov/8295976/; Daniel Kondziella, Jens P. Dreier y Markus Harboe Olsen, «Prevalence of Near-Death Experiences

in People with and without REM Sleep Intrusion» [Prevalencia de las experiencias cercanas a la muerte en personas con o sin intrusión en la fase REM del sueño], *PeerJ* 7 (27 de agosto del 2019):e7585, https://peerj.com /articles/7585.

28. En mi libro *Imagine Heaven*, muestro cómo todos los elementos de arriba se relacionan con lo que las Escrituras anticipan acerca del cielo; creo que dichos elementos proveen más evidencia de su existencia. Publicado en español como *Imagina el cielo.*

29. Esta lista incluye datos recolectados del estudio de 613 casos de ECM en NDERF.org y que fueron informados en Long, *Evidence of the Afterlife* [Evidencia del más allá], loc. 6–17, 59 (visión), 61 (oído), 177 (cambio de vida), Kindle. La categoría Encuentro con el Dios de luz y amor (48%) proviene del estudio del 2023 del Dr. Long de 834 casos de ECM, el cual me envió vía correo electrónico, el 28 de enero del 2023. La categoría Repaso de vida (32%) proviene de Raymond A. Moody, MD, con Paul Perry *The Light Beyond: Explorations into the Afterlife* [La luz más allá: Exploraciones del más allá] (Nueva York: Bantam Books, 1988; Paradise Valley, AZ: SAKKARA Productions Publishing, 2016), 5. Las citas se refieren a la edición SAKKARA. Por otras, ver Jeffrey Long, MD, con Paul Perry, *God and the Afterlife: The Groundbreaking New Evidence for God and Near-Death Experience* [Dios y la vida venidera: Las evidencias nuevas y revolucionarias sobre Dios y sobre las experiencias cercanas a la muerte] (Nueva York: HarperCollins, 2016), 37, 41. Todos los porcentajes fueron redondeados al número entero más próximo.

30. Long, *Evidence of the Afterlife* [Evidencia del más allá], 8.

31. Mally Cox-Chapman, *The Case for Heaven: Near Death Experiences as Evidence of the Afterlife* [El argumento a favor del cielo: Las experiencias cercanas a la muerte como evidencias del más allá] (Windsor, CT: Tide-Mark Press, 2012), loc. 471–484, 488–494, Kindle.

32. Entrevista larga, personal con John Burke.

33. ¿Por qué solo el 18% de los pacientes que sufrieron ataques cardíacos informan sobre ECM? No parece haber ninguna correlación entre las ECM y el periodo de tiempo que una persona estuvo clínicamente muerta, ni con ningún otro elemento. Quizás las ECM son simplemente regalos de Dios que proveen más evidencias de su existencia y de la vida venidera.

34. Van Lommel, «Non-Local Consciousness» [Consciencia exterior], 12–14. Ver también Dr. Pim van Lommel, Ruud van Wees, Vincent Meyers, Ingrid Elfferich, «Near-Death Experience in Survivors of Cardiac Arrest: A Prospective Study in the Netherlands» [Experiencias cercanas a la muerte en sobrevivientes a ataques cardíacos: Un estudio prospectivo en los Países Bajos], *Lancet* 358 (15 de diciembre del 2001): 2039–2045, https://www.thelancet.com /pdfs/journals/lancet/PIIS0140-6736(01)07100-8.pdf.

35. Kenneth Ring y Sharon Cooper, *Mindsight: Near-Death and Out-of-Body Experiences in the Blind* [Mirar con la mente: Experiencias cercanas a la muerte y extracorpóreas en los ciegos], 2da ed. (Bloomington, IN: iUniverse, 2008), cap. 4. Usado con permiso.

36. Ring y Cooper, *Mindsight* [Mirar con la mente], cap. 4.
37. Ring y Cooper, *Mindsight* [Mirar con la mente], cap. 4.
38. Van Lommel, «Non-Local Consciousness» [Consciencia exterior], 21.
39. «Dr. Rajiv Parti's NDE» [La ECM del Dr. Rajiv Parti], *Present!* [¡Presente!], KMVT15 Community Media, entrevista, 25 de noviembre del 2013, video de YouTube (grabado tres años después de su ECM que ocurrió en el 2010), https://www.youtube.com/watch?v=7l-nbk_8EII.
40. Tricia Barker, entrevista telefónica con John Burke, 10 de abril del 2019. Usada con permiso.
41. Raymond A. Moody, MD, con Paul Perry, *The Light Beyond: Explorations into the Afterlife* (Nueva York: Bantam Books, 1988; Paradise Valley, AZ: SAKKARA Productions Publishing, 2016), 16. Las citas se refieran a la edición SAKKARA. Publicado en español como *Más allá la luz: Nuevas exploraciones*.
42. Van Lommel, «Non-Local Consciousness» [Consciencia exterior], 22.
43. Van Lommel, «Non-Local Consciousness» [Consciencia exterior], 13, 28.
44. Sam Parnia, citado en Pim van Lommel, «Getting Comfortable with Near-Death Experiences: Dutch Prospective Research on Near-Death Experiences During Cardiac Arrest» [Sintiéndonos cómodos con las experiencias cercanas a la muerte: Investigación neerlandesa prospectiva sobre experiencias cercanas a la muerte durante ataques cardíacos], *Missouri Medicine* 111, n.º 2 (marzo–abril del 2014): 126–131, https://www.ncbi.nlm.nih.gov/pmc/articles/PMC6179502/. Ver también Sam Parnia et al., «A Qualitative and Quantitative Study of the Incidence, Features and Aetiology of Near Death Experiences in Cardiac Arrest Survivors» [Un estudio cualitativo y cuantitativo de la incidencia, características y etiología de las experiencias cercanas a la muerte en sobrevivientes a ataques cardíacos], *Resuscitation* 48, n.º 2 (1 de febrero del 2001), 151, https://pubmed.ncbi.nlm.nih.gov/11426476/.
45. Van Lommel, «Non-Local Consciousness» [Consciencia exterior], 15–16.
46. «Jang Jaswal's Near-Death Experience» [Experiencia cercana a la muerte de Jang Jaswal], *Present!* [¡Presente!], KMVT15 Community Media, entrevista, 25 de noviembre del 2014, video de YouTube, https://www.youtube.com/watch?v=eobvYMNPmRc.
47. «Jang Jaswal's Near-Death Experience» [Experiencia cercana a la muerte de Jang Jaswal].

CAPÍTULO 3: EL DIOS DE LUZ EN LA HISTORIA

1. Heidi Barr, «Your Life Is in Good Hands» [Tu vida está en buenas manos], (manuscrito inédito), PDF. Usado con permiso.
2. Heidi Barr, entrevista personal con John Burke, 7 de abril del 2020. Usada con permiso. Algunas citas también fueron tomadas de Barr, «Your Life Is in Good Hands» [Tu vida está en buenas manos].
3. Todas las fechas son aproximadas. La Tora judía (los primeros cinco libros de la Biblia hebrea) se escribió entre 1500–1400 a. e. c. El libro de Génesis de la Tora data la historia de Dios con Abraham y Sara en el año 2000 a. e. c., aproximadamente. No hay una fecha clara de cuándo se escribieron las Vedas del

hinduismo, aunque se estima que se escribieron alrededor de 1500–500 a. e. c. Las escrituras del zoroastrismo se escribieron cerca del 1000 a. e. c. Las escrituras del jainismo se escribieron en los 800 a. e. c. Los textos sagrados del budismo, confucianismo y el taoísmo se escribieron entre el 500–300 a. e. c. Los libros del Nuevo Testamento se escribieron aproximadamente en el 50–90 e. c. y el Corán del islam alrededor del 600 e. c.

4. Bibi Tahereh y Saeed Edina Abedini, entrevista personal con John Burke, Austin, Texas, 19 de abril del 2019. Tahereh y Edina, entrevista telefónica con John Burke, 7 de marzo del 2022. Usadas con permiso.

5. Tahereh y Edina, entrevista personal con John Burke.

6. Bryan Windle, «Top Ten Discoveries Related to Moses and the Exodus» [Los diez mejores descubrimientos sobre Moisés y el éxodo], Bible Archaeology Report, 24 de septiembre del 2021, https://biblearchaeologyreport.com/2021 /09/24/top-ten-discoveries-related-to-moses-and-the-exodus/.

7. «Arvind B NDE» [La ECM de Arvind B], Near-Death Experience Research Foundation (NDERF) [Fundación de investigación de experiencias cercanas a la muerte], página accedida el 17 de junio del 2023, https://www.nderf.org /Experiences/1arvind_b_nde.html.

8. Wendy Doniger, «Kali», Encyclopedia Britannica [Enciclopedia Británica], última actualización el 4 de enero del 2023, https://www.britannica.com/topic/Kali.

9. «Neha S NDE» [La ECM de Neha S], Near-Death Experience Research Foundation (NDERF) [Fundación de investigación de experiencias cercanas a la muerte], página accedida el 17 de enero del 2023, https://www.nderf.org /Experiences/1neha_s_nde.html.

10. «Neha S NDE» [La ECM de Neha S], Near-Death Experience Research Foundation (NDERF) [Fundación de investigación de experiencias cercanas a la muerte].

11. Editores de la Encyclopedia Britannica [Enciclopedia Británica], «Durga», Encyclopedia Britannica, última actualización el 1 de noviembre del 2022, https://www.britannica.com/topic/Durga.

12. Que Dios haya inspirado las Escrituras no significa que dijo: «Isaías, toma nota», y que le dictara el texto palabra por palabra. La inspiración de las Escrituras implica que Dios usó la singularidad de cada autor humano, personalidad, estilo y género literario para transmitir su mensaje a una cultura en particular. La interpretación de las Escrituras requiere hacer exégesis para extraer el mensaje eterno de un género literario o de una situación cultural en particular a la cual el autor estaba escribiendo. Aun así, la inspiración de Dios implica que, así como los seres humanos podemos crear lápices de diferentes colores con los cuales escribir o dibujar, Dios puede crear diferentes individuos a través de quienes registrar fielmente su mensaje a todas las generaciones.

13. En Truth in Religion [Verdad en la religión], el Dr. Adler concluyó que solo tres religiones (el judaísmo, el cristianismo y el islam) afirman que Dios les reveló sus textos sagrados. En el caso del islam, Mahoma fue una figura histórica humana cuyas enseñanzas no eran revelaciones directas de Dios, sino que un

ángel le dio las palabras del Corán. La investigación del Dr. Adler finalmente lo llevó a la fe en Jesús. Ver «Mortimer J. Adler», Wikipedia, https://en.wikipedia.org/wiki/Mortimer_J._Adler.

14. Una búsqueda en Biblegateway.com de los términos «las naciones», «todas las naciones», «todos los pueblos», «toda la humanidad», «toda la creación», «todas las criaturas», «toda rodilla», «toda lengua», «todos los idiomas» y «el mundo» dio como resultado más de quinientas referencias.

15. Hugh Ross, «Fulfilled Prophecy: Evidence for the Reliability of the Bible» [Profecías cumplidas: Evidencia de la confiabilidad de la Biblia], Reasons to Believe, 22 de agosto del 2003, https://reasons.org/explore/publications/articles/fulfilled-prophecy-evidence-for-the-reliability-of-the-bible.

16. Jesús, el Mesías prometido, vivió en la tierra casi setecientos años después de que Isaías escribiera esto. La semana antes de su crucifixión, Jesús predijo la razón para la segunda diáspora de Israel: «Cuando se acercaba a Jerusalén, Jesús vio la ciudad y lloró por ella. Dijo: "¡Cómo quisiera que hoy supieras lo que te puede traer paz! Pero eso ahora está oculto a tus ojos. Te sobrevendrán días en que tus enemigos. [...] No dejarán piedra sobre piedra, porque no reconociste el tiempo en que Dios vino a salvarte"» (Lucas 19:41-44, NVI). Más tarde, Jesús reiteró que el pueblo judío sería esparcido a todas las naciones: «Caerán a filo de espada y los llevarán cautivos a todas las naciones. Los que no son judíos pisotearán a Jerusalén, hasta que se cumplan los tiempos señalados para ellos» (Lucas 21:24, NVI).

17. Ver también Jeremías 23:1-8 y Ezequiel 36:16-38, donde se habla del día en que Israel sería reunido de todas las naciones.

18. Gene Currivan, «Zionists Proclaim the New State of Israel; Truman Recognizes It and Hopes for Peace; Tel Aviv Is Bombed, Egypt Orders Invasion» [Los sionistas proclaman el nuevo estado de Israel; Truman lo reconoce y espera que haya paz; Tel Aviv es bombardeado, Egipto ordena la invasión], *New York Times*, 15 de mayo de 1948, https://archive.nytimes.com/www.nytimes.com/library/world/480515israel-state-50.html.

CAPÍTULO 4: EL AMOR INCONDICIONAL DE DIOS

1. Dr. Ron Smothermon, entrevista telefónica con John Burke, 13 de mayo del 2022. Usada con permiso. Algunas citas también fueron tomadas de Dr. Ron Smothermon, «My Near-Death Experience during a Murder Attempt» [Mi experiencia cercana a la muerte durante un intento de asesinato] (manuscrito inédito), archivo de Microsoft Word. Usado con permiso.

2. Smothermon, «My Near-Death Experience during a Murder Attempt» [Mi experiencia cercana a la muerte durante un intento de asesinato].

3. Smothermon, entrevista telefónica con John Burke. Smothermon, «My Near-Death Experience during a Murder Attempt» [Mi experiencia cercana a la muerte durante un intento de asesinato].

4. Smothermon, entrevista telefónica con John Burke.

5. «Chen M NDE» [La ECM de Chen M], Near-Death Experience Research

Foundation (NDERF) [Fundación de investigación de experiencias cercanas a la muerte], página accedida el 17 de enero del 2023, https://www.nderf.org/Experiences/1chen_m_nde.html.

6. *RAE*, s.f. «antropomorfismo», página accedida el 16 de junio del 2023, https://dle.rae.es/antropomorfismo.

7. Dean Braxton, entrevista personal con John Burke, Austin, Texas, 26 de septiembre del 2019. Usada con permiso.

8. Philip Yancey, *Disappointment with God: Three Questions No One Asks Aloud* (Grand Rapids, MI: Zondervan, 1988), 60. Publicado en español como *Desilusión con Dios*.

9. «Sarah W Probable NDE» [Probable ECM de Sarah W], Near-Death Experience Research Foundation (NDERF) [Fundación de investigación de experiencias cercanas a la muerte], página accedida el 17 de enero del 2023, https://www.nderf.org/Experiences/1sarah_w_probable_nde.html.

10. «Sarah W Probable NDE» [Probable ECM de Sarah W], Near-Death Experience Research Foundation (NDERF) [Fundación de investigación de experiencias cercanas a la muerte].

11. «Sarah W Probable NDE» [Probable ECM de Sarah W], Near-Death Experience Research Foundation (NDERF) [Fundación de investigación de experiencias cercanas a la muerte].

12. Erica McKenzie, *Dying to Fit In* [Morir para adaptarse] (autopub., CreateSpace, 2015), loc. 68. Kindle. Usado con permiso.

13. McKenzie, *Dying to Fit In* [Morir para adaptarse], loc. 73–74, Kindle.

14. Smothermon, entrevista telefónica con John Burke.

CAPÍTULO 5: LA COMPASIÓN APASIONADA DE DIOS

1. Santosh Acharjee, entrevista telefónica con John Burke, 15 de noviembre del 2022. Usada con permiso.

2. Santosh (Sandy) Acharjee, *My Encounter with Jesus at Heaven's Gates: A Life-Changing Near-Death Experience* [Mi encuentro con Jesús en las puertas del cielo: Una experiencia cercana a la muerte que cambió mi vida] (Bloomington, IN: AuthorHouse, 2016), loc. 600–650, Kindle. Usado con permiso.

3. Acharjee, entrevista telefónica con John Burke.

4. Acharjee, entrevista telefónica con John Burke.

5. Acharjee, *My Encounter with Jesus at Heaven's Gates* [Mi encuentro con Jesús en las puertas del cielo], loc. 1259–1274, Kindle.

6. Acharjee, *My Encounter with Jesus at Heaven's Gates* [Mi encuentro con Jesús en las puertas del cielo], loc. 210–218, Kindle.

7. Dra. Mary Neal, entrevista personal con John Burke, Austin, Texas, 22 de febrero del 2016. Usada con permiso.

8. Kaline Fernandes, «He Gave Life and Also Took It Away» [Él dio la vida y también la quitó], entrevistada por Carlos Mendes, «After All, What Are We?» [Después de todo, ¿qué somos?], 16 de octubre del 2021, video de YouTube, https://www.youtube.com/watch?v=o4JcqQPaoVo&list=PL3svxEC1Wa7PtzcaS

NOTAS

BHFJeu2UvCbhoQz-&index=24. Usado con el permiso de Kaline Fernandes y Carlos Mendes. Incluye ediciones menores de Kaline Fernandes.

9. Fernandes, «He Gave Life and Also Took It Away» [Él dio la vida y también la quitó], entrevista por videollamada con Carlos Mendes.

10. Fernandes, «He Gave Life and Also Took It Away» [Él dio la vida y también la quitó], entrevista por videollamada con Carlos Mendes.

11. «Micki P NDE» [La ECM de Micki P], Near-Death Experience Research Foundation (NDERF) [Fundación de investigación de experiencias cercanas a la muerte], página accedida el 18 de enero del 2023, https://www.nderf.org /Experiences/1micki_p_nde.html.

12. «Micki P NDE» [La ECM de Micki P], Near-Death Experience Research Foundation (NDERF) [Fundación de investigación de experiencias cercanas a la muerte].

13. «DW NDE» [La ECM de DW], Near-Death Experience Research Foundation (NDERF) [Fundación de investigación de experiencias cercanas a la muerte], página accedida el 1 de febrero del 2023, https://www.nderf.org /Experiences/1dw_nde.html.

14. D. S. Weiler, *Dead Is Just a Four Letter Word* [Muerto es solo una palabra de seis letras] (autopub., 2007), http://www.1way2see.com/thebook.html.

15. Bibi Tahereh y Saeed Edina Abedini, entrevista telefónica con John Burke, 7 de marzo del 2022. Usada con permiso.

16. Tahereh y Edina, entrevista telefónica con John Burke.

17. Wayne Fowler, entrevista por Zoom con John Burke, 1 de noviembre del 2021. Usada con permiso.

18. Acharjee, entrevista telefónica con John Burke.

19. Esta descripción es congruente con el relato que proveyó Sarah, la niña de catorce años a quien conociste en el capítulo 4: Ella vio «doce murallas claras como el cristal» con «nombres escritos» en la parte de afuera. «Sarah W Probable NDE» [Probable ECM de Sarah W], Near-Death Experience Research Foundation (NDERF) [Fundación de investigación de experiencias cercanas a la muerte], página accedida el 18 de enero del 2023, https://www .nderf.org/Experiences/1sarah_w_probable_nde.html.

CAPÍTULO 6: LA JUSTICIA ESCONDIDA DE DIOS

1. Melanie McCullough, entrevista por Zoom con John Burke, 28 de mayo del 2019. Usada con permiso.

2. McCullough, entrevista por Zoom con John Burke.

3. McCullough, entrevista por Zoom con John Burke.

4. McCullough, entrevista por Zoom con John Burke.

5. Dr. Ron Smothermon, entrevista telefónica con John Burke, 13 de mayo del 2022. Usada con permiso.

6. Erica McKenzie, *Dying to Fit In* [Morir para adaptarse] (autopub., CreateSpace, 2015), 85. Usado con permiso.

7. McKenzie, *Dying to Fit In* [Morir para adaptarse], 85.

8. Ver Nancy Evans Bush, «Distressing Western Near-Death Experiences: Finding a Way through the Abyss» [Angustiantes experiencias cercanas a la muerte occidentales: Buscando un camino a través del abismo], en *The Handbook of Near-Death Experiences: Thirty Years of Investigation* [El manual de las experiencias cercanas a la muerte: Treinta años de investigación], eds. Janice Miner Holden, Bruce Greyson y Debbie James (Santa Barbara, CA: Praeger, 2009), 70.

9. La European Academy of Neurology [Academia Europea de Neurología] presentó un estudio hecho en treinta y cinco países en el cual el 10% afirmó tener una ECM, y casi el 50% de esos casos fueron «negativos» e incluso infernales. Incluía personas que afirmaban haber tenido una ECM, pero que no habían experimentado muerte clínica, lo cual debe haber potenciado las experiencias angustiantes que informaron. Daniel Kondziella, Jens P. Dreier, y Markus Harboe Olsen, «Prevalence of Near-Death Experiences in People with and without REM Sleep Intrusion» [Prevalencia de las experiencias cercanas a la muerte en personas con o sin intrusión en la fase REM del sueño], *PeerJ* 7 (27 de agosto del 2019):7585, https://peerj.com/articles/7585/.

10. Entrevisté a personas tales como Santosh Acharjee, quienes no sabían nada sobre el Dios con quien se encontraron; estas personas regresaron, lo buscaron y encontraron la fe en él. También entrevisté a otros que tuvieron encuentros con este Dios de luz e incluso con Jesús y, sin embargo, no parecen haber buscado a Dios ni haberse vuelto seguidores de Jesús cuando regresaron; en cambio, buscaron recrear la experiencia en lugar de buscar al Dios de la experiencia. Esto muestra la realidad de lo que Jesús mismo dijo acerca del orgullo humano y del libre albedrío: «Si no hacen caso a Moisés y a los Profetas [las palabras de la Biblia], tampoco se convencerán aunque alguien se levante de entre los muertos» (Lucas 16:31, NVI).

11. McKenzie, *Dying to Fit In* [Morir para adaptarse], 97.

12. McKenzie, *Dying to Fit In* [Morir para adaptarse], 97.

13. C. S. Lewis, *The Quotable Lewis* [Lewis, digno de ser citado], eds. Wayne Martindale y Jerry Root (Wheaton, IL: Tyndale, 1989; 2012), 292.

14. Lewis, *The Quotable Lewis* [Lewis, digno de ser citado], 292.

15. La «ira» de Dios sobre la cual enseña la Biblia, se refiere al justo castigo de Dios por la rebelión obstinada y orgullosa contra el Creador; permitir que el libre albedrío se vuelva contra Dios tiene consecuencias horribles.

16. Dale Black con Ken Gire, *Flight to Heaven: A Plane Crash... A Lone Survivor... A Journey to Heaven—and Back* (Minneapolis, MN: Bethany House, 2010), 109. Publicado en español como *Vuelo al cielo: Un accidente aéreo... Un superviviente solitario... Y un viaje de ida y vuelta al cielo.*

17. C. S. Lewis, *The Abolition of Man: How Education Develops Man's Sense of Morality* (Nueva York: Macmillan Publishing, 1947), 97–121. Este es mi resumen de sus puntos y ejemplos clave dados en el apéndice de este libro. Publicado en español como *La abolición del hombre: Cómo la educación desarrolla el sentido de moralidad del hombre.*

18. Santosh (Sandy) Acharjee, *My Encounter with Jesus at Heaven's Gates: A Life-Changing Near-Death Experience* [Mi encuentro con Jesús en las puertas del cielo: Una experiencia cercana a la muerte que cambió mi vida] (Bloomington, IN: AuthorHouse, 2016), loc. 1461-1531, Kindle. Usado con permiso.

19. Ver Peter W. Flint y Eugene Ulrich, traductores, «The Great Isaiah Scroll» [El gran Rollo de Isaías], The Digital Dead Sea Scrolls, Israel Museum, Jerusalén, página accedida el 2 de febrero del 2023, http://dss.collections.imj.org.il/chapters_pg.

20. Georges Bonani, et al. «Radiocarbon Dating of Fourteen Dead Sea Scrolls» [Datación por radiocarbono de catorce Rollos del mar Muerto], *Radiocarbon* 34, n.° 3 (1992): 845, https://journals.uair.arizona.edu/index.php/radiocarbon/article/download/1537/1541.

21. «The Great Isaiah Scroll MS A (1Qisa)» [El gran Rollo de Isaías MS A (1Qisa)], Israel Museum, Jerusalén, página accedida el 19 de enero del 2023, https://www.imj.org.il/en/collections/198208-0.

22. Flint y Ulrich, traductores, «The Great Isaiah Scroll» [El gran Rollo de Isaías].

23. Swidiq cambió su nombre por Cedric cuando se convirtió al cristianismo y se hizo sacerdote anglicano.

24. Cedric Kanana con Benjamin Fischer, *I Once Was Dead: How God Rescued Me from Islam, Drugs, Witchcraft, and Even Death* [Estuve muerto: Dios me rescató del islam, las drogas, la brujería en incluso de la muerte] (Columbus, OH: Oasis International, 2022), loc. 84-85, Kindle. Usado con el permiso de Oasis International.

25. Kanana con Fischer, *I Once Was Dead* [Estuve muerto], loc. 101, Kindle.

26. Kanana con Fischer, *I Once Was Dead* [Estuve muerto], loc. 106, Kindle.

27. Kanana con Fischer, *I Once Was Dead* [Estuve muerto], loc. 97-99, 109-112, Kindle.

28. Kanana con Fischer, *I Once Was Dead* [Estuve muerto], loc. 111-112, Kindle.

29. Kanana con Fischer, *I Once Was Dead* [Estuve muerto], loc. 115-116, Kindle.

30. Flint y Ulrich, traductores, «The Great Isaiah Scroll» [El gran Rollo de Isaías].

31. Siempre me preguntan: «¿Por qué los judíos no ven esto y creen que Jesús es su Mesías?». Aunque es una pregunta históricamente complicada, los rabinos por lo general dicen que Isaías usa términos tales como «siervo» y el «brazo del Señor» para referirse a Israel, no al Mesías. En Isaías, Dios ciertamente llama a Israel su siervo, recordándole a su pueblo en Isaías 48 que él declara por adelantado lo que hará para redimirlos. Luego se refiere a un nuevo siervo en Isaías 49: «Me dijo: "Israel, tú eres mi siervo; en ti seré glorificado". Y respondí: "En vano he trabajado"» (Isaías 49:3-4, NVI). Otro siervo aparece en el versículo siguiente: «Desde el seno materno me formó para que fuera yo su siervo, para hacer que Jacob se vuelva a él, que Israel se reúna a su alrededor [...]. No es gran cosa que seas mi siervo, ni que restaures a las tribus de Jacob, ni que hagas volver a los de Israel, a quienes he preservado. Yo te pongo ahora como luz para las naciones, a fin de que lleves mi salvación hasta los confines de la tierra» (Isaías 49:5-6). Si Israel es el siervo, ¿cómo hace Israel, quien «en vano

ha trabajado», para traerse solo de regreso a Dios y salvarse a sí mismo y a todas las naciones? Es claro que del nuevo siervo, descrito en Isaías 53 como el «siervo sufriente», es de quien se habla ahora.

CAPÍTULO 7: EL PERDÓN INQUEBRANTABLE DE DIOS

1. Rajiv Parti con Paul Perry, *Dying to Wake Up: A Doctor's Voyage into the Afterlife and the Wisdom He Brought Back* [Morir para despertar: El viaje de un médico al más allá y la sabiduría que trajo] (Nueva York: Atria Books, 2016), 13.
2. «Dr. Rajiv Parti's NDE» [La ECM del Dr. Rajiv Parti], *Present!* [¡Presente!], KMVT15 Community Media, entrevista, 25 de noviembre del 2013, video de YouTube, https://www.youtube.com/watch?v=7l-nbk_8EII.
3. Dr. Rajiv Parti, «IANDS Conference, Santa Barbara, Dr. Raj Parti on Near-Death Experiences» [Conferencia IANDS, Santa Bárbara, del Dr. Raj Parti sobre experiencias cercanas a la muerte], 26 de agosto del 2022, video de YouTube, https://www.youtube.com/watch?v=Z4xadsz1yIs.
4. Parti, *Dying to Wake Up* [Morir para despertar], 30.
5. Dr. Rajiv Parti, «OBE: Dr. Rajiv Parti» [EEC: Dr. Rajiv Parti], All Reality Video, 19 de noviembre del 2013, video de YouTube, https://www.youtube.com/watch?v=2EFAq_aQkJc.
6. Parti, *Dying to Wake Up* [Morir para despertar], 32–34. Dr. Rajiv Parti, «Dying to Wake Up: A True NDE Story with Dr. Rajiv Parti» [Morir para despertar: Una historia verdadera de ECM con el Dr. Rajiv Parti], entrevistado por Curry Stegen, Passion for the Paranormal [Pasión por lo paranormal], 18 de septiembre del 2019, audio de YouTube, https://www.youtube.com/watch?v=inHo47fYYYA&t=1076s.
7. Parti, *Dying to Wake Up* [Morir para despertar], 42.
8. Parti, «OBE: Dr. Rajiv Parti» [EEC: Dr. Rajiv Parti], All Reality Video.
9. Parti, *Dying to Wake Up* [Morir para despertar], 57–58.
10. Parti, «OBE: Dr. Rajiv Parti» [EEC: Dr. Rajiv Parti], All Reality Video.
11. Parti, *Dying to Wake Up* [Morir para despertar], 60.
12. Parti, *Dying to Wake Up* [Morir para despertar], 61.
13. Parti, *Dying to Wake Up* [Morir para despertar], 66.
14. Aunque los dos ángeles que menciona el Dr. Parti tal vez no sean los mismos que se mencionan en las Escrituras, es interesante notar que los nombres sí coinciden con los nombres de los arcángeles. El arcángel Miguel es mencionado en la Biblia (Daniel 10:13, 21; Judas 1:9). El arcángel Rafael es mencionado en Tobías, un libro hebreo preservado en el griego e incluido en la Biblia católica, pero no en las Biblias hebrea ni protestante (Tobías 3:17; 5:4; 12:15). Rafael también es mencionado en el libro de Enoc, capítulo 71 (ver "Chapter LXXI", Internet Sacred Text Archive, https://www.sacred-texts.com/bib/boe/boe074.htm), un libro hebreo no canónico conocido y citado en el Nuevo Testamento por Judas (Ver Judas 14-15, donde cita a Enoc 1:9).
15. Parti, «Dying to Wake Up» [Morir para despertar], entrevistado por Curry Stegen.

16. Parti, «My Epiphany: Christ Consciousness and Universal Love» [Mi epifanía: El conocimiento y el amor universal de Cristo], Raj Parti, MD, página accedida el 19 de enero del 2023, https://rajpartimd.com/my-epiphany/.

17. Parti, «My Epiphany» [Mi epifanía].

18. Después del encuentro que el Dr. Parti tuvo con Jesús, dice que pensó que quizás se esperaba que se hiciera seguidor de Jesús. Reconoce que luchaba en su alma sobre dejar el hinduismo para seguir solo a Jesús. En un determinado punto, fue bautizado como un reconocimiento de su fe en Jesús. Pero entonces, un tiempo más adelante, cuando estaba visitando la India, fue a un templo que estaba en el Himalaya y tuvo otra experiencia espiritual mientras meditaba. Decidió no seguir solo a Jesús, sino servir a todas las religiones a través del mensaje: «Perdona, ama, sana». Aunque estas tres cosas son buenas, en este mundo es muy fácil interpretar mal o ignorar el mensaje principal de Jesús. Es interesante notar que Rajiv dice que, años más tarde, se le aparecieron ángeles para recordarle del encuentro que tuvo con Jesús durante su ECM, lo cual según su parecer tenía el propósito de reenfocarlo en Jesús.

Esto nos lleva a un punto importante. Me encontré con casos de ECM que escriben sobre haber sido arrollados por el amor y la compasión incondicionales de este Dios de luz y que quizás estuvieron con Jesús mismo y, sin embargo, no buscan a Dios. Algunos incluso niegan a Jesús o buscan otros encuentros sobrenaturales, tales como experiencias extracorpóreas, o intentar contactarse con los ángeles, otros espíritus, o con los muertos. Estas son las cosas sobre las cuales Dios nos advirtió a través de los profetas que no debemos hacer, porque cuando vamos al otro lado sin protección, el diablo acecha para engañarnos. Y a veces el diablo se disfraza como luz (2 Corintios 11:14), con apariencia de bondad y de que puede ayudarnos, solo para impedir que sigamos y sirvamos a Dios. Sin embargo, no creo que el diablo pueda disfrazarse de amor. Esa es la razón por la cual estoy tratando de mostrar a través de los profetas que Dios nos dio evidencia histórica de quién es él para que sigamos las enseñanzas de Jesús. Si el relato de una ECM contradice lo que Jesús enseñó mientras estuvo en la tierra, debemos seguir siempre las palabras de Jesús de las Escrituras, no la interpretación de los encuentros de los casos de ECM.

La ECM del Dr. Parti también es compleja porque tuvo repasos de vida mientras todavía estaba en el lado del infierno, antes de pasar por el túnel al lado del cielo, donde dice que experimentó vidas pasadas. El propósito de este libro es estudiar la identidad de Dios, no la reencarnación o vidas pasadas, tema que tal vez aborde en un libro futuro. En resumen, nunca escuché a un caso de ECM decir que le dieron la elección de quedarse en el cielo o de reencarnarse en un nuevo cuerpo; la única elección de la cual hablan es de la de quedarse en el cielo o regresar a su cuerpo presente. Alguien una vez me contó que el tiempo y la interconexión en una ECM son tales que se podía estar recibiendo una lección de la vida de otra persona y sentirla como si fuera tu vida pasada, pero eso es solo una lección de sumersión, como ver una película desde la perspectiva de uno de los personajes. Debido a que no hay muchos informes sobre experiencias de la vida pasada, algo como esto posiblemente podría explicar lo que están experimentando los casos de ECM.19. Un escrito del 52 e. c. de Thallus, un historiador romano, es citado en otra obra antigua por el general romano y hombre de estado Africano: «Thallus, en el tercer libro de sus historias, explica esta oscuridad como un eclipse de sol; inaceptable, según mi parecer [...] fue en la época de la luna llena de Pascua que el Cristo murió». Africano también cita a Flegón, un historiador griego que escribe sobre la extraña oscuridad: «[Flegón] registra que en el tiempo de Tiberio César en luna llena, hubo un eclipse total de sol desde la hora sexta hasta la hora novena». Estas son las mismas horas en que Mateo registra que hubo oscuridad. Ver Derek Walker, Daniel's 70 Weeks [Las setenta semanas de Daniel] (autopub., 2009), apéndice 4, https://www.oxfordbiblechurch.co.uk/index.php/books/new-book-daniel-s-70-weeks/477-appendix-4-the-day-the-sun-stopped-shining.

20. El Dr. Metherell explica la razón médica por la cual esto es prueba de ataque cardíaco en Lee Strobel, *The Case for Christ: A Journalist's Personal Investigation of the Evidence for Jesus* (Grand Rapids, MI: Zondervan, 1998), 199. Publicado en español como *El caso de Cristo: Una investigación exhaustiva*.

21. Aunque el padre Cedric no indica una causa conocida de muerte, entrevisté a algunos casos de ECM que murieron mientras dormían, a quienes posteriormente les diagnosticaron apnea del sueño. Aunque algunos casos de ECM tuvieron la misma experiencia vívida, no tuvieron causa de muerte (como Juan en el libro de Apocalipsis).

22. Padre Cedric Pisegna, entrevista telefónica con John Burke, 15 de septiembre del 2022. Usada con permiso.

23. Padre Cedric Pisegna, *Death: The Final Surrender* [La muerte: La rendición final] (Houston, TX: Passionist Publications, 2013, 2022), 87. Usado con permiso. Incluye ediciones e incorporaciones menores del padre Cedric Pisegna.

24. Padre Cedric Pisegna, entrevista telefónica con John Burke.

25. Pisegna, *Death* [La muerte], 102–103, 114, 93.

26. Heidi Barr, entrevista por Zoom con John Burke, 2 de octubre del 2019. Usada con permiso.

27. Howard Storm, entrevista personal con John Burke, Austin, Texas, 25 de febrero del 2016. Usada con permiso.

28. Dean Braxton, entrevista personal con John Burke, Austin, Texas, 2 de octubre del 2019. Usada con permiso.

29. «Alexa H NDE» [La ECM de Alexa], Near-Death Experience Research Foundation (NDERF) [Fundación de investigación de experiencias cercanas a la muerte], página accedida el 20 de enero del 2023, https://www.nderf.org/Experiences/1alexa_h_nde.html. Usado con permiso. Incluye ediciones e incorporaciones menores de Alexa Hartung enviado a Kathy Burke vía correo electrónico, 5 de enero del 2023.

CAPÍTULO 8: EL MISTERIO DEL DIOS TRINO

1. Heidi Barr, «Your Life Is in Good Hands» [Tu vida está en buenas manos], (manuscrito inédito), PDF. Usado con permiso.

NOTAS

2. Heidi Barr, entrevista telefónica con John Burke, 20 de septiembre del 2022. Usada con permiso.

3. «Kaluza-Klein Theory» [La teoría de Kaluza-Klein], Wikipedia, última actualización el 8 de diciembre del 2022, https://en.wikipedia.org/wiki/Kaluza%E2%80%93Klein_theory.

4. Leí por primera vez sobre esta idea multidimensional en Edwin A. Abbott's satirical novella [Novela satírica de Abbott] *Flatland: A Romance of Many Dimensions*. Publicado en español como *Planilandia: Una novela de muchas dimensiones*.

5. Con el paso de los años, las personas idearon muchas analogías para la Trinidad a las cuales considero «ni tan malas ni tan buenas», lo cual significa que las analogías son medio útiles y medio inútiles. Todas las analogías se colapsan al final, y es bueno entender que las analogías a veces pueden salir mal cuando tratamos de imaginarnos a qué se parece Dios.

   Una analogía usada ampliamente para la Trinidad es que Dios es como un huevo. El huevo tiene yema, clara y cáscara; tres partes pero un solo huevo. Otra analogía común compara a Dios con el agua, la cual tiene tres estados, líquido, sólido y gaseoso; una substancia, tres estados. Son útiles hasta cierto punto, ¿verdad? Aun así, la mayoría de las analogías para la Trinidad tienden a caer en una de dos tergiversaciones comunes, triteísmo o modalismo.

   El *triteísmo* niega la unidad de la esencia de Dios y sostiene que tres partes o seres distintos de Dios comparten una unidad de propósito o esfuerzo. Pero el Dios de la Biblia comparte una unidad de esencia, así como de propósito y de esfuerzo. Entonces las partes del huevo no son equivalentes a la esencia divina del Padre del Hijo y del Espíritu Santo. Y mi analogía de los tres dedos intersectando un plano bidimensional no es suficiente porque la esencia plena del ser no está en cada dedo.

   El *modalismo* aboga por una Trinidad de revelación, pero no de naturaleza. El modalismo habla de una funcionalidad de Dios de tres partes, así como una persona podría simultáneamente ser artista, maestro y amigo. Los tres «estados» del agua como analogía para la Trinidad encajan en la categoría del modalismo. Dios no es el Padre, el Hijo y el Espíritu Santo en tres formas o funciones diferentes solamente, sino en todas las formas a la misma vez. En su credo, la iglesia primitiva trató de poner palabras finitas a lo que parece ser intuitivo para los casos de ECM: que el Dios en el corazón del universo es una relación de amor. Dios es perfecto amor, igualdad y unidad en diversidad.

   A los líderes de la iglesia primitiva les resultaba difícil encontrar una manera de describir a la Trinidad, lo cual captaron en forma de credos. Por ejemplo, ver el Athanasian Creed of the fourth century: «Athanasian Creed» [El credo de Atanasio del siglo cuarto: «El credo de Atanasio»], Christian Reformed Church, https://www.crcna.org/welcome/beliefs/creeds/athanasian-creed.

6. Crystal McVea y Alex Tresniowski, *Waking Up in Heaven: A True Story of Brokenness, Heaven, and Life Again* [Despertar en el cielo: Una historia verdadera de quebrantamiento, cielo y vida de nuevo] (Nueva York: Howard Books, 2013), loc. 1, 89–91, Kindle.

7. Dean Braxton, entrevista telefónica con John Burke, 1 de agosto del 2022. Usada con permiso.

8. Ver en Apocalipsis 22:8-9 un ejemplo de ángeles que rehúsan ser adorados.

9. Algunos teólogos difieren respecto a lo que representan estas apariciones. Por más ejemplos en el Antiguo Testamento y para aprender más sobre las teofanías, ver Vern Poythress, «Theophany» [Teofanía], Gospel Coalition, último acceso el 29 de enero del 2023, https://www.thegospelcoalition.org/essay/theophany/.

10. William Smith, «In Realms of Glory» [En el reino de gloria], en Sid Roth y Lonnie Lane, *Heaven Is beyond Your Wildest Expectations: Ten True Stories of Experiencing Heaven* [El cielo está más allá de tus expectativas más increíbles: Diez historias verdaderas de quienes experimentaron el cielo] (Shippensburg, PA: Destiny Image, 2012), loc. 136–137, Kindle.

11. Santosh Acharjee, entrevista telefónica con Burke, 15 de noviembre del 2022. Usada con permiso.

12. Bibi Tahereh y Saeed Edina, entrevista telefónica con John Burke, 7 de marzo del 2022.

13. Nancy Botsford, *A Day in Hell: Death to Life to Hope* [Un día en el infierno: De la muerte a la vida y a la esperanza] (Tate Publishing and Enterprises, LLC, 2010), loc. 203-209, Kindle.

14. Dean Braxton, entrevista telefónica con John Burke.

CAPÍTULO 9: DIOS Y PADRE SUBLIME

1. Susanne Seymoure, entrevista por Zoom con John Burke, 28 de febrero del 2022. Usada con permiso.

2. Susanne Seymoure, *My Secrets from Heaven: A Child's Trip to Heaven and Back* [Mis secretos del cielo: El viaje de una niña ida y vuelta al cielo] (White Birch, LLC, 2017), 56. Usado con permiso.

3. Susanne Seymoure, entrevista por Zoom con John Burke, 5 de agosto del 2022. Usada con permiso.

4. Seymoure, entrevista por Zoom con John Burke.

5. Citada en Pim van Lommel, *Consciousness Beyond Life: The Science of the Near-Death Experience* (Nueva York: HarperCollins, 2010), 34–35. Publicado en español como *Consciencia más allá de la vida*.

6. *Eternity in Their Hearts* [Eternidad en sus corazones] de Don Richardson es un libro excelente que muestra que los misioneros a los pueblos nativos de América o a otros grupos en Indonesia, India y África encontraron rastros de este único Dios verdadero en sus culturas, lo mismo que Pablo, quien describe en Hechos 17 al «Dios desconocido» de los atenienses.

7. Ver Apocalipsis 20:13-15.

8. Fr. Cedric Pisegna, *Death: The Final Surrender* [La muerte: La rendición final] (Houston, TX: Passionist Publications, 2013, 2022), loc. 78–79, Kindle. Usado con permiso.

9. Padre Cedric Pisegna, entrevista telefónica con John Burke, 15 de septiembre del 2022. Usada con permiso; Pisegna, *Death: The Final Surrender* [La muerte: La rendición final], loc. 65–66, Kindle.

10. Richard Feynman, *The Character of Physical Law* (Cambridge, MA: MIT Press, 2017), 130. Publicado en español como *El carácter de la ley física*.

11. En su libro *Flight to Heaven Back* [Vuelo al cielo], Dale incluye fotos de los restos que fueron publicadas en *Los Angeles Times*.

12. Dale Black con Ken Gire, *Flight to Heaven: A Plane Crash... A Lone Survivor... A Journey to Heaven—and Back* (Minneapolis, MN: Bethany House, 2010), 99. Publicado en español como *Vuelo al cielo: Un accidente aéreo... Un superviviente solitario... Y un viaje de ida y vuelta al cielo.*

13. Capitán Dale Black, entrevista personal con John Burke, Austin, Texas, 26 de septiembre del 2019. Usada con permiso.

14. Black con Gire, *Flight to Heaven Back*, 100, 102. Publicado en español como *Vuelo al cielo: Un accidente aéreo... Un superviviente solitario... Y un viaje de ida y vuelta al cielo.*

15. Richard Sigmund, «A Picture of Life in Heaven» [Una imagen de la vida en el cielo] en Sid Roth y Lonnie Lane, *Heaven Is beyond Your Wildest Expectations: Ten True Stories of Experiencing Heaven* [El cielo está más allá de tus expectativas más increíbles: Diez historias verdaderas de quienes experimentaron el cielo] (Shippensburg, PA: Destiny Image, 2012), loc. 118–119, Kindle.

16. Mateo 17:1-5 (cuando Jesús se transfiguró) y Éxodo 24:16 (cuando Dios se apareció en el monte Sinaí) ambos se refieren a una nube que acompaña a Dios.

17. Dean Braxton, entrevista telefónica con John Burke, 10 de agosto del 2022. Usada con permiso.

18. Dr. Ron Smotherman, «My Near-Death Experience during a Murder Attempt» [Mi experiencia cercana a la muerte durante un intento de asesinato], (manuscrito inédito), archivo de Microsoft Word. Usado con permiso.

19. Karina Martinez, entrevista por Zoom con John Burke, 28 de abril del 2022.

CAPÍTULO 10: JESÚS, NUESTRO HERMANO Y AMIGO

1. Randy Kay, entrevista personal con John Burke, 7 de abril del 2020. Usada con permiso. Randy Kay, diario personal (inédito), archivo de Microsoft Word. Usado con permiso.

2. «Pepi NDE» [La ECM de Pepi], Near-Death Experience Research Foundation (NDERF) [Fundación de investigación de experiencias cercanas a la muerte], página accedida el 22 de enero del 2023, https://www.nderf.org/Experiences /1pepi_nde.html.

3. Adam Frank, «200,000 Years of Holidays: Where Do You Fit In?» [200.000 años de vacaciones: ¿Dónde entras tú?], NPR, 20 de diciembre del 2016, https://www.npr.org/sections/13.7/2016/12/20/506304087/200-000-years -of-holidays-where-do-you-fit-in. La población mundial actual supera los ocho mil millones según «Current World Population» [Población mundial actual], Worldometer, página accedida el 22 de enero del 2023, https://www .worldometers.info/world-population/.

4. Algunos piensan que la importancia de mencionar las primeras setenta semanas radica en que llevó cuarenta y nueve años (7 x 7 = 49) reconstruir la ciudad de Jerusalén (ver Nehemías). Otros argumentan que no son realmente cuarenta

y nueve años, por lo tanto, debe referirse al primer año del jubileo (año de descanso) después de los cuarenta y nueve años.

5. Hay tres buenas razones para suponer que son setenta semanas. Primero, Daniel 9:24 provee el contexto de las setenta semanas como el tiempo en que se pondrá fin a todas las transgresiones (lo cual todavía no sucedió). Segundo, para los judíos, las setenta semanas claramente se refiere al año sabático, el mandamiento de Dios de dejar descansar la tierra cada siete años. Y tercero, el año del jubileo se celebraba cada siete años sabáticos (o 7 x 7 = 49 años). Por lo tanto, para los judíos era claro que las setenta semanas de Daniel se referían al restablecimiento del primer jubileo de los años sabáticos (cuarenta y nueve años). Luego la sesenta y dos semanas más de los años sabáticos = 483 años hasta la venida del Mesías. Según esta perspectiva, el periodo de setenta semanas (Daniel 9:24 y 9:27) no sucede hasta después de que el Mesías muere y hasta después de que el ciclo del año sabático sea restablecido, lo cual no puede tener lugar hasta que el templo en Jerusalén sea reconstruido (recuerda que el templo fue destruido en el 70 e. c.). Por lo tanto, los judíos tendrán un último acto en la historia profética mundial durante el periodo de las setenta semanas.

6. Wikipedia y otras fuentes seculares afirman de manera constante que el libro de Daniel es una historia inventada, escrita después de la reconstrucción de Jerusalén, alrededor del 160 a. e. c. ¿Por qué? Porque hay mucha historia profética predicha y cumplida. Su valoración se basa en la conjetura de que no hay un Dios que pueda predecir el futuro, por lo que el libro de Daniel debe haberse escrito después de los hechos. Aun así, no pueden dar cuenta por toda la evidencia que prueba lo contrario, tal como un decreto arameo que usa un lenguaje que es consistente con el del siglo sexto a. e. c., no con el del siglo segundo a. e. c. Ni del valor de las monedas que menciona Daniel, el cual coincide con el año 500 a. e. c., no con el año 100. Un equivalente moderno en los Estados Unidos sería leer un documento que diga «una Coca Cola cuesta 5 centavos», lo cual dataría al documento entre los años 1886–1959 porque la Coca se vendía a ese precio durante ese periodo de tiempo; ¡pero no ahora!

7. Editores de *Encyclopedia Britannica* [Enciclopedia Británica], «Artaxerxes I» [«Artajerjes I»], *Encyclopedia Britannica*, última actualización el 3 de abril del 2020, https://www.britannica.com/biography/Artaxerxes-I.

8. Si se desea consultar una obra académica extensa sobre el tema, ver: Rick Lanser, «The Daniel 9:24-27 Project: The Framework for Messianic Chronology» [El proyecto Daniel 9:24-27: El marco de la cronología mesiánica], Associates for Biblical Research, 4 de marzo del 2019, https://biblearchaeology.org/abr-projects-main/the-daniel-9-24-27-project -2/4760-daniel-9-24-27-the-sixty-ninth-and-seventieth-weeks. Si se desea consultar un resumen menos técnico, ver: William H. Shea, «When Did the Seventy Weeks of Daniel 9:24 Begin?» [¿Cuándo comenzaron las setenta semanas de Daniel 9:24?], Seventh-day Adventist Church, publicado originalmente en el *Journal of the Adventist Theological Society* 2, n.° 1 (1991): 115–138, https://www.adventistbiblicalresearch.org/materials/when-did

-the-seventy-weeks-of-daniel-924-begin/. Hay dos corrientes de datación y, por lo tanto, un debate sobre cuál de los dos es correcto. Ambos argumentan que están dentro del tiempo de los últimos años de Jesús, pero creo que el caso que presenté tiene más sentido. Si se desea consultar las fechas alternativas, ver: «What are the seventy sevens in Daniel 9:24–27?» [¿Qué son los setenta conjuntos de siete de Daniel 9:24-27?], Got Questions, página accedida el 6 de febrero del 2023, https://www.gotquestions.org/seventy-sevens.html.

9. «Micki P NDE» [La ECM de Micki P], Near-Death Experience Research Foundation (NDERF) [Fundación de investigación de experiencias cercanas a la muerte], página accedida el 22 de enero del 2023, https://www.nderf.org /Experiences/1micki_p_nde.html.

10. Jeffrey J., mensaje de correo electrónico a John Burke, 10 de febrero del 2021. Usado con permiso.

11. Jeffrey J., mensaje de correo electrónico a John Burke.

12. «Julie H Probable NDE» [La probable ECM de Julie H], Near-Death Experience Research Foundation (NDERF) [Fundación de investigación de experiencias cercanas a la muerte], página accedida el 22 de enero del 2023, https://www.nderf.org/Experiences/1julie_h_probable_nde.html.

13. Kevin Zadai, «What Jesus Warned Me about in Heaven Will Shock You» [La advertencia que Jesús me hizo en el cielo te impresionará], Supernatural Stories [Historias sobrenaturales], 8 de octubre del 2020, video de YouTube, https://www.youtube.com/watch?v=CyYHlYPEpfQ&list=PLWqRBgNjtFbdrqL TICgh_6gHJDJUs589j&index=2&t=2s.

14. Dra. Mary Neal, entrevista personal con John Burke, Austin, Texas, 22 de febrero del 2016. Usada con permiso.

15. Richard Eby, «Experiencing Heaven, Experiencing Hell» [Experiencia del cielo, experiencia del infierno], en Sid Roth y Lonnie Lane, *Heaven Is beyond Your Wildest Expectations: Ten True Stories of Experiencing Heaven* [El cielo está más allá de tus expectativas más increíbles: Diez historias verdaderas de quienes experimentaron el cielo] (Shippensburg, PA: Destiny Image, 2012), loc. 1669, Kindle.

16. Gary Wood, *A Place Called Heaven* (Kingswood, TX: RevMedia Publishing, 2014), loc. 436–453, Kindle. Publicado en español como *Un lugar llamado cielo*.

17. Dr. Ron Smothermon, entrevista telefónica con John Burke, 13 de mayo del 2022. Usada con permiso.

CAPÍTULO 11: EL ESPÍRITU DE DIOS HABLA

1. Penny Wittbrodt, entrevista por Zoom con John Burke, 28 de septiembre del 2022. Usada con permiso.

2. Wittbrodt, entrevista por Zoom con John Burke.

3. Wittbrodt, entrevista por Zoom con John Burke.

4. Wittbrodt, entrevista por Zoom con John Burke.

5. Randy Kay, diario personal, (inédito), archivo de Microsoft Word. Usado con permiso.

6. Kay, diario personal.

7. «Jeff S NDE» [La ECM de Jeff S], Near-Death Research Foundation (NDERF) [Fundación de investigación de experiencias cercanas a la muerte], página accedida el 22 de enero del 2023, https://www.nderf.org/Experiences/1jeff_s_nde.html.

8. Santosh Acharjee, entrevista telefónica con John Burke, 15 de noviembre del 2022. Usada con permiso.

9. Kaline Fernandes, «He Gave Life and Also Took It Away» [Él dio la vida y también la quitó], entrevistada por Carlos Mendes, [Después de todo, ¿qué somos?], 16 de octubre del 2021, video de YouTube, https://www.youtube.com/watch?v=o4JcqQPaoVo&list=PL3svxEC1Wa7PtzcaSBHFJeu2UvCbhoQz-&index=24. Usado con el permiso de Kaline Fernandes y Carlos Mendes.

10. Erica McKenzie, *Dying to Fit In* [Morir para adaptarse] (autopub., CreateSpace, 2015), loc. 74, 76, 79, Kindle. Usado con permiso.

11. Kevin Zadai, «What Jesus Warned Me about in Heaven Will Shock You» [La advertencia que Jesús me hizo en el cielo te impresionará], Supernatural Stories [Historias sobrenaturales], 8 de octubre del 2020, video de YouTube, https://www.youtube.com/watch?v=CyYHlYPEpfQ&list=PLWqRBgNjtFbdrqLTICgh_6gHJDJUs589j&index=2&t=2s.

12. Zadai, «What Jesus Warned Me about in Heaven Will Shock You» [La advertencia que Jesús me hizo en el cielo te impresionará].

CAPÍTULO 12: CÓMO FUNCIONA LA ORACIÓN CON DIOS

1. Jim Woodford, entrevista telefónica con John Burke, 9 de diciembre del 2022. Usada con permiso. La última línea fue tomada de Jim Woodford con Dr. Thom Gardner, *Heaven, an Unexpected Journey: One Man's Experience with Heaven, Angels, and the Afterlife* [El cielo, un viaje inesperado: Un hombre experimenta el cielo, los ángeles y el más allá] (Shippensburg, PA: Destiny Image, 2017), 18.

2. Woodford con Gardner, *Heaven, an Unexpected Journey* [El cielo, un viaje inesperado], 138.

3. Woodford, entrevista telefónica con John Burke.

4. Woodford, entrevista telefónica con John Burke.

5. Woodford, entrevista telefónica con John Burke.

6. Woodford con Gardner, *Heaven, an Unexpected Journey* [El cielo, un viaje inesperado], 110.

7. Gary Wood, *A Place Called Heaven* (Kingswood, TX: RevMedia Publishing, 2014), loc. 322–332. Kindle. Publicado en español como *Un lugar llamado cielo*.

8. Steve Kang, entrevista por Zoom con John Burke, 9 de noviembre del 2022. Usada con permiso.

9. Jenny Sharkey, *Clinically Dead: I've Seen Heaven and Hell* [Clínicamente muerta: Vi el cielo y el infierno] (autopub., CreateSpace, 2012, 2013), loc. 16, Kindle.

10. Ivan Tuttle, entrevista personal con John Burke, Greenville, South Carolina, 18 de marzo del 2022. Usada con permiso.

11. Dean Braxton, entrevista telefónica con John Burke, 10 de agosto del 2022. Usada con permiso.
12. Santosh Acharjee, entrevista telefónica con John Burke, 15 de noviembre del 2022. Usada con permiso.
13. Karina Martinez, entrevista por Zoom con John Burke, 28 de abril del 2022. Usada con permiso.
14. Martinez, entrevista por Zoom con John Burke.
15. «Douglas D NDE» [La ECM de Douglas D], Near-Death Experience Research Foundation (NDERF) [Fundación de investigación de experiencias cercanas a la muerte], página accedida el 27 de enero del 2023, https://www.nderf.org /Experiences/1douglas_d_nde_3107.html.
16. Randy Kay, entrevista personal con John Burke, 7 de abril del 2020. Usada con permiso. Randy Kay, diario personal, (inédito), archivo de Microsoft Word. Usado con permiso.

CAPÍTULO 13: LOS PLANES PERFECTOS DE DIOS

1. Mark McDonough, «House Fire Kills Family and Burns Most of Surgeon's Body as Teen. Next, He Meets Them in Heaven» [El incendio de una casa mata a miembros de la familia y quema la mayor parte del cuerpo de un cirujano cuando era adolescente. Luego, se encuentra con ellos en el cielo], entrevista con Randy Kay, Randy Kay Ministries, 3 de septiembre del 2022, video de YouTube, https://www.youtube.com/watch?v=DVdkjJA-Ycc&t=843s. Incluye ediciones menores del Dr. Mark McDonough.
2. Mark D. McDonough, *Forged through Fire: A Reconstructive Surgeon's Story of Survival, Faith, and Healing* [Forjado con fuego: La historia de supervivencia, fe y sanidad de un cirujano reconstructor] (Grand Rapids, MI: Revell, 2019), 75.
3. McDonough, «House Fire Kills Family» [El incendio de una casa mata a miembros de la familia], entrevista por videoconferencia con Randy Kay. Incluye ediciones menores del Dr. Mark McDonough.
4. McDonough, *Forged through Fire* [Forjado con fuego]; McDonough, «House Fire Kills Family» [El incendio de una casa mata a miembros de la familia], entrevista por videoconferencia con Randy Kay. Incluye ediciones menores del Dr. Mark McDonough.
5. Dra. Mary Neal, entrevista personal con John Burke, Austin, Texas, 22 de febrero del 2016. Usada con permiso.
6. McDonough, «House Fire Kills Family» [El incendio de una casa mata a miembros de la familia], entrevista por videoconferencia con Randy Kay. Incluye ediciones menores del Dr. Mark McDonough.
7. Cheri Henderson, «Dr. Mark McDonough: Burn Victim Turned Plastic Surgeon» [Dr. Mark McDonough: Víctima de quemaduras se vuelve cirujano plástico], *Orlando*, 7 de agosto del 2020, https://www.orlandomagazine.com /dr-mark-mcdonough-burn-victim-turned-plastic-surgeon/.
8. Kevin Zadai, «What Jesus Warned Me about in Heaven Will Shock You» [La advertencia que Jesús me hizo en el cielo te impresionará], Supernatural Stories

[Historias sobrenaturales], 8 de octubre del 2020, video de YouTube, https://www.youtube.com/watch?v=CyYHlYPEpfQ&list=PLWqRBgNjtFbdrqL TICgh_6gHJDJUs589j&index=2&t=2s.

9. Hugh Ross, *Beyond the Cosmos: The Transdimensionality of God* [Más allá del cosmos: La transdimensionalidad de Dios], 3ra ed. (Covina, CA: RTB Press, 2017), 168.
10. Padre Cedric Pisegna, entrevista telefónica con John Burke, 15 de septiembre del 2022. Usada con permiso.
11. Greggory Rickert, entrevista telefónica con John Burke, 20 de julio del 2022. Usada con permiso.
12. Rickert, entrevista telefónica con John Burke.
13. Rickert, entrevista telefónica con John Burke.
14. Aunque un capítulo no es suficiente para cubrir todo lo que las Escrituras declaran acerca de la presciencia, predestinación, y providencia de Dios en la historia, o el igual número de pasajes que dicen que el libre albedrío de los seres humanos es real, incluí una lista de ambos en el apéndice B de mi libro *Unshockable Love: How Jesus Changes the World through Imperfect People* [Amor inmutable: Cómo Jesús cambia el mundo a través de personas imperfectas] (Grand Rapids, MI: Baker, 2014).
15. Diana Shepherd, entrevista por Zoom con John Burke, 24 de febrero del 2022. Usada con permiso.
16. Shepherd, entrevista por Zoom con John Burke.
17. Dr. Colin Perry, entrevista por Zoom con John Burke, 5 de octubre del 2022. Usada con permiso. Por más, ver C. Thomas Perry, *Dying to be Alive* [Morir para vivir] (autopub., Xlibris, 2015).
18. Perry, entrevista por Zoom con John Burke.
19. Erica McKenzie, *Dying to Fit In* [Morir para adaptarse] (autopub., CreateSpace, 2015), loc. 90, Kindle. Usado con permiso.

CAPÍTULO 14: EL GOZO Y LA RISA DE DIOS

1. Rebecca Ruter Springer, *Intra Muros* (Elgin, IL: David C. Cook Publishing, 1898), 9–10. Publicado en español como *En las puertas del cielo*.
2. Para aprender más sobre esto, ver mi libro *Imagine Heaven* (Grand Rapids, MI: Baker, 2015), en el cual analizo todas las cosas comunes de los relatos de ECM respecto al cielo comparado con lo que la Biblia dice acerca del cielo. Publicado en español como *Imagina el cielo*.
3. Ruter Springer, *Intra Muros*, 11–12.
4. Ruter Springer, *Intra Muros*, 15–17, 120.
5. Ruter Springer, *Intra Muros*, 30–31.
6. Ruter Springer, *Intra Muros*, 126.
7. Ruter Springer, *Intra Muros*, 60–61.
8. Ruter Springer, *Intra Muros*, 120.
9. Ruter Springer, *Intra Muros*, 62–63.
10. Ruter Springer, *Intra Muros*, 64–65.

11. Ruter Springer, *Intra Muros*, 71–73.
12. Ruter Springer, *Intra Muros*, 91.
13. C. S. Lewis, *Letters to Malcolm: Chiefly on Prayer* (Nueva York: Harcourt, Brace and World, 1963; Nueva York: HarperCollins, 2017), cap. 17. Publicado en español como *Si Dios no escuchase: Cartas a Malcolm*.
14. Dr. Colin Perry, entrevista por Zoom con John Burke, 5 de octubre del 2022. Usada con permiso.
15. «Derry KRK», Near-Death Experience Research Foundation (NDERF) [Fundación de investigación de experiencias cercanas a la muerte], sin fecha, https://www-nderf-org.translate.goog/Finnish/derry_krk.htm?_x_tr_sl=fi& _x_tr_tl=en&_x_tr_hl=en&_x_tr_pto=sc. Traducido del finlandés.
16. Randy Kay, diario personal (inédito), archivo de Microsoft Word.
17. Jim Woodford con Dr. Thom Gardner, *Heaven, an Unexpected Journey: One Man's Experience with Heaven, Angels, and the Afterlife* [El cielo, un viaje inesperado: Un hombre experimenta el cielo, los ángeles y el más allá] (Shippensburg, PA: Destiny Image, 2017), 81–82.
18. Heidi Barr, «Your Life Is in Good Hands» [Tu vida está en buenas manos], (manuscrito inédito), PDF. Usado con permiso.
19. Greggory Rickert, entrevista telefónica con John Burke, 20 de julio del 2022. Usada con permiso.
20. Jeffrey Long, MD, con Paul Perry, *Evidence of the Afterlife: The Science of Near-Death Experiences* [Evidencia del más allá: La ciencia de las experiencias cercanas a la muerte] (Nueva York: HarperCollins, 2010), loc. 131–132, Kindle.
21. Dr. Ron Smothermon, entrevista telefónica con John Burke, 13 de mayo del 2022.
22. Heidi Barr, entrevista telefónica con John Burke, 20 de septiembre del 2022. Usada con permiso.
23. Barr, «Your Life Is in Good Hands» [Tu vida está en buenas manos].
24. G. K. Chesterton, «The Ethics of Elfland», en Orthodoxy [Ortodoxia], Christian Heritage Series (Nueva York: John Lane, 1908; Moscú, ID: Canon Press, 2020), 61. Publicado en español como *La ética en el país de los duendes*.
25. Richard Eby, «Experiencing Heaven, Experiencing Hell» [Experiencia del cielo, experiencia del infierno], en Sid Roth y Lonnie Lane, *Heaven Is beyond Your Wildest Expectations: Ten True Stories of Experiencing Heaven* [El cielo está más allá de tus expectativas más increíbles: Diez historias verdaderas de quienes experimentaron el cielo] (Shippensburg, PA: Destiny Image, 2012), loc. 1672, Kindle.
26. Jim Woodford, entrevista telefónica con John Burke, 9 de diciembre del 2022. Usada con permiso.
27. Woodford, entrevista telefónica con John Burke.
28. Karina Martinez, entrevista por Zoom con John Burke, 28 abril del 2022. Usada con permiso.
29. Ruter Springer, *Intra Muros*, 120.
30. Dra. Mary Neal, entrevista personal con John Burke, Austin, Texas, 22 de febrero del 2016. Usada con permiso.

31. Mally Cox-Chapman, *The Case for Heaven: Near Death Experiences as Evidence of the Afterlife* [El argumento a favor del cielo: Las experiencias cercanas a la muerte como evidencias del más allá] (Windsor, CT: Tide-Mark Press, 2012), loc. 420–422, Kindle.

APÉNDICE: ¿QUÉ PASA CON QUIENES NUNCA HAN OÍDO?

1. C. S. Lewis, *Mere Christianity* (Nueva York: HarperCollins, 1952, 1980), 64. Publicado en español como *Mero cristianismo.*

Acerca del autor

JOHN BURKE es el autor de *Imagina el cielo*, éxito de ventas del *New York Times*, además de *No Perfect People Allowed* (No se admiten personas perfectas), *Revolución del alma* y *Unshockable Love* (Amor inamovible). Él y su esposa, Kathy, fundaron Gateway Church, una iglesia con múltiples sedes ubicada en Austin, Texas, que le ayuda a la gente a explorar la fe. Como orador internacional, John se ha dirigido a cientos de miles de personas en treinta países sobre temas de liderazgo, crecimiento espiritual y la emocionante vida por venir. John y Kathy tienen dos hijos y dos nietos. Para saber más sobre los proyectos de John, visita JohnBurkeOnline.com.